Langenscheidt

Spanisch in 30 Tagen

von Elisabeth Graf-Riemann

Langenscheidt
München · Wien

Spanisch in 30 Tagen
Herausgegeben von der Langenscheidt-Redaktion

Fachlektorat: Encarna Guerrero
Gestaltungskonzept: Farnschläder & Mahlstedt, Hamburg
Zeichnungen: Claas Janssen, Frankfurt/Main
Umschlaggestaltung: KW43 BRANDDESIGN

www.langenscheidt.de

Satz: Franzis print & media, München
Druck und Bindung: Druckerei C. H. Beck, Nördlingen

ISBN 978-3-468-28040-5

16030

Benutzerhinweise

Herzlich willkommen zu Ihrem neuen Sprachkurs „Spanisch in 30 Tagen". Wir freuen uns, dass Sie mit uns Spanisch lernen möchten. Wenn Sie diesen Sprachkurs erfolgreich durchgearbeitet haben, sind Sie in der Lage, sich zu allgemeinen Themen und in einfachen, alltäglichen und routinemäßigen Situationen auf Spanisch zu verständigen. Das entspricht dem Niveau A2 des europäischen Referenzrahmens.

Wie ist der Sprachkurs aufgebaut?

- Der Sprachkurs besteht aus **30 aufeinander aufbauenden Tagesportionen,** die in vier Abschnitte aus je sechs bis acht Tagen gegliedert sind. Durch die Lerneinheiten führt Sie eine unterhaltsame **Fortsetzungsgeschichte**. Carmen, Studentin aus Frankfurt – ihre Mutter ist Spanierin, ihr Vater Deutscher – kommt nach Sevilla. Sie meldet sich für einen Sprachkurs an, lernt die Stadt kennen und schließt Freundschaften. Sie unternimmt einen Wochenendtrip nach Madrid, mit Hotelsuche, Shoppingtour und Sightseeing. Schließlich findet sie in Sevilla einen Job in einem Reisebüro, organisiert einen Besuch deutscher Geschäftspartner und nimmt an einer Tourismus-Konferenz auf Gran Canaria teil.
- Bevor es losgeht, hilft Ihnen ein kleines Quiz, herauszufinden, welcher **Lerntyp** Sie sind.
- Der Sprachkurs startet mit dem Kapitel **Tipps zum Spanischlernen**. Hier verraten wir Ihnen nützliche Tipps, um das Hören, Lesen, Sprechen und Schreiben in der Fremdsprache zu erleichtern. Sollten Sie lieber gleich loslegen wollen, überspringen Sie das erste Kapitel einfach und starten Sie bei Tag 2.
- Übung macht bekanntlich den Meister, daher möchten wir Sie anregen, in regelmäßigen Abständen bereits Gelerntes zu wiederholen. Nach 5-7 Kapiteln finden Sie deshalb jeweils eine **Wiederholungseinheit** und einen kurzen **Zwischentest**. Hier können Sie selbst testen, inwieweit Sie den Stoff schon beherrschen oder herausfinden, wo noch etwas Übungsbedarf besteht. Nach 30 Tagen gibt es einen **Abschlusstest**, der den Stoff des gesamten Kurses testet.
- Um Sie beim Selbstlernen nicht alleine zu lassen, stellen wir Ihnen am Ende des Buches einen umfangreichen **Anhang** zur Verfügung. Sie finden dort eine systematische Kurzgrammatik zum Nachschlagen, praktische Verbtabellen, Lösungen zu allen Übungen und Tests, Transkriptionen der Hörtexte sowie ein alphabetisches Wörterverzeichnis aller im Kurs vorkommenden Wörter mit Angabe der Lautschrift.

Wie ist eine Lerneinheit aufgebaut?

Zu Beginn jedes Tages stellen wir Ihnen die **Lernziele** vor, damit Sie wissen, was Sie erwartet.

Lesen Sie zuerst den **Dialog** und hören Sie sich dabei die Vertonung auf der CD an. Versuchen Sie, im ersten Schritt die Gesamtbedeutung des Dialogs zu erschließen, ohne sich an jedem noch unbekannten Wort aufzuhalten!

Im **Lernwortschatz** sind die wichtigsten neuen Vokabeln der Lektion übersichtlich in alphabetischer Reihenfolge dargestellt. Sie werden in den folgenden Lektionen als bekannt vorausgesetzt.

In der Rubrik **Übungen** können Sie das bisher Gelernte auf vielfältige Weise trainieren. Symbole signalisieren, welchen Schwerpunkt eine Übung verfolgt: Hören, Sprechen, Lesen oder Schreiben.

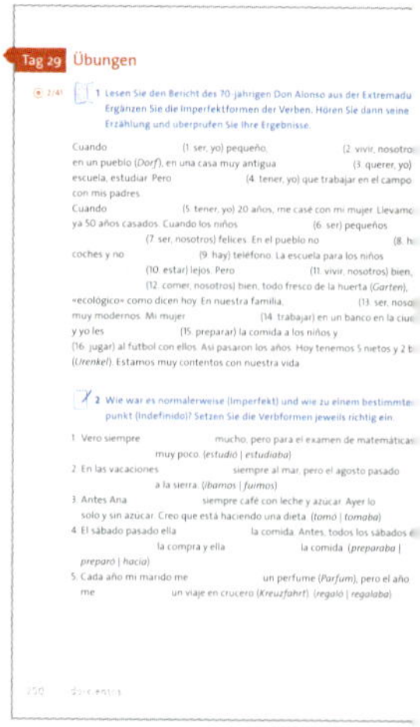

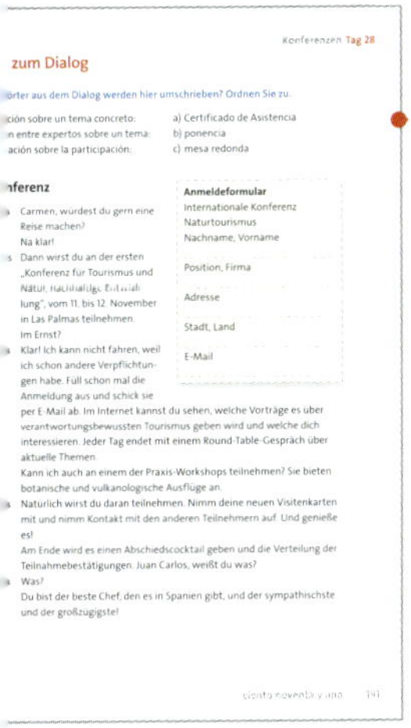
Konferenzen Tag 28

zum Dialog

örter aus dem Dialog werden hier umschrieben? Ordnen Sie zu.

ción sobre un tema concreto: a) Certificado de Asistencia
n entre expertos sobre un tema: b) ponencia
ación sobre la participación: c) mesa redonda

nferenz

Carmen, würdest du gern eine Reise machen?
Na klar!
Dann wirst du an der ersten „Konferenz für Tourismus und Natur, nachhaltige Entwicklung", vom 11. bis 12. November in Las Palmas teilnehmen.
Im Ernst?
Klar! Ich kann nicht fahren, weil ich schon andere Verpflichtungen habe. Füll schon mal die Anmeldung aus und schick sie per E-Mail ab. Im Internet kannst du sehen, welche Vorträge es über verantwortungsbewussten Tourismus geben wird und welche dich interessieren. Jeder Tag endet mit einem Round-Table-Gespräch über aktuelle Themen.
Kann ich auch an einem der Praxis-Workshops teilnehmen? Sie bieten botanische und vulkanologische Ausflüge an.
Natürlich wirst du daran teilnehmen. Nimm deine neuen Visitenkarten mit und nimm Kontakt mit den anderen Teilnehmern auf. Und genieße es!
Am Ende wird es einen Abschiedscocktail geben und die Verteilung der Teilnahmebestätigungen. Juan Carlos, weißt du was?
Was?
Du bist der beste Chef, den es in Spanien gibt, und der sympathischste und der großzügigste!

Anmeldeformular
Internationale Konferenz Naturtourismus
Nachname, Vorname
Position, Firma
Adresse
Stadt, Land
E-Mail

ciento noventa y uno 191

Wenn Sie die anschließenden **Fragen zum Dialog** beantworten, werden Sie sehen, dass Sie schon eine ganze Menge verstanden haben.

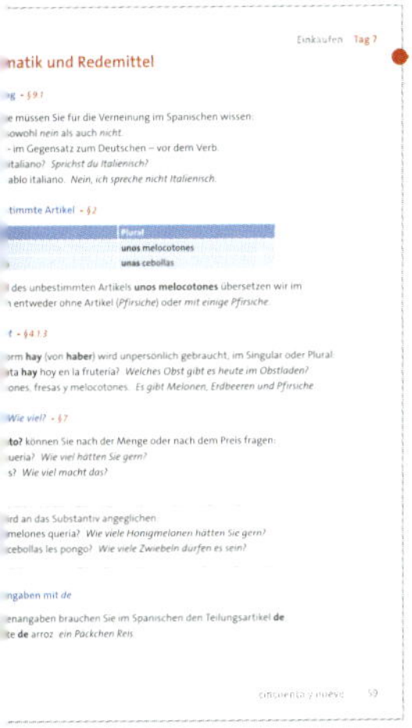
Einkaufen Tag 7

natik und Redemittel

Wenn Sie im Spanischen etwas verneinen wollen, reicht *no* – im Gegensatz zum Deutschen – vor dem Verb.
¿Hablas italiano? *Sprichst du Italienisch?*
No, no hablo italiano. *Nein, ich spreche nicht Italienisch.*

timmte Artikel

Plural
unos melocotones
unas cebollas

des unbestimmten Artikels **unos melocotones** übersetzen wir im entweder ohne Artikel (*Pfirsiche*) oder mit *einige Pfirsiche*.

orm **hay** (von **haber**) wird unpersönlich gebraucht, im Singular oder Plural.
ita **hay** hoy en la frutería? *Welches Obst gibt es heute im Obstladen?*
ones, fresas y melocotones. *Es gibt Melonen, Erdbeeren und Pfirsiche.*

Wie viel?

to? können Sie nach der Menge oder nach dem Preis fragen:
uería? *Wie viel hätten Sie gern?*
s? *Wie viel macht das?*

ird an das Substantiv angeglichen:
melones quería? *Wie viele Honigmelonen hätten Sie gern?*
cebollas les pongo? *Wie viele Zwiebeln dürfen es sein?*

ngaben mit *de*

enangaben brauchen Sie im Spanischen den Teilungsartikel **de**
te de arroz *ein Päckchen Reis*

cincuenta y nueve 59

In der Rubrik **Grammatik und Redemittel** werden die neuen Grammatikthemen in leicht verständlicher Weise erklärt. Verweise führen zur systematischen Kurzgrammatik im Anhang, wo Sie das jeweilige Grammatikthema bei Bedarf noch vertiefen können.

Interview Tag 29

Kulturtipp
España ha cambiado

In den letzten Jahrzehnten hat sich ein rasanter gesellschaftlicher, politischer und wirtschaftlicher Wandel in Spanien vollzogen, von der geographischen und politischen Isoliertheit eines Agrarstaates hin zu einem modernen europäischen Industriestaat. Der Wertewandel umfasst alle Bereiche des gesellschaftlichen und individuellen Lebens: Religion, Demokratie, Bildung, Toleranz, Chancengleichheit von Mann und Frau und Vieles mehr.

Warb die Tourismuswerbung früher mit dem Slogan „Spain is different" gerade enheiten und das „Andere", so ist im Zuge der Europäisierung eine starke ur Anpassung und Angleichung zu beobachten. Dennoch gibt es noch eine entdecken in diesem Land mit seinen jahrhundertealten Traditionen und digkeit des Wandels in der Gegenwart. **¡Descúbralo!** *Entdecken Sie es!*

önnen Sie schon?

n, wie es früher war
liche und besondere Geschehnisse in der enheit vergleichen

doscientos uno 201

Der **Kulturtipp** bietet interessante und wissenswerte Informationen über Land und Leute.

Die Rubrik **Was können Sie schon?** hilft Ihnen, Ihren Lernerfolg selbst einzuschätzen: Kreuzen Sie an, was Ihnen schon leicht fällt, was einigermaßen klappt und was Sie noch weiter üben möchten.

Welche Symbole werden verwendet?

1/2 Dieser Text bzw. diese Übung befindet sich auf der CD. Die erste Zahl gibt die Nummer der CD an, die zweite Zahl die Tracknummer. Die Dialoge von Tag 2 bis 13 haben wir für Sie in zwei Sprechgeschwindigkeiten aufgenommen. Einmal in »normal schneller« Alltagssprache und einmal etwas langsamer.

Übung mit Schwerpunkt Sprechen

Übung mit Schwerpunkt Hören

Übung mit Schwerpunkt Lesen

Übung mit Schwerpunkt Schreiben

► *§1 Verweis zur Kurzgrammatik | Übung | Tag*

Achtung:
wichtiger Grammatikhinweis

Abkürzungen

Abk	Abkürzung	*Imp*	Imperativ
Adj	Adjektiv	*m*	Maskulinum
Adv	Adverb	*m/f*	Maskulinum oder Femininum
Dim	Diminutiv	*m Pl*	Maskulinum Plural
etc.	et cetera	*Sg*	Singular
f	Femininum	*Sub*	Substantiv
f Pl	Femininum Plural	*wörtl.*	wörtlich

Viel Spaß und Erfolg beim Spanischlernen wünschen Ihnen die Autorin und Ihre Langenscheidt-Redaktion.

Inhalt

Alltag – Spanisch für jeden Tag

Reise – Spanisch für unterwegs

Beruf – Spanisch für den Beruf

Anhang

Trackverzeichnis

CD 1

Track Nr.	Tag (Lektion)
1	Begrüßung
2	L 2/Dialog
3	L 2/" langs.
4	L 2/2
5	L 2/3
6	L 3/Dialog
7	L 3/" langs.
8	L 3/2
9	L 3/3
10	L 4/Dialog
11	L 4/" langs.
12	L 4/2
13	L 4/4
14	L 5/8
15	L 6/7
16	L 6/10
17	L 6/11
18	L 6/15
19	L 6/16
20	L 6/17
21	L 6/18
22	L 6/19
23	L 6/20
24	ZT 1/7
25	L 7/Dialog
26	L 7/" langs.
27	L 7/3
28	L 8/Dialog
29	L 8/" langs.

Track Nr.	Tag (Lektion)
30	L 8/2
31	L 8/3
32	L 9/Dialog
33	L 9/" langs.
34	L 9/3
35	L 9/4
36	L 10/Dialog
37	L 10/" langs.
38	L 10/3
39	L 10/4
40	L 11/Dialog
41	L 11/" langs.
42	L 11/3
43	L 12/Dialog
44	L 12/" langs.
45	L 12/3
46	L 13/Dialog
47	L 13/" langs.
48	L 13/3
49	L 14/7
50	L 14/12
51	L 14/17
52	L 14/18
53	L 14/19
54	L 14/20
55	L 14/21
56	L 14/22
57	ZT 2/6

CD 2

Track Nr.	Tag (Lektion)
1	L 15/Dialog
2	L 15/3
3	L 16/Dialog
4	L 16/2
5	L 16/3
6	L 16/4
7	L 17/Dialog
8	L 17/2
9	L 17/3
10	L 18/Dialog
11	L 18/1
12	L 18/2
13	L 19/Dialog
14	L 19/2
15	L 19/4
16	L 20/Dialog
17	L 20/3
18	L 20/4
19	L 21/Dialog
20	L 21/2
21	L 21/3
22	L 22/7
23	L 22/8
24	L 22/12

Track Nr.	Tag (Lektion)
25	L 22/14
26	L 22/15
27	L 22/16
28	ZT 3/6
29	L 23/Dialog
30	L 23/3
31	L 23/4
32	L 24/Dialog
33	L 25/Dialog
34	L 25/1
35	L 26/Dialog
36	L 26/3
37	L 27/Dialog
38	L 28/Dialog
39	L 28/1
40	L 29/Dialog
41	L 29/1
42	L 30/10
43	L 30/14
44	L 30/15
45	L 30/16
46	AT 10
47	AT 21

Aussprache

Das spanische Alphabet hat 26 Buchstaben. Besonderheiten sind das **ñ**, es kommt im Alphabet nach dem **n**, sowie **ch** und **ll**, die nach **c** und **l** im Alphabet erscheinen, jedoch keine eigenen Buchstaben sind.

a	[a]	wie a in *Halt*	Ana, hablar
b	[b]	im Anlaut (Wortanfang) und nach n und m wie b in *Berlin*	Barcelona, bien
	[β]	zwischen Vokalen ein Reibelaut, fast wie w z. B. in *Krawatte*	Roberto, saber
c	[k]	vor a, o, u wie k in *Köln*	casa, coche
	[θ]	vor e, i wie englisches th in *thing*	cero, Barcelona
	[s]	in Lateinamerika und Südspanien wie s in *Wasser*	hacer, cocina
ch	[tʃ]	wie tsch in *klatschen*	ocho, noche
d	[ð]	sanfter als das deutsche d	dónde, madre
	[⁽ð⁾]	im Wortauslaut sehr schwach	Madrid, ciudad
e	[ɛ]	offenes e, wie kurzes ä in *Bäcker*	Pedro, español
f	[f]	wie f in *Feld*	café, gafas
g	[ɣ]	vor a, o, u und Konsonanten wie g, aber sanfter	tengo, gracias
	[x]	vor e, i wie ch in *doch*	agenda, origen
	[ɣ]	in der Verbindung gue, gui bleibt das u stumm und das g ein gesprochenes g	Miguel, guitarra
h		das h ist immer stumm	hotel, hola
i	[i]	wie das deutsche kurze i in *bitten*	hijo, Frida
j	[x]	wie ch in *doch*	jamón, hijo
k	[k]	wie k, aber nicht aspiriert (gehaucht)	kilo, kilómetro
l	[l]	wie l in *Lampe*	hotel, lengua
ll	[j]	wie deutsches j in *Jacke*	Mallorca, calle
	[ʎ]	regional auch wie lj	Sevilla, llamarse
m	[m]	wie m in *Morgen*	mucho, móvil
n	[n]	wie n in *Nacht*	bueno, novia
ñ	[ɲ]	wie nj, ähnlich wie gn in *Champagner*	mañana, España
o	[ɔ]	offenes o wie in *offen*	dónde, hola
p	[p]	wie p, aber nicht aspiriert (gehaucht)	padre, playa
q	[k]	wie k, aber nicht aspiriert; immer zusammen mit u, das u bleibt jedoch stumm	qué, querer
r	[rr]	bei rr, am Wortanfang und nach l, n, s stark gerolltes Zungenspitzen-r wie in *Karren*	barrio, Enrique, restaurante
	[r]	sonst einfach gerolltes Zungenspitzen-r wie in *Karte*	perfecto, mercado
s	[s]	stimmloses s wie in *Messe*	solo, profesor

t	[t]	wie t, aber nicht aspiriert (gehaucht)	tiempo, tía
u	[u]	wie u in *Buch*	uno, tú
v	[b]	gleiche Aussprache wie b in *Berlin*	vuelo, vamos
	[β]	Reibelaut wie w in *Krawatte*	móvil, por favor
w	[b]	gleiche Aussprache wie b in *Berlin*	wáter (WC), wagneriano
	[u]	bei Wörtern englischen Ursprungs wie u	web, windsurf
x	[ks]	zwischen Vokalen, wie ks	taxi, exacto
	[s]	vor Konsonanten regional auch wie s in *Wasser*	explicar, extranjero
y	[i]	am Wortende und allein stehend wie i	soy, y
	[j]	sonst wie deutsches j in *Jacke*	yo, mayor
z	[θ]	wie englisches th in *think*	Zaragoza, vez
	[s]	in Lateinamerika und Südspanien wie s in *Wasser*	Venezuela, azúcar

Bei Diphthongen (Doppelvokalen) wird im Spanischen jeder Vokal einzeln gesprochen: **ae**rop**ue**rto *Flughafen*, v**ei**nte *zwanzig*, **Eu**ropa, **eu**ro *Euro*.

Welcher Lerntyp sind Sie?

Nicht jeder Mensch lernt gleich. Finden Sie anhand der vorgegebenen Aussagen heraus, welcher Lerntyp Sie sind, und gestalten Sie Ihr Lernverhalten entsprechend. Probieren Sie jedoch auch Lernmethoden anderer Lerntypen aus, auch wenn sie Ihnen zunächst fremd erscheinen. Das kann Sie zu unerwartet guten Lernergebnissen bringen. Kreuzen Sie an, was auf Sie zutrifft. Mehrere Aussagen sind dabei möglich.

Hörtyp

- ☐ Sie können Vorträgen gut folgen und merken sich den Inhalt.
- ☐ Sie hören gern Hörbücher oder lassen sich Dinge erklären.
- ☐ Sie hören sich schnell in eine gesprochene Fremdsprache ein.
- ☐ Sie haben im Deutschen wenig Probleme, verschiedene Dialekte zu verstehen.

Lese- und Sehtyp

- ☐ Sie lesen gern und nehmen den Inhalt über die Augen auf.
- ☐ Sie wissen, auf welcher Seite eine Vokabel steht und was vor ihr und nach ihr folgt.
- ☐ Sie prägen sich neue Wörter über visuelle Eselsbrücken ein.
- ☐ Sie lesen sich Grammatikregeln mehrmals durch.

Schreibtyp

- ☐ Sie markieren sich Stichwörter und schreiben sie heraus.
- ☐ Sie machen gern schriftliche Übungen.
- ☐ Sie möchten schnell E-Mails in der neuen Sprache schreiben können.
- ☐ Sie mögen Vokabellisten und Mindmaps (Gedankenkarten).

Handlungs- und Sprechtyp

- ☐ Sie möchten eine neue Sprache aktiv anwenden.
- ☐ Sie möchten gern Muttersprachler kennenlernen.
- ☐ Sie sprechen gern und kümmern sich zunächst nicht um die richtige Grammatik.
- ☐ Sie probieren neue Wörter und Sätze gern in Rollenspielen aus.

Lesen Sie im folgenden Kapitel, welche Lernmethoden für welchen Lerntypen besonders geeignet sind, damit Sie Ihre Lernziele schnell und effektiv erreichen können.

Tipps zum Spanischlernen **Tag 1**

Begrüßungen **Tag 2**

Kennenlernen und Small Talk **Tag 3**

Freunde finden **Tag 4**

Sie können schon mehr, als Sie denken! **Tag 5**

Wiederholen und üben Sie **Tag 6**

Tag 1 Tipps zum Spanischlernen

Tipps zum Wortschatzlernen

Sind Sie schon mal in einer Wohnung gewesen, in der an fast jedem Gegenstand ein kleines Zettelchen mit einem fremdsprachigen Begriff klebte? Hier versucht jemand sicherlich mit Erfolg, sich die Dinge des täglichen Gebrauchs in einer anderen Sprache einzuprägen. Die Technik hat Methode. Sie werden fortwährend an den fremden Begriff erinnert, indem Sie das Objekt anschauen oder in die Hand nehmen und das dazugehörige Wort im Kopf formulieren oder laut aussprechen. Es wird nicht lange dauern und Sie wissen, dass der Fernseher *el televisor*, die Lampe *la lámpara* oder der Teller *el plato* heißt.

Ist Ihnen diese Art des Vokabellernens ein wenig zu mühsam, können Sie auch auf das Lernen mit Vokabelheften, Karteikarten, Mindmaps oder Wortschatzbüchern zurückgreifen oder digitale Medien wie PC, Tablet und Smartphone zu Hilfe nehmen.

Eine effektive Methode ist das Vokabellernen mit Karteikasten. Auf Karteikärtchen geschriebene, noch nicht gelernte Begriffe bleiben im vorderen Fach; Wackelkandidaten in den mittleren. Erreicht ein Kärtchen das letzte Fach, sollte die Vokabel sicher im Gedächtnis verankert sein. Eine Weiterentwicklung dieser bewährten Methode wird als Software angeboten: der interaktive Langenscheidt Vokabeltrainer 6.0.

Tipps zum Lesen

Eine wichtige Aufgabe beim Erlernen einer neuen Sprache ist das Lesen. Besonders am Anfang sollte es bewusst durchgeführt und vor allem regelmäßig geübt werden. Sie haben drei Möglichkeiten, die Sie abwechselnd anwenden sollten.

Stellen Sie sich drei Autos vor: einen schnellen Sportwagen, einen großen Mittelklassewagen und ein kleines Stadtauto. Am Anfang Ihrer Lernkarriere können Sie sich erst einen Kleinwagen leisten: Sie lesen einzelne Begriffe langsam und sprechen sie wiederholt laut aus. Schauen Sie im Wörterverzeichnis oder in einem Wörterbuch nach, wenn Ihnen die Aussprache nicht geläufig ist – keine Angst vor der Lautschrift; die paar Sonderzeichen haben Sie schnell drauf –, oder lassen Sie sich die Begriffe in einem Wörterbuch mit Sprachausgabe vorsprechen. Überall und einfach verfügbar ist das Online-Wörterbuch von Langenscheidt. Sie können sich auf die Aussprache verlassen: Alle fremdsprachigen Stichwörter werden von Muttersprachlern gesprochen.

Warten Sie nicht zu lange mit dem Umsteigen auf den Mittelklassewagen und fangen Sie an, ganze Sätze, erst langsam, dann etwas schneller zu lesen, wobei es nicht schaden kann, schon gleich zu Beginn auf den landestypischen Sprachrhythmus zu achten. Fühlen Sie sich dann schon wohler auf den fremdländischen Straßen, lesen Sie größere Abschnitte am Stück und wagen – wenn Sie so wollen – als letztes den Schritt in den Sportwagen, Doch bedenken Sie: Es gibt keinen Grund, so schnell zu fahren wie die Einheimischen. Genießen Sie die Sprachlandschaft bei mittlerem Lesetempo und halten sie bei einzelnen Begriffen inne – es besteht sonst die Gefahr, dass Ihnen die Schönheit der individuellen Wörter entgeht – und lesen Sie zügig, um auch mal ein gutes Stück voranzukommen.

Tipps zum Sprechen

In engem Zusammenhang mit dem Lesen steht das Sprechen. Es ist der schwierigste Teil beim Erlernen einer fremden Sprache, da in der Regel kein Einheimischer in der Nähe ist, der mitfühlend die eigenen Fehler verbessert. Aber vielleicht gibt es einen Mitlerner in der Nähe, der sich glücklich schätzen würde, jemanden zum Wortaustausch zu haben. Treffen Sie

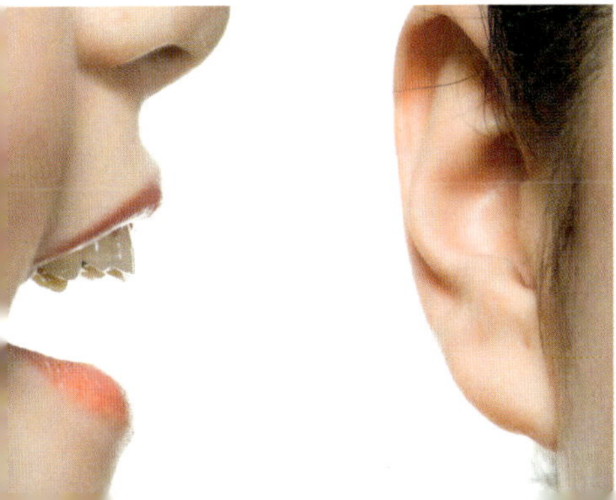

sich zu Hause oder in einem Café und versuchen Sie, etwas Small Talk in Ihrer „neuen" Sprache zu betreiben. Nur Mut! Oder lesen Sie sich die Dialoge des Lehrbuchs gegenseitig laut vor und lernen Sie sie eventuell sogar auswendig.

Sollte sich allerdings niemand finden, der die Dialoge mit Ihnen rollenverteilt einstudiert, tun Sie es selbst. Übernehmen Sie eine Rolle, überlegen Sie, was man in der jeweiligen Situation außerdem sagen könnte, und führen Sie Unterhaltungen mit imaginären Partnern. Wenn Ihnen das unangenehm sein sollte, probieren Sie es doch in unbeobachteten Momenten, wie z.B. morgens vor dem Badezimmerspiegel.

Warum versuchen Sie es nicht einmal mit Liedtexten oder Spielfilmen? Kaufen Sie sich Ihren spanischen Lieblingsfilm auf DVD, schauen Sie ihn auf Spanisch und klicken Sie vor allem die spanischen Untertitel an. Wenn Sie nun gelegentlich anhalten und einzelne Sätze oder Passagen herausschreiben und lernen, können Sie diese als Ansatzpunkt für ein kleines Rollenspiel nehmen. Versetzen Sie sich in die jeweilige Situation und „unterhalten" Sie sich mit den Schauspielern. Diese Art der Kommunikation können Sie auch mit sich selbst betreiben, beim Joggen oder unter der Dusche.

Tipps zum Hören

Wesentlich einfacher als das Sprechen ist das Hören. Hier bieten die modernen Medien mittlerweile eine unglaubliche Fülle an Möglichkeiten, von denen man vor einigen Jahren kaum zu träumen wagte.

Mit wenigen Klicks können Sie im Internet einen ausländischen Radiosender anhören oder fremdsprachliche Podcasts abrufen. Auch wenn Sie zunächst wegen der Schnelligkeit des Gesprochenen nicht viel verstehen, akzeptieren Sie es. Wichtig ist zunächst nur, dass Sie der Sprache, die Sie erlernen wollen, lauschen und dass Sie ihren Klang hören. Sie werden unweigerlich – und das kann ja auch nicht schaden – in Urlaubsstimmung geraten.

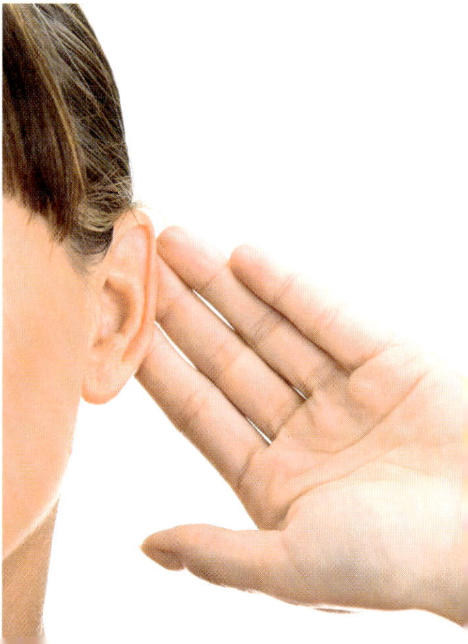

Hören und Verstehen ist wie Jogging. Wer sich als Anfänger einen Marathon zumutet, wird bald keuchend am Straßenrand stehen. Geben Sie sich Zeit und haben Sie Geduld: Steter Wortschwall trainiert das Hirn. Will heißen: Je mehr Sie sich der gesprochenen Sprache aussetzen, je mehr Sie mal konzentriert, mal beiläufig zuhören, desto schneller wird sich Ihr Hörverständnis verbessern. Sie bekommen ein Gefühl für Wörter und Sprachmelodie. Wenn Sie Hörbücher lieben oder gern DVDs schauen, machen Sie bewusst von der Stopp-Taste des Abspielgeräts Gebrauch und hören Sie einzelne Passagen gezielt mehrere Male hintereinander. Sie werden sehen: Schon beim dritten Mal verstehen Sie erheblich mehr. Und wenn Sie dazu noch den Text zu Hilfe nehmen – falls er Ihnen vorliegt – werden Sie einen wahren Verständnisschub erfahren.

Tipps zum Schreiben

Das Schreiben ist eine einfache, aber sehr effektive Lernübung. Schon das bloße Abschreiben von Vokabeln oder Dialogen verbessert nicht unwesentlich Ihr Sprachverständnis und hilft Ihnen, sich die jeweiligen Wörter oder Passagen einzuprägen.

Sie können zunächst die Übungen oder auch die Dialoge im Lehrbuch abschreiben. Diese kann man dann durchaus variieren oder ganz neu gestalten. Kleine Szenen in verschiedenen Situationen auf Papier zu bringen, ist eine hervorragende Übung nicht nur für angehende Dramatiker. Es sollte nur jemand gefunden werden, der das Geschriebene durchliest und auf eventuelle Fehler hinweist.

Natürlich soll dies einem elektronischen Gedankenaustausch nicht im Wege stehen. Versuchen Sie im Internet, beispielsweise über soziale Netzwerke, Chatpartner zu finden und schreiben Sie sich regelmäßig kleine Botschaften. Das können ganz banale Alltagsdinge sein; Sie werden sehen, dass das gar nicht so einfach ist. Schon allein einen Einkaufszettel für Tochter oder Ehemann in der neuen Sprache zu verfassen, erfordert mitunter ein reges imaginäres Blättern im Wörterbuch. Machen Sie es sich zur Regel, kleine Mitteilungen an Familienmitglieder, Freunde oder Bekannte auf Spanisch zu schreiben oder schalten Sie die automatische Spracherkennung Ihres Handys um und überraschen Sie Ihre Freunde mit „ausländischen“ SMS. Wer weiß, ob er eine oder andere nicht ebenso „ausländisch“ zurückschreibt.

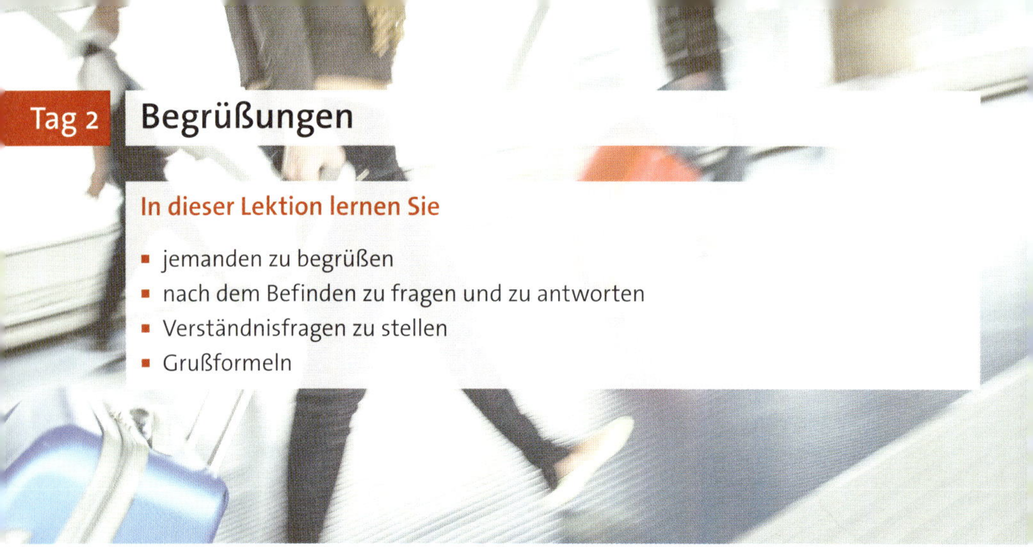

Tag 2 Begrüßungen

In dieser Lektion lernen Sie

- jemanden zu begrüßen
- nach dem Befinden zu fragen und zu antworten
- Verständnisfragen zu stellen
- Grußformeln

¡Hola, Carmen!

1/2
1/3

En el aeropuerto de Sevilla

Tío Enrique	¡Hola, Carmen!
Carmen	Buenos días, tío. ¿Cómo estás?
Tío Enrique	Bien, bien, ¿y tú? ¿Qué tal el viaje?
Carmen	Muy bien. Son sólo tres horas de vuelo de Fráncfort a Sevilla.
Alba	Es poco tiempo. ¡Hola, Carmen!, ¿qué tal?
Carmen	¿Eres Alba? ¿Mi prima Alba?
Alba	Sí, claro, soy tu prima Alba. ¡Bienvenida a Sevilla!
Carmen	Muchas gracias.
Tío Enrique	Bueno, chicas, ¿vamos? Yo llevo la maleta y la mochila.
Alba	Yo la mochila y tú la maleta. ¿Vale?
Tío Enrique	Vale. ¡Vamos!

En el coche

Tío Enrique	Bueno, vamos a casa, chicas.
Carmen	¿Está lejos?
Tío Enrique	No, son unos quince, veinte minutos.
Carmen	¿Cómo? ¿Puedes repetir por favor?
Alba	Papá, habla más despacio. Carmen es alemana.
Tío Enrique	Sí, es verdad. Perdona, Carmen. Tu madre es española ...
Carmen	... pero mi padre es alemán, y en casa hablamos alemán.
Alba	Pero hablas muy bien español.
Carmen	Gracias.

Fragen zum Dialog

Streichen Sie, was nicht zutrifft.

1. Son ~~*dos*~~ | *tres* horas de vuelo de Fráncfort a Sevilla.
2. Alba es ~~*la amiga*~~ | *la prima* de Carmen.
3. La madre de Carmen es *española* | ~~*alemana*~~.
4. Enrique es ~~*el padre*~~ | *el tío* de Carmen.
5. Enrique lleva *la maleta* | ~~*la mochila*~~ de Carmen.

Hallo, Carmen!

Am Flughafen von Sevilla

Onkel Enrique Hallo, Carmen!
Carmen Guten Tag, Onkel. Wie geht es dir?
Onkel Enrique Gut, gut, und dir? Wie war die Reise?
Carmen Sehr gut. Es sind nur drei Flugstunden von Frankfurt nach Sevilla.
Alba Das ist wenig. Hallo, Carmen! Wie geht's?
Carmen Bist du Alba? Meine Cousine Alba?
Alba Ja, klar, ich bin deine Cousine Alba. Willkommen in Sevilla!
Carmen Vielen Dank.
Onkel Enrique Gut, Mädchen, gehen wir? Ich trage den Koffer und den Rucksack.
Alba Ich den Rucksack und du den Koffer. Okay?
Onkel Enrique Okay. Gehen wir!

Im Auto

Onkel Enrique Also, fahren wir nach Hause, Mädels.
Carmen Ist es weit?
Onkel Enrique Nein, es sind ungefähr fünfzehn, zwanzig Minuten.
Carmen Wie? Kannst du das bitte wiederholen?
Alba Papa, sprich langsamer. Carmen ist Deutsche.
Onkel Enrique Ja, das stimmt. Entschuldige, Carmen. Deine Mutter ist Spanierin ...
Carmen ... aber mein Vater ist Deutscher, und zu Hause sprechen wir Deutsch.
Alba Aber du sprichst sehr gut Spanisch.
Carmen Danke!

Tag 2 Lernwortschatz

a casa	nach Hause
aeropuerto *m*	Flughafen
alemán, alemana	deutsch; Deutsche(r)
bien	gut
¡bienvenido, -a a …!	willkommen in …!
bueno	gut, also
buenos días	guten Tag
chica *f*	Mädchen
coche *m*	Auto
¿cómo estás?	wie geht es dir?
¿cómo?	wie?
de	von
el	der
en casa	zu Hause
en	in, an, auf
es verdad	das stimmt
español, -a	spanisch; Spanier, -in
¿está lejos?	ist das weit?
estar	sein, sich befinden
gracias	danke
hablar	sprechen
¡Hola!	Hallo!
hora *f*	Stunde
llevar	nehmen, tragen
maleta *f*	Koffer
más despacio	langsamer
mi	mein/e
minuto *m*	Minute
mochila *f*	Rucksack
muchas gracias	vielen Dank
muy	sehr
perdona	entschuldige
pero	aber
poco, -a	wenig
por favor	bitte
¿puedes repetir?	kannst du das wiederholen?
¿qué tal?	wie geht's?
ser	sein
sí	ja
sólo	nur
son	es sind
tiempo *m*	Zeit
tres	drei
tu	dein(e)
tú	du
unos, -as	ungefähr
¿vale?	okay?, einverstanden?

Verwandschaftsbezeichnungen	
padre *m*	Vater
madre *f*	Mutter
padres *mPl*	Eltern
papá *m*	Papa
mamá *f*	Mama
tío *m*	Onkel
tía *f*	Tante
primo *m*	Cousin
prima *f*	Cousine
hermano *m*	Bruder
hermana *f*	Schwester
hijo *m*	Sohn
hija *f*	Tochter
hijos *mPl*	Kinder
viaje	Reise

Grammatik und Redemittel

Das Verb *ser* ▸ *§4.1.1*

Sie haben hier in der 2. Lektion ein erstes und wichtiges Verb kennengelernt: **ser**. Hier sehen Sie die Formen des Verbs in allen Personen:

Singular		Plural	
(yo)	**soy** ich bin	(nosotros, -as)	**somos** wir sind
(tú)	**eres** du bist	(vosotros, -as)	**sois** ihr seid
(él, ella, usted)	**es** er/sie ist, Sie sind	(ellos, ellas, ustedes)	**son** sie/Sie sind

Im Spanischen brauchen Sie meist kein Personalpronomen (*ich, du* ...) vor dem Verb, da die Person aus der Endung des Verbs ablesbar ist:
Soy alemana. *Ich bin Deutsche.* – **¿Eres Alba?** *Bist du Alba?*
Zur Hervorhebung oder Gegenüberstellung wird es aber schon verwendet:
▸ **Soy Carmen, ¿y tú?** *Ich bin Carmen, und du?*
◂ **Yo soy Ángel.** *Ich bin Ángel.*

Artikel und Substantiv (Singular) ▸ *§2*

Maskulinum	Femininum
el minuto, **el** vuelo, **el** tío, **el** tiempo	**la** hora, **la** maleta, **la** chica, **la** mochila
el padre, **el** coche	**la** madre

Sie haben es bestimmt schon selbst gemerkt: Substantive, die auf **-o** enden, sind meist männlich, Substantive auf **-a** weiblich. Bei Substantiven auf **-e** müssen Sie den Artikel mitlernen. Sie können männlich oder weiblich sein.

Nach dem Befinden fragen und antworten

▸ ¡Hola!, ¿qué tal? *Hallo, wie geht's?* ◂ Bien, bien. *Gut, gut.*
▸ ¿Cómo estás? *Wie geht es dir?* ◂ Muy bien, ¿y tú? *Sehr gut. Und dir?*
▸ ¿Cómo está? *Wie geht es Ihnen?* ◂ Bien, ¿y usted? *Gut. Und Ihnen?*

Verständnisfragen stellen

¿Cómo? *Wie?*
Más despacio, por favor. *Langsamer, bitte.*
¿Puedes repetir? *Kannst du (das) wiederholen?*

Übungen

1 Ergänzen Sie die richtigen Formen von ser.

1. .... sólo dos horas de vuelo de Francfort a Barcelona.
2. Sí, ... poco tiempo.
3. Mi madre .... alemana, mi padre .... español.
4. ► (Nosotros) .... españoles, ¿y tú? ◄ Yo .... italiana.
5. ► ¿(Tú) .... mi tío Enrique? ◄ Sí, ... tu tío Enrique.

1/4

2 Welche Buchstaben und Zeichen fehlen hier? Hören Sie zu und ergänzen Sie. Sprechen Sie dann die Sätze laut nach.

1. ¡...ola, Alba!
2. Buen...s día... .
3. ...Qué ta...?
4. Bien, b...en, ¿y ...ú?
5. ¿...ómo... ¿Pued...s repet...r, por f...vor?
6. ...Bien ...enida!

1/5

3 Hören Sie die folgenden kurzen Sätze und antworten Sie darauf.

4 Lesen Sie den kurzen Text und ergänzen Sie die Wörter aus dem Kasten.

alemana tal soy madre casa es mi muy es

Hola, ... (1.) Carmen. ¿Qué .... (2.)? Soy .... (3.), de Fráncfort. Mi .... (4.) es española, mi padre .... (5.) alemán. En .... (6.) hablamos alemán. Alba .... (7.) mi prima y Enrique es .... (8.) tío. El tío Enrique habla .... (9.) rápido*.

* rápido: *schnell*

Kulturtipp Buenos días

Sie kennen die wichtigsten Grußformeln, nun müssen Sie noch wissen, wann Sie welchen Gruß benutzen.

In den spanischsprachigen Ländern wechseln die Grußformeln mit den Essenszeiten. Bis zum Mittagessen (in Spanien gegen 14 Uhr) sagen Sie **Buenos días**. Bis zum Abendessen (gegen 21 Uhr) **Buenas tardes**. Erst danach grüßen Sie mit **Buenas noches**, das auch *Guten Abend* heißen kann, nicht nur *Gute Nacht*, wie im Deutschen. Diese Grußformeln können Sie übrigens auch zum Verabschieden verwenden. Mit dem saloppperen **¡Hola!** können Sie zu jeder Tageszeit grüßen. **Adiós** heißt *Tschüs, auf Wiedersehen!*

Wussten Sie, dass das Händeschütteln in den spanischsprachigen Ländern nur formellen Gelegenheiten vorbehalten bleibt? In eher lockeren Begegnungen familiärer oder freundschaftlicher Art gibt man sich nicht die Hand. In unserem Beispieldialog gibt es kein Händeschütteln. Carmen wird sowohl von ihrem Onkel als auch von ihrer Cousine Alba mit je einem Küsschen rechts und links auf die Wange begrüßt. Man nennt sie **besitos** *Küsschen*. Wäre Carmen ein junger Mann, so würde er seine Cousine ebenfalls mit **besitos** begrüßen. Seinen Onkel würde er umarmen und auf die Schulter klopfen. Also, keine Angst vor Berührungen! Und Hände schütteln nur im formellen Rahmen.

Was können Sie schon?

	☺	😐	☹	
■ verstehen, wenn jemand grüßt und nach dem Befinden fragt	■	■	■	▸ Ü2
■ verstehen, wenn jemand über sich erzählt (Herkunft, Familie, Sprachkenntnisse)	■	■	■	▸ Ü4
■ einen Gruß verstehen und darauf antworten	■	■	■	▸ Ü2
■ nach dem Befinden fragen und antworten	■	■	■	▸ Ü3
■ jemanden bitten, langsamer zu sprechen	■	■	■	▸ Ü3
■ jemanden bitten, einen Satz zu wiederholen	■	■	■	▸ Ü3
■ sich bedanken	■	■	■	▸ Ü3

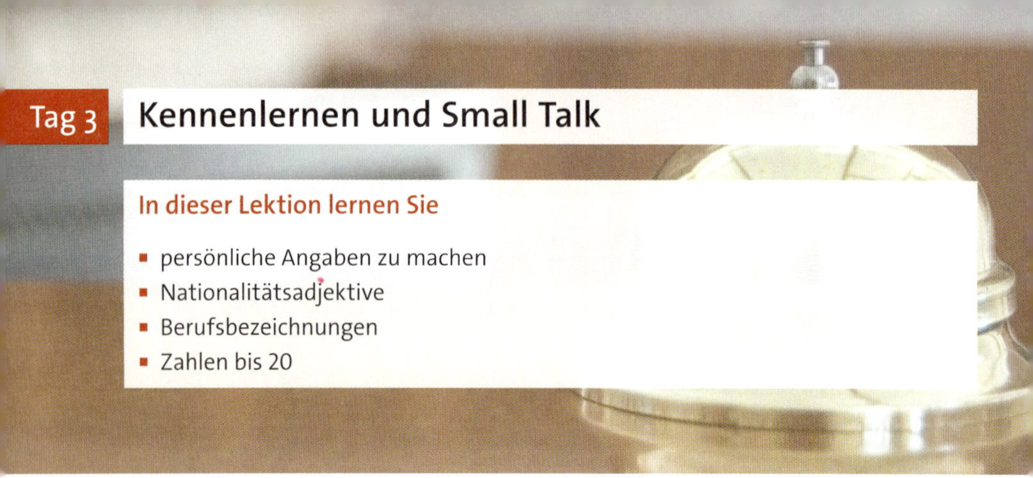

Tag 3 Kennenlernen und Small Talk

In dieser Lektion lernen Sie

- persönliche Angaben zu machen
- Nationalitätsadjektive
- Berufsbezeichnungen
- Zahlen bis 20

¿Cómo te llamas?

1/6
1/7

En la escuela de idiomas «Giralda»

Carmen ¡Hola! Me llamo Carmen, Carmen Renner López.
Ramón ¡Hola! Soy Ramón Trigos, ¿qué tal? ¿Eres española?
Carmen Soy medio española, medio alemana. Mi español ...
Ramón ... es casi perfecto. Hablas muy bien.
Carmen Gracias. Quiero hacer un curso para avanzados.
Ramón Vale. ¿Por la mañana o por la tarde?
Carmen De momento por la mañana.
Ramón Muy bien. ¿Quieres empezar ya el lunes?
Carmen Sí, genial.
Ramón Entonces, ¿cómo te llamas?
Carmen Carmen Renner López.
Ramón El primer apellido es alemán, ¿no? ¿Cómo se escribe?
Carmen Erre-e-dos enes-e-erre.
Ramón Ah, muy bien. ¿Tu profesión, Carmen?
Carmen Soy estudiante. Estudio Empresariales en Fráncfort.
Ramón Vale. ¿Y dónde vives en Sevilla?
Carmen En la calle Bami, número 27, segundo derecha.
Ramón ¿Tienes teléfono?
Carmen Sí, el número es el 954 230 789.
Ramón ¿Tienes móvil?
Carmen Sí, pero de momento no sé el número.
Ramón ¿Y tu dirección electrónica?
Carmen Carmen84@gmx.de.
Ramón Muchas gracias, Carmen, y ¡felicidades! Eres alumna de la escuela «Giralda». ¿Tomamos un café? Te invito.

Fragen zum Dialog

Kreuzen Sie an, was zutrifft.

1. Carmen se llama	☐ López Renner.	☒ Renner López.
2. Quiere hacer un curso	☒ por la mañana.	☐ por la tarde.
3. Carmen es	☐ secretaria.	☒ estudiante.

Wie heißt du?

In der Sprachenschule „Giralda“

Carmen Hallo! Ich heiße Carmen, Carmen Renner López.

Ramón Hallo! Ich bin Ramón Trigos, wie geht's? Bist du Spanierin?

Carmen Ich bin halb Spanierin, halb Deutsche. Mein Spanisch ...

Ramón ... ist fast perfekt. Du sprichst sehr gut!

Carmen Danke! Ich möchte einen Fortgeschrittenenkurs machen.

Ramón Gut! Vormittags oder nachmittags?

Carmen Im Moment vormittags.

Ramón Sehr gut. Möchtest du am Montag schon anfangen?

Carmen Ja, wunderbar.

Ramón Na dann, wie heißt du?

Carmen Carmen Renner López.

Ramón Der erste Nachname ist deutsch, oder? Wie schreibt man ihn?

Carmen R-e-zwei n-e-r.

Ramón Aha, sehr gut. Dein Beruf, Carmen?

Carmen Ich bin Studentin. Ich studiere BWL in Frankfurt.

Ramón Okay. Und wo wohnst du in Sevilla?

Carmen In der Bami-Straße Nummer 27, zweiter (Stock) rechts.

Ramón Hast du Telefon?

Carmen Ja, die Nummer ist 954 230 789.

Ramón Hast du ein Handy?

Carmen Ja, aber im Moment weiß ich die Nummer nicht.

Ramón Und deine E-Mail-Adresse?

Carmen Carmen84@gmx.de.

Ramón Vielen Dank, Carmen, und Glückwunsch! Du bist Schülerin der Schule „Giralda“. Trinken wir einen Kaffee? Ich lade dich ein.

Tag 3 Lernwortschatz

apellido *m*	Nachname
arroba *f*	@, at
avanzado, -a	Fortgeschrittene(r)
café *m*	Kaffee, Café
calle *f*	Straße
casi	fast
¿cómo se escribe?	wie schreibt man das?
curso *m*	Kurs
de momento	im Moment
derecha (*Abk* dcha)	rechts
dirección *f* electrónica	E-Mail-Adresse
¿dónde?	wo?
dos	zwei
empezar	anfangen
Empresariales	BWL
entonces	also, dann
escuela *f*	Schule
estudiante *m/f*	Student/in
estudiar	studieren
¡felicidades!	Glückwünsche!
genial	genial, wunderbar
hacer	machen
idioma *m(!)*	Sprache
invitar	einladen
izquierda (*Abk* izda)	links
llamarse	heißen
lunes *m*	Montag
medio	ein halber
móvil *m*	Handy
número *m*	Nummer
no	nein; nicht
para	für
perfecto, -a	perfekt
por la mañana	morgens, vormittags
por la tarde	nachmittags, abends
primero, -a	erste(r)
profesión *f*	Beruf
punto *m*	Punkt
querer	mögen, möchten
saber	wissen
segundo, -a	zweite(r)
te	dich

Berufsbezeichnungen

camarero, -a	Kellner, -in
secretario, -a	Sekretär, -in
alumno, -a	Schüler, -in
estudiante	Student, -in
profesor, -a	Lehrer, -in
médico, -a	Arzt, Ärztin
taxista	Taxifahrer, -in
ingeniero, -a	Ingenieur, -in
enfermero, -a	Pfleger, Krankenschwester
cocinero, -a	Koch, Köchin
mecánico, -a	Mechaniker, -in
empleado, -a	Angestellte, Angestellter

Grammatik und Redemittel

In den ersten Lektionen haben Sie das Verb **hablar** *sprechen* kennengelernt:

Verben auf *-ar* ▸ *§4.1.1*

	hablar	sprechen
(yo)	habl**o**	ich spreche
(tú)	habl**as**	du sprichst
(él, ella, usted)	habl**a**	er/sie spricht; Sie sprechen
(nosotros, -as)	habl**amos**	wir sprechen
(vosotros, -as)	habl**áis**	ihr sprecht
(ellos, ellas, ustedes)	habl**an**	sie/Sie sprechen

Nach dem Muster von **hablar** werden auch **estudiar** *studieren*, **tomar** *trinken* oder **invitar** *einladen* konjugiert. Ebenso das Verb **llamarse** *heißen*, das allerdings im Spanischen reflexiv ist (▸ *§4.1.2*). Sie dürfen hier das kleine Reflexivpronomen (**me, te ...**) nicht vergessen:

	llamarse	heißen
(yo)	**me** llam**o**	ich heiße
(tú)	**te** llam**as**	du heißt
(él, ella, usted)	**se** llam**a**	er/sie heißt; Sie heißen
(nosotros, -as)	**nos** llam**amos**	wir heißen
(vosotros, -as)	**os** llam**áis**	ihr heißt
(ellos, ellas, ustedes)	**se** llam**an**	sie/Sie heißen

Nationalitätsadjektive ▸ *§3*

Nationalitäts- und andere Adjektive bilden die weibliche Form durch Anhängen von **-a** oder durch Ersetzen des **-o** durch **-a**:

español	español**a**	spanisch	francés	frances**a**	französisch
alemán	aleman**a**	deutsch	italian**o**	italian**a**	italienisch
inglés	ingles**a**	englisch	mexican**o**	mexican**a**	mexikanisch

Hat die männliche Form einen Akzent, so entfällt er in der weiblichen Form.

Die Zahlen von 0 bis 20					
0	cero	7	siete	14	catorce
1	uno	8	ocho	15	quince
2	dos	9	nueve	16	dieciséis
3	tres	10	diez	17	diecisiete
4	cuatro	11	once	18	dieciocho
5	cinco	12	doce	19	diecinueve
6	seis	13	trece	20	veinte

Übungen

1 Ergänzen Sie die richtigen Formen von *hablar* und *llamarse*.

1. ► ¿Hablas alemán, Ramón? ◄ Un poco.
2. ► ¿Cómo te llamas ? ◄ Me llamo Martín Sánchez.
3. ► Yo hablo muy bien inglés, ¿y tú? ◄ ¿Yo? Un poco.
4. ► (Nosotros) hablamos español y francés, ¿y tú? ◄ Yo sólo español.
5. ► ¿Cómo os llamáis ? ◄ Nos llamamos Maribel y Ana.

1/8

2 Ordnen Sie Frage und Antwort richtig zu. Hören Sie dann zu und prüfen Sie Ihr Ergebnis.

1. ¿Tienes móvil?
2. ¿Cómo te llamas?
3. ¿Cómo se escribe «Renner»?
4. ¿Tu profesión?
5. ¿Tomamos un café?

a) Soy estudiante.
b) Erre-e-dos enes-e-ere.
c) Sí, muy bien.
d) Sí, el número es ...
e) Carmen Renner.

1/9

3 Und jetzt sind Sie dran! Hören Sie einige Fragen zu Ihrer Person und Ihren Kontaktdaten und antworten Sie darauf.

Kulturtipp Calle Bami, número 27

Vielleicht haben Sie sich darüber gewundert, wie genau Adressen in Spanien angegeben werden. Nicht nur Straße und Hausnummer werden angegeben, sondern auch Stockwerk und ob die Wohnung rechts (**derecha**, abgekürzt **dcha**) oder links (**izquierda**, abgekürzt **izda**) am Gang liegt. Wundern Sie sich nicht, denn an spanischen Klingelschildern befinden sich keine Namen! Wenn Sie also jemanden besuchen möchten, müssen Sie wissen, in welchem Stock er oder sie wohnt, ob rechts oder links, in Wohnung A, B oder C. Die Angabe **Calle Bami, número 27** allein genügt nicht. Sie brauchen die Information **segundo derecha** oder **primero B**. Sonst können Sie nur hoffen, dass das Gebäude einen **portero** *Portier* hat, der Ihnen weiterhilft.

Was können Sie schon?

	☺	😐	☹	
■ verstehen, wenn jemand sich nach persönlichen Daten erkundigt				▸ *Ü2*
■ eine Visitenkarte lesen				▸ *Ü3*
■ über sich selbst sprechen, sagen, woher sie kommen und welche Sprachen Sie sprechen				▸ *Ü1*
■ persönliche Angaben machen, zum Beispiel Ihre Adresse, Telefon- und Handynummer sowie Ihre E-Mail-Adresse angeben				▸ *Ü1*

Haben Sie auch eine **tarjeta de visita** *Visitenkarte*? Dann übersetzen Sie sie doch auf Spanisch und lesen Sie sie laut vor, auch Ihre Telefonnummer und Ihre E-Mail-Adresse. Versuchen Sie es!

Tag 4 Freunde finden

In dieser Lektion lernen Sie

- jemanden vorzustellen
- über Freunde und Familie zu sprechen
- den Familienstand anzugeben

1/10
1/11

¿Un café solo?

En «Casa Paco»

Ramón ¡Hola, Paco!
Paco ¡Hola!, ¿qué hay?
Ramón Mira, te presento a Carmen, una nueva alumna.
Carmen ¡Hola!, ¿qué tal?
Ramón ¿Qué tomas? ¿Un café solo?
Carmen Mejor un cortado.
Ramón Vale. Un café solo y un cortado, Paco.
Paco Marchando.
Ramón ¿Es la primera vez que estás en Sevilla?
Carmen No, pero es la primera vez que estoy aquí sola. Bueno, sola sola no, vivo en casa de mis tíos ...
Ramón ... en la calle Bami, número 27 ...
Carmen ¡Qué memoria! Mis tíos tienen dos hijos: mi prima Alba y mi primo Chema. Chema está casado. Alba está soltera, pero tiene novio.
Ramón Ah, ¿y tienes hermanos?
Carmen Yo no, ¿y tú?
Ramón Uff, sí, tengo dos hermanos. Mis padres tienen una farmacia en Triana. Mi hermano mayor también es farmacéutico. Mi hermana es secretaria. Vive con su hija, está separada.
Carmen ¿Y tú?
Ramón Pues yo soy profesor de español en la «Giralda».
Carmen ¿Tú eres mi profesor? ¡Encantada!
Ramón Mucho gusto, Carmen.

Fragen zum Dialog

Streichen Sie, was nicht zutrifft.

Carmen está *soltera* | *casada*.
Carmen *tiene* | *no tiene* hermanos.
Ramón tiene *dos* | *tres* hermanos.

Einen Espresso?

In der „Casa Paco"

Ramón	Hallo Paco!
Paco	Hallo, was gibt's?
Ramón	Schau, ich stelle dir Carmen vor, eine neue Schülerin.
Paco	Hallo Carmen!
Ramón	Was trinkst du? Einen Espresso?
Carmen	Lieber einen Espresso mit Milch.
Ramón	Gut. Einen Espresso und einen mit Milch, Paco.
Paco	Kommt sofort.
Ramón	Bist du zum ersten Mal in Sevilla?
Carmen	Nein, aber ich bin zum ersten Mal alleine hier. Na ja, ganz alleine nicht, ich wohne bei meinem Onkel und meiner Tante ...
Ramón	... in der Bami-Straße Nummer 27 ...
Carmen	Was für ein Gedächtnis! Onkel und Tante haben zwei Kinder, meine Cousine Alba und meinen Cousin Chema. Chema ist verheiratet. Alba ist ledig, aber sie hat einen Freund.
Ramón	Aha, und hast du Geschwister?
Carmen	Ich nicht, und du?
Ramón	Uff, ja, ich habe zwei Geschwister. Meine Eltern haben eine Apotheke in Triana und mein älterer Bruder ist auch Apotheker. Meine Schwester ist Sekretärin. Sie lebt mit ihrer Tochter. Sie lebt getrennt.
Carmen	Und du?
Ramón	Also ich bin Spanischlehrer in der „Giralda".
Carmen	Du bist mein Lehrer? Angenehm!
Ramón	Sehr erfreut, Carmen!

Tag 4 Lernwortschatz

aquí	hier
encantado, -a	angenehm!
farmacéutico, -a	Apotheker, -in
farmacia *f*	Apotheke
hermanos *mPl*	Geschwister
marchando	kommt sofort
mayor	ältere, -r, -s
mejor	besser, lieber
mira	schau!
mirar	schauen
mucho gusto	sehr erfreut!
novio, -a	feste(r) Freund, -in
nuevo, -a	neu
otro, -a	andere, -r, -s
presentar	vorstellen
¿qué hay?	was gibt es?
¡qué memoria!	was für ein Gedächtnis!
sola, sola	ganz allein
solo, -a	allein
también	auch
te presento a ...	ich stelle dir ... vor
tener	haben
vez *f*	Mal

Kaffee	
café solo *m*	Espresso
(café) cortado *m*	Espresso mit Milch
café doble *m*	doppelter Espresso
café con leche	Milchkaffee
carajillo	Espresso mit einem Schuss Cognac

Familienstand	
casado, -a	verheiratet
soltero, -a	ledig
separado, -a	getrennt
divorciado, -a	geschieden
viudo, -a	verwitwet

Grammatik und Redemittel

Regelmäßige Verben auf *-er* und *-ir* ▸ *§4.1.1*

Nach den Verben auf **-ar** lernen Sie jetzt zwei weitere Gruppen auf **-er** und **-ir** kennen. Damit sind die drei Konjugationsgruppen auch schon komplett.

	Verben auf -er	Verben auf -ir
	comer essen	**vivir** leben, wohnen
(yo)	como	vivo
(tú)	comes	vives
(él, ella, usted)	come	vive
(nosotros, -as)	comemos	vivimos
(vosotros, -as)	coméis	vivís
(ellos, ellas, ustedes)	comen	viven

Die unregelmäßigen Verben *hacer, saber* und *tener* ▸ *§4.1.1*

Während **hacer** und **saber** nur in der 1. Person Singular unregelmäßig sind, ändert sich bei **tener** zusätzlich der Stammvokal **e** in **ie** in den markierten Formen:

	hacer machen	**saber** wissen	**tener** haben
(yo)	ha**go**	**sé**	ten**go**
(tú)	hac**es**	sab**es**	t**ie**n**es**
(él, ella, usted)	hac**e**	sab**e**	t**ie**n**e**
(nosotros, -as)	hac**emos**	sab**emos**	ten**emos**
(vosotros, -as)	hac**éis**	sab**éis**	ten**éis**
(ellos, ellas, ustedes)	hac**en**	sab**en**	t**ie**n**en**

Zur Angabe des Familienstandes brauchen Sie das Verb **estar** *sein, sich befinden*:

(yo)	est**oy**
(tú)	est**ás**
(él, ella, usted)	est**á**
(nosotros, -as)	est**amos**
(vosotros, -as)	est**áis**
(ellos, ellas, ustedes)	est**án**

Übungen

1 Ergänzen Sie die jeweils passende männliche oder weibliche Form.

1. el hermano	....	4.	la profesora
2.	la prima	5. el empleado	....
3. el hijo	....	6.	la secretaria

1/12

2 Ordnen Sie Satzanfang und -ende richtig zu. Hören Sie dann zu und prüfen Sie Ihr Ergebnis.

1. Carmen está sola	a) de los tíos.
2. Vive en casa	b) alumna de la escuela «Giralda».
3. Está	c) en Sevilla.
4. Tiene	d) soltera.
5. Ella es	e) un primo y una prima.

3 Lesen Sie den Steckbrief von Ramón und ergänzen Sie das fehlende Verb in der richtigen Form.

es (4 x) tiene vive está tienen

Ramón Trigos Sánchez

1. .... en Sevilla.

2. .... empleado en una escuela de idiomas.

3. También .... profesor de español.

4. .... dos hermanos.

5. El hermano .... farmacéutico.

6. La hermana .... secretaria.

7. Ramón .... soltero.

8. Sus padres .... una farmacia.

1/13

4 Beantworten Sie nun ein paar persönliche Fragen. Hören Sie zu und antworten Sie.

Kulturtipp ¿Tú o usted?

Dass Lehrer und Schüler sich duzen, ist in Spanien ebenso üblich wie das Duzen im beruflichen Umfeld oder auch auf der Straße. Vielleicht entwickelt sich das spanische **tú** zu einem englischen **you** und gilt irgendwann für alle. Unbekannte Personen sollten Sie jedoch, vor allem wenn sie älter sind als Sie selbst, mit **usted** *Sie* ansprechen und erst wenn Sie selbst geduzt werden, auf das Du umschwenken.

Spanische Vornamen sind nicht immer leicht zu verstehen, weil Kurz- oder Koseformen sehr beliebt sind. Hier ein kleiner Wegweiser: **Pepe** heißt eigentlich **José** *Josef*, **Paco** ist **Francisco** *Franz*, **Quique** kommt von **Enrique** *Heinrich*, **Chema** heißt in der Vollversion **José María**. Auch **Ángel** *Engel* und **Jesús** *Jesus* sind beliebte männliche Vornamen.

Frauen können **Lola** (**Dolores**), **Paca** (**Francisca**), **Charo** (**Rosario**), **Trini** (**Trinidad**), **Marisa** (**María Isabel**) etc. heißen.

Apellidos *Nachnamen* haben Spanier immer zwei: den ersten vom Vater, den zweiten von der Mutter. Kinder derselben Eltern heißen immer gleich. Frauen dagegen behalten ihre beiden Familiennamen. Sie heißen also ganz anders als ihre Männer. Eine ganz normale Sache in Spanien.

Was können Sie schon?

	☺	😐	☹	
■ verstehen, wenn jemand von sich erzählt	■	■	■	▸ *Ü2*
■ persönliche Angaben zu einer Person verstehen (Familienstand, Beruf, Wohnort)	■	■	■	▸ *Ü3*
■ persönliche Angaben machen (Beruf, Familienstand)	■	■	■	▸ *Ü4*

Tag 5 Sie können schon mehr, als Sie denken!

In dieser Lektion lernen Sie

- unbekannten Wortschatz selbst zu erschließen
- Grammatikregeln selbst zu entdecken
- auf falsche Freunde zu achten

En español, por favor.

1 Sehen Sie sich diese Schilder in der Stadt an. Sie verstehen sicher viele der Wörter, auch wenn Sie sie bisher nicht gelernt haben.

2 Ordnen Sie nun die Substantive nach ihrem Geschlecht: männlich oder weiblich. Einige können Sie sicher bestimmen, bei einigen wenigen müssen Sie raten. Versuchen Sie's!

el	la
hotel	*pensión*

Lernwortschatz

autobús *m*	Bus	pensión *f*	Pension
avenida *f*	Avenida, Allee	playa *f*	Strand
banco m	Bank	policía *f*	Polizei
bodega *f*	Weinlokal	quiosco *m*	Kiosk
centro *m*	Zentrum	restaurante *m*	Restaurant
cruz *f*	Kreuz	rojo, -a	rot
hospital *m*	Krankenhaus	sol *m*	Sonne
hotel *m*	Hotel	turismo *m*	Tourismus
mar *m*	Meer	te presento a ...	ich stelle dir ... vor
mercado *m*	Markt	tener	haben
oficina *f*	Büro	vez *f*	Mal
palma *f*	Palme		

3 Wie lauten die Regeln? Ergänzen Sie.

1. Die meisten männlichen Substantive enden auf -……, die meisten weiblichen auf -…… .

2. Substantive auf **-r** und **-l** sind meistens …………………………… .

3. Substantive auf **-sión** sind …………………………… .

4. Substantive auf -…… können männlich oder weiblich sein.

4 Lesen Sie nun die folgenden Schlagzeilen aus der spanischen Presse. Sie werden staunen, was Sie bereits alles verstehen können.

Dos destinos favoritos del turismo europeo: Ibiza y Mallorca

Los españoles usan más internet

Conferencia de «Médicos sin Fronteras» en Valencia, del 3 al 5 de agosto

Más de siete millones de visitantes en la Expo de Zaragoza

Penélope Cruz: Nuevos amores en Estados Unidos

Productos típicos de la dieta mediterránea: aceite de oliva, frutas y verduras

Grandes éxitos para las marcas españolas de moda más conocidas: Camper, Zara y Mango

---

Zwei Lieblings-Ziele des europäischen Tourismus: Ibiza und Mallorca

Die Spanier nutzen das Internet immer mehr

Konferenz der Ärzte ohne Grenzen in Valencia, vom 3. bis 5. August

Mehr als sieben Millionen Besucher auf der Expo von Zaragoza

Penélope Cruz: Neue Liebe in den Vereinigten Staaten

Typische Produkte der Mittelmeer-Diät: Olivenöl, Obst und Gemüse

Große Erfolge für die bekanntesten spanischen Modemarken: Camper, Zara und Mango

5 Ordnen Sie nun wieder die Substantive nach ihrem Geschlecht: männlich oder weiblich. Diesmal geht es um die Pluralformen.

los	las
españoles	*frutas*
....	....
....	....
....	....
....	....
....	....
....	....
....	....

6 Ergänzen Sie nun die Singularformen der Substantive.

el	los	la	las
....	españoles	....	frutas
....	destinos	....	fronteras
millón	millones	....	verduras
visitante	visitantes	....	marcas
....	amores		
....	productos		
....	médicos		
....	éxitos		

7 Wie lauten die Regeln zur Pluralbildung? Ergänzen Sie.

1. Substantive, die auf einen Vokal (**o**, **a**, **e** ...) enden, bekommen im Plural ein ...... angehängt.
2. Substantive, die auf einen Konsonanten (**l**, **r**, **s**, **z** ...) enden, bekommen im Plural .... angehängt.

8 Hören Sie nun zu und geben Sie für jedes Wort im Singular den Plural an und umgekehrt. Nach der Sprechpause hören Sie die Lösung.

1/14

Tag 5 Grammatik und Redemittel

Wir fassen die Regeln zur Pluralbildung, die Sie selbst entdeckt haben, noch einmal in einer Übersicht zusammen. Sie gilt übrigens nicht nur für Substantive, sondern ebenso für Adjektive:

Vokal	+ -s	Konsonant	+ -es
centro	centro**s**	hospital	hospital**es**
calle	calle**s**	pensión	pension**es***
playa	playa**s**	amor	amor**es**
nuevo	nuevo**s**	internacional	internacional**es**
grande	grande**s**	mejor	mejor**es**

* Wenn die Plural-Silbe **es** dazukommt, entfällt der Akzent. Die Betonung bleibt auf derselben Silbe.

Der bestimmte Artikel ▸ *§2*

Singular	Plural
el centro	**los** centros
la playa	**las** playas

Groß- und Kleinschreibung

Groß geschrieben werden im Spanischen nur Eigennamen von Personen, Städten, Ländern, Studienfächern ... (**C**armen, **S**evilla, **C**ruz **R**oja, **M**edicina) und jeweils das erste Wort im Satz: **M**e llamo Irene. Alle anderen Wörter werden klein geschrieben.

Betonung

Die spanische Betonung ist nicht schwer.
Endet ein Wort auf **Vokal**, -**n** oder -**s**, dann wird die **vorletzte Silbe** betont: **cen**tro, **ca**lle, **pla**ya, **gran**des.
Endet ein Wort auf **Konsonant** (außer **n** oder **s**), so wird die **letzte Silbe** betont: hos**pital**, a**mor**, internacio**nal**, me**jor**.
Abweichungen von diesen Regeln bekommen einen **Akzent**. Die Silbe mit Akzent ist immer betont: pen**sión**, auto**bús**, Pe**né**lope, **é**xito.

Kulturtipp
El español

Wussten Sie, dass es etwa 450 Millionen Menschen gibt, die Spanisch als Muttersprache sprechen? In 21 Ländern der Erde ist Spanisch Amtssprache: in Europa (Spanien), in Nordamerika (Mexiko und einzelne Bundesstaaten der USA), in den Ländern Mittel- und Südamerikas (mit Ausnahme von Brasilien) und in Äquatorial-Guinea (Afrika).

Dazu lernen noch einmal 14 Millionen Menschen auf der ganzen Welt Spanisch, allein 3 Millionen in Europa. Damit ist Spanisch nach Englisch die am zweithäufigsten gelernte Sprache weltweit.

In einigen der Länder gibt es neben Spanisch auch noch andere, regionale Amtssprachen, auch in Spanien selbst. In Galicien (im Nordwesten Spaniens) ist **el gallego** *Galicisch* zweite Amtssprache, im Baskenland (Norden) **el vasco** *Baskisch* und in Katalonien (Nordosten) und auf den Balearen **el catalán** *Katalanisch*. Hätten Sie's gewusst?

Falsche Freunde

Zu Beginn dieser Lektion haben Sie Wörter kennengelernt, die für Sie, weil sie international oder in anderen Sprachen ganz ähnlich sind, leicht zu erschließen waren.
Unter ähnlich aussehenden Wörtern gibt es natürlich auch die so genannten „falschen Freunde", die zwar ähnlich aussehen, es von der Bedeutung her aber nicht sind.
Wir geben Ihnen zwei Beispiele.
So heißt **la carta** auf Deutsch nicht *etwa Karte*, wie man vermuten könnte, sondern *Brief*. Es kann außerdem *Speisekarte* oder auch *Spielkarte* heißen.
Die *Postkarte* heißt dagegen **la postal**, die *Landkarte* **el mapa**, die *Eintrittskarte* **la entrada** oder **el billete** und die *Kreditkarte* **la tarjeta de crédito**.
El mantel, ein Wort, das wie unser Kleidungsstück aussieht, bedeutet im Spanischen *Tischdecke*, während der *Mantel* **el abrigo** heißt.

Tag 6

Wiederholen und üben Sie

Hier wiederholen Sie

- wichtige Redemittel zum Sich-Kennenlernen
- die Verben auf *-ar*, *-er*, *-ir*
- Substantive und Adjektive im Singular und Plural
- Aussprache und Betonung

Übungen

1 Wie grüßen Sie zu diesen Uhrzeiten?

1. 16:10 ....

2. 22:45 ....

3. 10:00 ....

4. immer: ....

2 Welche Fragewörter brauchen Sie beim Kennenlernen?

1. ¡Hola!, ¿ .... tal?

2. ¿ .... te llamas?

3. ¿ .... estás?

4. ¿ .... profesión tienes?

5. ¿ .... vives?

6. ¿ .... tomas?

3 Welche Ergänzungen passen jeweils zu den Verben? Streichen Sie, was nicht passt.

1. ¡Hola!, me llamo ...	a) Ricardo.	b) López.	c) Francfort.
2. Estudio ...	a) Medicina.	b) escuela.	c) Empresariales.
3. ¿Tienes ...	a) teléfono?	b) móvil?	c) apellido?
4. ¿Habláis ...	a) alemana?	b) Alemania?	c) alemán?
5. Katia, ¿tienes ...	a) hermanos?	b) casada?	c) novio?
6. ¿Vives ...	a) Sevilla?	b) sola?	c) con tus padres?

4 Welche Endungen fehlen bei diesen Verben? Ergänzen Sie sie.

1. Me llam ...... Ana González.
2. Carmen, ¿qué hac .... en Sevilla?
3. ¿Tom .... (tú) un café?
4. ¿Dónde viv ...... Carmen?
5. ¿Tien ...... usted hermanos, señor Martínez?
6. ¿Vosotros estudi .... Medicina?
7. Abi y Luis no habl .... alemán.
8. Carmen est ...... soltera.

5 Welche Verbformen passen in dieses kurze Familienporträt? Setzen Sie sie richtig ein.

es estudia vive come es comen tiene come

Esta es la familia Gómez Pardo. La familia .... (1.) en Valencia. La madre, Silvia Pardo García, ... (2.) taxista. El padre, Bernardo Gómez Rojas, ... (3.) cocinero en un restaurante muy bueno en el centro de Valencia. El restaurante .... (4.) muchos clientes. Lola, la hija de 20 años, ... (5.) Arquitectura. Su hermano Carlos, de 12 años, es alumno. A mediodía .... (6.) en la cantina de la escuela, Lola .... (7.) en la universidad, el padre en el restaurante, ¿y la madre? ¡En el taxi! Por la noche .... (8.) todos juntos, en casa.

6 Bilden Sie Sätze. Ergänzen Sie die Verben.

1. Carmen y Ramón / «Casa Paco» / café

....

2. Ana / Valencia / Informática

....

3. Lucía / secretaria, / separada

....

4. António / soltero, / pero / novia

....

7 Sie gehen mit einer Bekannten ins Café und bestellen einen Espresso und einen Milchkaffee. Später bestellen Sie noch einen Milchkaffee nach und dazu ein Mineralwasser. Bereiten Sie sich vor, hören Sie dann zu und geben Sie beim Kellner Ihre Bestellungen auf.

1/15

8 Ergänzen Sie die Telefonnummer und schreiben Sie sie als Zahl.

n ... ev ... c ... nc ... c ... at ... o ... e ... s d ... s c ... r ... s ... et ... u ... o tr ... s.

....

9 Schreiben Sie die Zahlen aus und übersetzen Sie die Wörter dazu.

1. 1 Flughafen ....
2. 2 Schulen ....
3. 3 Kurse ....
4. 5 Geschwister ....
5. 7 Straßen ....
6. 4 Sprachen ....
7. 12 Nummern ....
8. 20 Hotels ....
9. 6 Koffer ....
10. 15 Tage ....

1/16

10 Hören Sie die folgenden Ansagen und tragen Sie die fehlenden Telefonnummern ein.

1. «Giralda» ....
2. Luis García ....

1/17

11 Hören Sie zu und antworten Sie auf die Fragen.

12 Ergänzen Sie den jeweils passenden Artikel: el, la, los oder las.

1. .... aeropuerto
2. .... mochila
3. .... tíos
4. .... momento
5. .... minutos
6. .... número
7. .... alumnas
8. .... restaurantes
9. .... profesión
10. .... móvil
11. .... apellidos
12. .... mar

13 Bilden Sie den Plural dieser Wörter.

1. nuevo ....
2. genial ....
3. profesor ....
4. hospital ....
5. padre ....
6. hotel ....
7. café ....
8. mayor ....

14 Ergänzen Sie jeweils die fehlende männliche oder weibliche Form.

1. italiano ....
2. .... prima
3. hermanos ....
4. .... casada
5. francés ....
6. .... madre
7. profesores ....
8. .... chicas

15 Wie wird in den folgenden Wörtern das c gesprochen: wie [k] oder gelispelt, wie das englische th z. B. in dem Wort thin [T]? Hören Sie zu und ordnen Sie richtig zu.

1/18

Carmen gracias poco calle farmacia curso
quince despacio ¡felicidades! aceite mercado perfecto

[k]	[θ]
....	....
....	....
....	....
....	....
....	....
....	....

Regel:

1. Vor ...., **o**, ... oder Konsonant wird **c** wie [k] gesprochen.
2. Vor ...., ... wird **c** wie [θ] gesprochen.

1/19 **16** **Hören Sie nun Wörter mit *g* und ordnen Sie sie wieder nach ihrer Aussprache.**

genial Giralda gracias lengua mucho gusto
agua mineral segundo Granada

[g]	[x] (wie in *ach*)
....	....
....	....
....	
....	
....	
....	

Regel:

1. Vor .... , ... , ... oder Konsonant wird **g** wie [g] gesprochen.
2. Vor .... , ... wird **g** wie [x] gesprochen.

1/20 **17** **Lesen Sie diese Städtenamen laut und ordnen Sie sie nach ihrer Betonung richtig ein. Hören Sie dann die CD und überprüfen Sie Ihr Ergebnis.**

Madrid Berlín Sevilla Barcelona Cádiz Jerez
Lima Palma Hamburgo Valladolid Caracas Bogotá

vorletzte Silbe	letzte Silbe	Silbe mit Akzent
....	....	....
....	....	....
....	....	....
....		
....		
....		

18 Welche Buchstaben fehlen hier? Ergänzen Sie, hören Sie dann die CD und kreuzen Sie an, was stimmt. 1/21

l	c	n
1. Ma .... orca	3. no .... e	5. ma .... ana
ll	ch	ñ
ñ	l	ch
2. Espa .... a	4. ape .... ido	6. dere .... a
n	ll	tch

Regel:

1. **ll** wird gesprochen wie	a) ☐ Doppel-**l** in *Halle*	b) ☐ **j** in *Jacke*
2. **ñ** wird gesprochen wie	a) ☐ **nj** in *Bologna*	b) ☐ **n** in *Norden*
3. **ch** wird gesprochen wie	a) ☐ **ch** in *Dach*	b) ☐ **tsch** in *Patsche*

19 Hören Sie diese Wörter auf CD. Was fällt Ihnen dabei auf? Kreuzen Sie an. 1/22

hotel hora ¡Hola! hijo hermana hablar

Regel:

h wird a) ☐ wie im Deutschen gesprochen b) ☐ gar nicht gesprochen

20 Hören Sie diese Wörter auf CD. Was fällt Ihnen dabei auf? Kreuzen Sie an. 1/23

bien buenos ¡vale! bienvenido ¡vamos! vuelo

Regel:

b und **v** werden a) ☐ ganz verschieden gesprochen
b) ☐ ganz ähnlich gesprochen; am Wortanfang klingen beide wie **b**

Zwischentest 1

1 Lesen Sie die Visitenkarten folgender Einrichtungen und beantworten Sie dann die Fragen. Sie müssen nicht jedes Wort verstehen!

Centro de Fisioterapia
«María Isabel»
C/ Castillo, 245
41013 Sevilla - 954 230 784

Clínica Veterinaria
«Bami»
Avda. Capuchinos 6, 2º dcha
41003 Sevilla - 954 537 535

Hotel «Mayo»
Céntrico, 20 confortables habitaciones con baño privado, aire acondicionado, televisión vía satélite, teléfono, conexión a internet.
C/ Álvarez Quintero 38, Sevilla
☎ Tel: 954 229 090 Fax: 954 229 091
E-mail: info@hotelmayo.com

Restaurante «Casa Pepe»
Especialidades: Mariscos
Plaza de Cuba,15
41013 Sevilla - 954 237 504

Kiosko De Las Flores
C/ Betis S/N
41010 Sevilla - 954 274 576

1. „C/" ist die Abkürzung für	☐ casa.	☐ calle.
2. „@" heißt auf Spanisch	☐ apellido.	☐ arroba.
3. „Avda" steht für	☐ avanzado.	☐ Avenida.
4. „2º dcha" heißt	☐ 2. rechts.	☐ 2. links.
5. Was bietet das Hotel Mayo nicht?	☐ Internetzugang.	☐ Parkplätze.
__/6 6. Spezialität in der „Casa Pepe" sind	☐ Meeresfrüchte.	☐ Hamburger.

2 Welches Wort passt jeweils nicht in die Reihe? Kreuzen Sie es an.

1. ☐ alemán ☐ francés ☐ gracias
2. ☐ tiempo ☐ maleta ☐ mochila
3. ☐ madre ☐ minuto ☐ tía
4. ☐ mañana ☐ lunes ☐ noche
5. ☐ café ☐ alumna ☐ profesor
6. ☐ casado ☐ separada ☐ secretaria

__/6

3 Wie heißt die richtige Endung dieser Wörter? Kreuzen Sie an und ergänzen Sie.

	-o	-a	-e	-nte	-or	-sión
1. minut	☐	☐	☐	☐	☐	☐
2. padr	☐	☐	☐	☐	☐	☐
3. profes	☐	☐	☐	☐	☐	☐
4. estudia	☐	☐	☐	☐	☐	☐
5. mañan	☐	☐	☐	☐	☐	☐
6. pen	☐	☐	☐	☐	☐	☐

__/6

4 Welches Adjektiv passt jeweils zum Substantiv?

1. el coche ☐ nueva ☐ nuevo
2. el día ☐ perfecto ☐ perfecta
3. el café ☐ sola ☐ solo
4. la alumna ☐ nuevo ☐ nueva
5. la chica ☐ española ☐ español
6. el restaurante ☐ francesa ☐ francés

__/6

5 Bilden Sie nun die fehlende Pluralform der Ausdrücke in Übung 4.

1. los coches ....
2. los días ....
3. los .... solos
4. .... alumnas nuevas
5. las chicas ....
6. los .... franceses

__/6

6 **Lesen Sie diese Ländernamen laut und kreuzen Sie an, auf welcher Silbe sie betont werden. Hören Sie dann die CD und überprüfen Sie Ihre Aussprache und Ihr Ergebnis.**

betont wird:	die vorletzte Silbe	die letzte Silbe	die vorvorletzte Silbe
1. Chile	☐	☐	☐
2. Guatemala	☐	☐	☐
3. Brasil	☐	☐	☐
4. México	☐	☐	☐
5. Argentina	☐	☐	☐
6. Ecuador	☐	☐	☐

__/6

1/24 **7** **Hören Sie drei Kurzporträts von Menschen, die in Sevilla leben, und kreuzen Sie an, welche Aussagen richtig sind.**

1. Luis es argentino y taxista en Sevilla.	☐ Está soltero.	☐ Está casado.
2. Habla español, claro, y un poco de	☐ inglés.	☐ portugués.
3. Silvana estudia en Bolonia	☐ Empresariales.	☐ Medicina.
4. Vive ... en un apartamento.	☐ sola	☐ con dos colegas
5. Robin es profesor de	☐ español.	☐ inglés.
6. Tiene una hija de ... años.	☐ trece	☐ tres

__/6

8 **Was sagen Sie, wenn ...**

1. Sie nachmittags um 17 Uhr einen Laden betreten und die Verkäuferin grüßen:

....

2. Sie einen Freund auf der Straße treffen und ihn fragen wollen, wie es ihm geht:

.... oder ....

3. Sie etwas nicht verstanden haben:

....

4. Sie möchten, dass jemand langsamer spricht:

....

5. Sie sich bedanken möchten:

....

6. Sie wissen möchten, wie eine Ihnen unbekannte Person heißt:

__/6 ....

__/48

Einkaufen Tag 7

Im Restaurant Tag 8

Freizeit in der Stadt Tag 9

Sport und Freizeitbeschäftigungen Tag 10

Neue Freundschaften schließen Tag 11

Über den Alltag sprechen Tag 12

In der Kneipe Tag 13

Wiederholen und üben Sie Tag 14

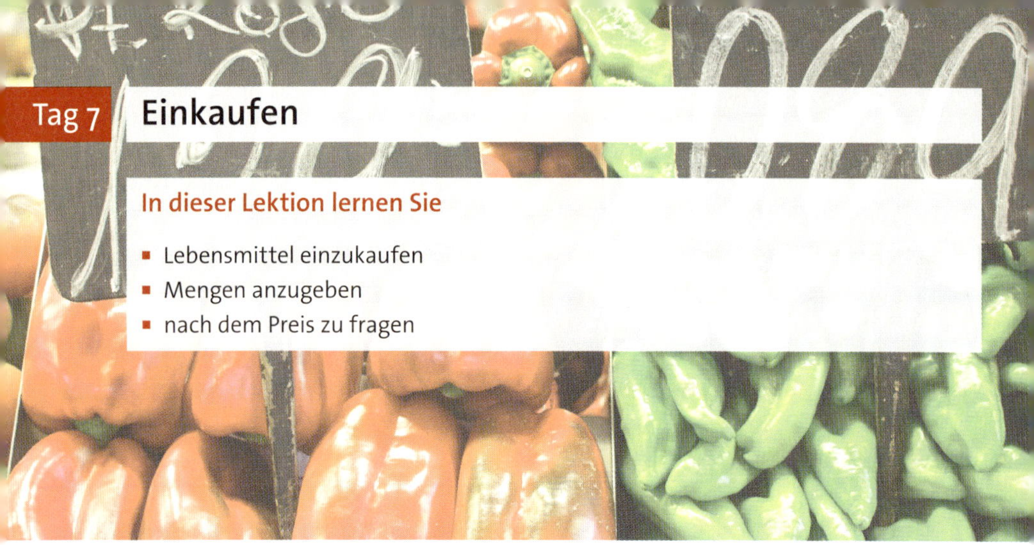

Tag 7 Einkaufen

In dieser Lektion lernen Sie

- Lebensmittel einzukaufen
- Mengen anzugeben
- nach dem Preis zu fragen

1/25
1/26

¿Qué más?

En el mercado

Vendedor Buenos días, señoras, ¿qué les pongo?
Tía Isabel Quería tomates, por favor.
Vendedor ¿Cuántos quería?
Tía Isabel Un kilo.
Vendedor Muy bien. ¿Qué más?
Tía Isabel Tres kilos de patatas y medio kilo de cebollas.
Vendedor Muy bien. ¿Algo más?
Tía Isabel De verdura, nada más. Carmen, ¿qué fruta compramos? ¿Qué te gusta?
Carmen Todo, excepto las fresas, me dan alergia.
Tía Isabel Ah, bueno. Entonces, ¿un melón, una sandía o unos melocotones?
Carmen Tal vez un melón.
Vendedor Tome. Los melones son muy buenos. ¿Quería algo más?
Tía Isabel No, nada más, gracias. ¿Cuánto es?
Vendedor Son 7 euros con 50.
Tía Isabel Aquí tiene. ¡Adiós!
Carmen ¿Qué más hay en tu lista, tía?
Tía Isabel A ver: una docena de huevos, un paquete de arroz, un litro de leche y una botella de aceite.
Carmen ¿Y pan? ¿No necesitamos también una barra de pan?
Tía Isabel Sí, claro. Primero vamos al supermercado y después a la panadería, ¿vale?
Carmen Vale, tía. Pero yo llevo la bolsa. ¡Vamos!

Fragen zum Dialog

Unterstreichen Sie, was zutrifft.

1. La tía Isabel compra *medio kilo* | *un kilo* de tomates.
2. Las fresas *le gustan* | *no le gustan* a Carmen.
3. Isabel y Carmen compran *un melón* | *una sandía*.

Was noch?

Auf dem Markt

Verkäufer Guten Tag, meine Damen, was darf's sein?
Tante Isabel Ich möchte Tomaten bitte.
Verkäufer Wie viele möchten Sie?
Tante Isabel Ein Kilo.
Verkäufer Gut. Was noch?
Tante Isabel Drei Kilo Kartoffeln und ein halbes Kilo Zwiebeln.
Verkäufer Gut. Noch etwas?
Tante Isabel An Gemüse nichts mehr. Carmen, was kaufen wir für Obst? Was schmeckt dir?
Carmen Alles außer Erdbeeren. Dagegen habe ich eine Allergie.
Tante Isabel Ach so. Dann vielleicht eine Honigmelone, eine Wassermelone oder Pfirsiche?
Carmen Vielleicht eine Honigmelone.
Verkäufer Hier bitte. Die Melonen sind sehr gut. Möchten Sie noch etwas?
Tante Isabel Nein, nichts mehr, danke. Wie viel macht das?
Verkäufer 7 Euro 50.
Tante Isabel Hier bitte. Auf Wiedersehen.
Carmen Was steht noch auf deiner Liste, Tante?
Tante Isabel Mal sehen: ein Dutzend Eier, eine Packung Reis, ein Liter Milch und eine Flasche Öl.
Carmen Und Brot? Brauchen wir nicht auch eine Stange Weißbrot?
Tante Isabel Doch, klar. Zuerst gehen wir zum Supermarkt, und danach in die Bäckerei. Okay?
Carmen Okay, Tante. Aber ich trage die Tasche. Los geht's!

Tag 7 Lernwortschatz

a ver	mal sehen
aceite *m*	Öl
adiós	auf Wiedersehen
alergia *f*	Allergie
algo más	noch etwas
aquí tiene	hier bitte
arroz *m*	Reis
bolsa *f*	(Einkaufs-)Tasche, Tüte
bueno, -a	gut
cebolla *f*	Zwiebel
claro	klar
comprar	kaufen
con	mit
¿cuánto es?	wie viel macht das?
¿cuántos, -as?	wie viele?
dame *Imp*	gib mir
después	dann, danach
docena *f*	Dutzend
euro *m*	Euro
excepto	ausgenommen
fresa *f*	Erdbeere
fruta *f*	Obst
gustar	schmecken; gefallen
hay	es gibt
huevo *m*	Ei
kilo *m*	Kilo
leche *f*	Milch
lista *f*	Liste
más	mehr; hier: noch
me dan alergia	ich bin allergisch auf sie
melocotón *m*	Pfirsich
melón *m*	Honigmelone
nada	nichts
nada más	nichts mehr
necesitar	brauchen
pan *m*	Brot
panadería *f*	Bäckerei
patata *f*	Kartoffel
poner	setzen, stellen, legen
primero	zuerst
¿qué les pongo?	was darf's sein?
¿qué más?	was noch?
quería	ich hätte gern
sandía *f*	Wassermelone
supermercado *m*	Supermarkt
tal vez	vielleicht
tomate *m*	Tomate
tome *Imp*	hier bitte
vendedor *m*	Verkäufer
verdura *f*	Gemüse

Mengenangaben	
cien gramos de	100 Gramm
media docena de	ein halbes Dutzend
medio kilo de	ein halbes Kilo
un kilo de	ein Kilo
un litro de	ein Liter
un paquete de	ein Päckchen
una barra de	eine Stange (Weißbrot)
una botella de	eine Flasche
una docena de	ein Dutzend
una lata de	eine Dose

Grammatik und Redemittel

Verneinung ▸ *§9.1*

Zwei Dinge müssen Sie für die Verneinung im Spanischen wissen:
no heißt sowohl *nein* als auch *nicht*.
no steht – im Gegensatz zum Deutschen – vor dem Verb.
▸ ¿Hablas italiano? *Sprichst du Italienisch?*
◂ **No**, **no** hablo italiano. *Nein, ich spreche nicht Italienisch.*

Der unbestimmte Artikel ▸ *§2*

Singular	Plural
un melón	**unos** melocotones
una sandía	**unas** cebollas

Den Plural des unbestimmten Artikels **unos melocotones** übersetzen wir im Deutschen entweder ohne Artikel (*Pfirsiche*) oder *mit einige Pfirsiche*.

Hay *es gibt* ▸ *§4.1.3*

Die Verbform **hay** (von **haber**) wird unpersönlich gebraucht, im Singular oder Plural:
▸ ¿Qué fruta **hay** hoy en la frutería? *Welches Obst gibt es heute im Obstladen?*
◂ **Hay** melones, fresas y melocotones. *Es gibt Melonen, Erdbeeren und Pfirsiche.*

¿Cuánto? *Wie viel?* ▸ *§7*

Mit **¿Cuánto?** können Sie nach der Menge oder nach dem Preis fragen:
¿**Cuánto** quería? *Wie viel hätten Sie gern?*
¿**Cuánto** es? *Wie viel macht das?*

Achtung:
Cuánto wird an das Substantiv angeglichen:
¿**Cuántos** melones quería? *Wie viele Honigmelonen hätten Sie gern?*
¿**Cuántas** cebollas les pongo? *Wie viele Zwiebeln dürfen es sein?*

Mengenangaben mit *de*

Für Mengenangaben brauchen Sie im Spanischen den Teilungsartikel **de**:
un paquete **de** arroz *ein Päckchen Reis*

Übungen

1 Ergänzen Sie die passende Form des Frageworts:
cuánto, cuánta, cuántos, cuántas.

1. ¿ .... quería?
2. ¿ .... melocotones quería?
3. ¿ .... fruta compramos?
4. ¿ .... cebollas les pongo?
5. ¿ .... es?
6. ¿ .... huevos necesitamos?

2 Sagen Sie, z. B. einer Marktfrau oder einer Verkäuferin im Lebensmittelgeschäft, was Sie haben möchten. Beginnen Sie Ihre Sätze mit *Quería* ...

1. patatas, 1 kilo
2. cebollas, 1/2 kilo
3. melón, 2
4. sandía, 1
5. arroz, 1 paquete
6. Eier, 12
7. Brot, 2 Stangen
8. Milch, 1 Liter

1/27

3 Übersetzen Sie zunächst Ihre Einkaufsliste. Gehen Sie dann in einen Lebensmittelladen und sagen Sie, was Sie haben möchten. Hören Sie zu und antworten Sie. Fragen Sie am Ende auch nach dem Preis für Ihren Einkauf.

1. 6 Eier ....
2. 1 l Milch ....
3. 1/2 kg Pfirsiche ....

4 Was sagen Sie beim Einkaufen? Wiederholen Sie noch einmal die wichtigsten Redemittel.

1. Wie grüßen Sie am Nachmittag oder frühen Abend?
....
2. Wie sagen Sie, dass Sie etwas möchten, z. B. Tomaten?
....
3. Was antworten Sie auf **¿algo más?**, wenn Sie nichts mehr möchten?
....
4. Wie fragen Sie nach dem Preis für Ihren Einkauf?
....
5. Wie verabschieden Sie sich? Dafür gibt es mehrere Möglichkeiten.
....

Kulturtipp Hacer la compra

Das Einkaufen auf dem Markt ist in Spanien wie in Lateinamerika immer noch das Übliche und Beste, wenn es um frische Lebensmittel geht. Es gibt auch noch viele kleine **tiendas de comestibles** *Lebensmittelläden*, **minimercados** *kleinere Supermärkte* und spezielle Läden wie **panaderías** *Bäckereien*, **pastelerías** *Konditoreien*, **fruterías** *Obstläden*, **carnicerías** *Metzgereien* und **pescaderías** *Fischgeschäfte* für den täglichen Einkauf.

Den Wocheneinkauf erledigen viele in den großen **hipermercados**, gigantischen Shopping-Malls, die oft außerhalb der Stadtzentren liegen und durchgehend geöffnet haben, abends oft bis 21 oder 22 Uhr, von Montag bis Samstag. Die ganz großen Zentren haben auch am Sonntag geöffnet.

Die kleineren Läden dagegen schließen meist mittags, zwischen 14 und 17 Uhr, für zwei bis drei Stunden. Das sollten Sie bei Ihren Einkäufen im Viertel oder in der Innenstadt wissen.

Was können Sie schon?

	☺	😐	☹	
■ die Fragen eines Verkäufers im Lebensmittelladen verstehen	☐	☐	☐	▸ *Ü1*
■ die Mengen von Lebensmitteln beim Einkauf angeben, die Sie haben möchten	☐	☐	☐	▸ *Ü2*
■ ein Einkaufsgespräch führen, nach dem Preis fragen	☐	☐	☐	▸ *Ü3, Ü4*

Wo kaufen Sie Obst und Gemüse und andere Lebensmittel ein?

En ....

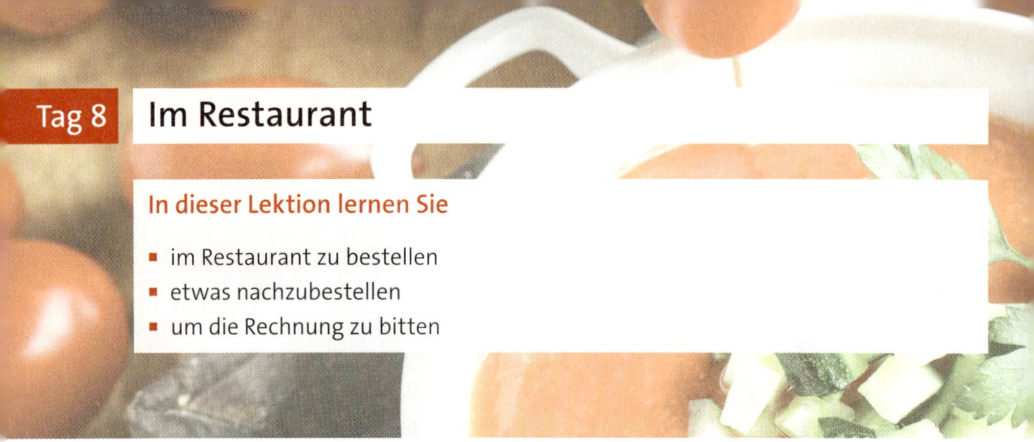

Tag 8 Im Restaurant

In dieser Lektion lernen Sie

- im Restaurant zu bestellen
- etwas nachzubestellen
- um die Rechnung zu bitten

¿Qué van a tomar?

1/28
1/29

La noche del primer día de clase, en el restaurante «Sol de Sevilla»

Camarero Buenas noches. ¿Qué van a tomar?

John Yo, una cerveza, por favor. Tengo mucha sed.

Ramón Bueno, para nosotros, un litro de sangría bien fría y una botella grande de agua, por favor.

Camarero El agua sin gas, ¿verdad?

Ramón Sí, sin gas.

El camarero trae las bebidas.

Camarero ¿Saben qué van a tomar?

Carmen Yo, de primero gazpacho y de segundo sardinas asadas.

Ramón Para mí, entremeses variados. De segundo calamares fritos.

John Yo, una ensalada mixta y, ¿hay paella?

Camarero Sí, pero mínimo para dos personas.

Silvana Ah, yo también quiero paella.

Camarero Vale, muy bien. Marchando la paella.

Ramón ¿Qué tal las sardinas, Carmen?

Carmen ¡Están muy ricas!

Silvana La paella está muy buena, ¿no?

John Sí, ¡excelente! Ah, por favor, ¿me puede traer otra cerveza?

Ramón Y un poco más de pan, por favor.

Camarero Enseguida.

Camarero ¿Van a tomar postre?

Carmen Yo no. No puedo más.

Ramón Para mí, un flan, por favor.

Camarero ¿Café?

Ramón Sí, dos cafés solos y un cortado. Y la cuenta, por favor.

Fragen zum Dialog

Unterstreichen Sie, was zutrifft.

1. Ramón pide un litro de *vino blanco* | *de sangría*.
2. Carmen *toma un flan* | *no toma postre*.

Was nehmen Sie?

Am Abend des ersten Unterrichtstages, im Restaurant „Sol de Sevilla“

Kellner Guten Abend. Haben Sie schon gewählt?
John Ich bitte ein Bier. Ich habe großen Durst.
Ramón Okay, für uns einen Liter gut gekühlte Sangría und eine große Flasche Wasser bitte.
Kellner Das Wasser ohne Kohlensäure, nicht?
Ramón Ja, ohne Kohlensäure.

Der Kellner bringt die Getränke.

Kellner Wissen Sie schon, was Sie essen werden?
Carmen Ich als ersten Gang Gazpacho und als zweiten gegrillte Sardinen.
Ramón Für mich gemischte Vorspeisen. Als Hauptgericht die gebackenen Tintenfischringe.
John Ich einen gemischten Salat, und gibt es Paella?
Kellner Ja, aber nur ab zwei Personen.
Silvana Ah, ich möchte auch Paella.
Kellner Okay, gut. Die Paella kommt sofort.
Ramón Wie schmecken die Sardinen, Carmen?
Carmen Sie sind sehr lecker!
Silvana Die Paella ist sehr gut, oder?
John Ja, ausgezeichnet! Ach, können Sie mir bitte noch ein Bier bringen?
Ramón Und noch etwas mehr Brot, bitte.
Kellner Sofort.
Kellner Möchten Sie eine Nachspeise?
Carmen Ich nicht. Ich kann nicht mehr.
Ramón Für mich bitte einen Karamellpudding.
Kellner Kaffee?
Ramón Ja, zwei Espressi und einen mit Milch. Und die Rechnung bitte.

Tag 8 Lernwortschatz

agua *f*	Wasser
asado, -a	gegrillt
bebida *f*	Getränk
bien frío, -a	gut gekühlt
calamares *mPl*	Tintenfisch(ringe)
casa *f*	Haus
cerveza *f*	Bier
clase *f*	Unterricht; Klasse
comer	essen
cuenta *f*	Rechnung
de primero	als ersten Gang, als Vorspeise
de segundo	als zweiten Gang, als Hauptgang
ensalada mixta *f*	gemischter Salat
enseguida	sofort, gleich
entremeses *mPl*	Vorspeisen
excelente	ausgezeichnet
flan *m*	Karamellpudding
frío, -a	kühl, kalt
frito, -a	gebacken, frittiert
grande	groß
gas	Kohlensäure
gazpacho *m*	Gazpacho, kalte Gemüsesuppe
ir	gehen, fahren
mínimo *m*	mindestens, ab ...
mucho, -a	viel
noche *f*	Nacht
paella *f*	Paella, Reisgericht
para mí	für mich
persona *f*	Person
poder	können
postre *m*	Nachspeise
pues	also
qué tal ...	wie schmecken, wie sind ...
¿Qué van a tomar?	Was werden Sie nehmen? / Haben Sie schon gewählt?
restaurante *m*	Restaurant
rico, -a	lecker; reich
sangría *f*	Sangría (Rotwein mit Früchten)
sardina *f*	Sardine
sed *f*	Durst
sin	ohne
sol *m*	Sonne
traer	bringen
variado, -a	gemischt

Gedeckter Tisch

copa *f*	Weinglas
cuchara *f*	Löffel
cucharita *f Dim*	kleiner Löffel
cuchillo *m*	Messer
mantel *m*	Tischtuch
platillo *m Dim*	Untertasse
plato *m*	Teller
servilleta *f*	Serviette
taza *f*	Tasse
tenedor *m*	Gabel
vaso *m*	(Wasser-)Glas

Grammatik und Redemittel

Adjektive ▸ *§3*

Das Adjektiv steht im Spanischen meist hinter dem Nomen (Substantiv):
una ensalada **mixta** *ein gemischter Salat*
los calamares **fritos** *die gebackenen Tintenfischringe*
Ausnahme: Adjektive, die eine Zahl oder Menge angeben:
Tengo **mucha** sed. *Ich habe großen* (wörtl.: *viel*) *Durst.*
Otra cerveza, por favor. *Noch ein Bier, bitte.*
Beachten Sie, dass **otro**, **-a** wie **medio**, **-a** immer ohne den unbestimmten Artikel steht.
Das Adjektiv wird in Geschlecht (männlich, weiblich) und Zahl (Singular, Plural) an das Nomen angeglichen, auch wenn die beiden Wörter nicht direkt nebeneinander stehen:
Las sardin**as** están muy ric**as**. *Die Sardinen sind sehr lecker.*
La paell**a** está muy buen**a**. *Die Paella ist sehr gut.*
Adjektive auf **-e** (**excelente, grande** ...) sind für beide Geschlechter identisch:
una paella **excelente** *eine ausgezeichnete Paella*
unos calamares **excelentes** *ausgezeichnete Tintenfischringe*

Die Verben *querer, poder* und *traer* ▸ *§4.1.4*

Die Verben **querer** und **poder** sind unregelmäßige Verben, bei denen sich der Stammvokal im Singular und in der 3. Person Plural verändert: **e → ie**; **o → ue**.
Die Endungen sind regelmäßig. **Traer** ist nur in der 1. Person Singular unregelmäßig.

	querer (e → ie) wollen, mögen	**poder (o → ue)** können	**traer (-go)** (her-)bringen
(yo)	quiero	puedo	**traigo**
(tú)	quieres	puedes	traes
(él, ella, usted)	quiere	puede	trae
(nosotros, -as)	queremos	podemos	traemos
(vosotros, -as)	queréis	podéis	traéis
(ellos, ellas, ustedes)	quieren	pueden	traen

¿Nos **puede** traer otro vino? *Können Sie uns noch einen Wein bringen?*
Quiero comprar pan y tomates. *Ich möchte Brot und Tomaten kaufen.*

Tag 8

Das Verb *ir* und *ir a* + Infinitiv ▸ *§4.3.1*

Das unregelmäßige Verb **ir** *gehen, fahren* wird mit **a** + Infinitiv verwendet, um über zukünftige Handlungen zu sprechen, in der Bedeutung *etwas tun werden*:

(yo)	voy	(nosotros, -as)	vamos
(tú)	vas	(vosotros, -as)	vais
(él, ella, usted)	va	(ellos, ellas, ustedes)	van

▸ ¿Qué **van a tomar**? *Was werden Sie nehmen?*

◂ **Vamos a tomar** paella. *Wir werden die Paella nehmen.*

Übungen

1 Ergänzen Sie die richtige Endung der Adjektive.

1. El «Sol de Sevilla» es un restaurante buen ……… .
2. Una botella de agua grand ……… , por favor.
3. Otr ……… cerveza, por favor.
4. Queremos un litro de sangría bien frí ……… .
5. El flan es excelent ……… .
6. Tomamos dos cafés sol ……… ……… .

1/30

2 Hören Sie zu. Welche Sätze sagt der Kellner, welche der Gast?

Camarero	Cliente
………………	………………
………………	………………
………………	………………
………………	………………
………………	………………

1/31

3 Wir haben Ihnen ein Menü zusammengestellt. Bestellen Sie es. Hören Sie die Fragen der Kellnerin und antworten Sie darauf.

Primero: melón con jamón serrano

Segundo: sardinas con ensalada

fresas con nata (Sahne), café solo

Kulturtipp
¡Por favor!

Den Kellner oder die Kellnerin rufen Sie am besten mit **¡Por favor!** oder mit **¡Señor!** oder **¡Señora!** In Restaurants weist Ihnen in der Regel das Personal einen Tisch zu. Sind alle Tische belegt, so können Sie z. B. am Tresen auf einen freien Tisch warten. Sich an einen fremden Tisch mit dazuzusetzen, ist in Spanien ganz unüblich. Das sollten Sie besser nicht tun.

Beim Bezahlen sind 10% **propina** *Trinkgeld* üblich. Runden Sie jedoch nicht die Rechnungssumme auf. In Spanien kommt die Rechnung auf einem Tellerchen. Sie legen das Geld darauf, der Kellner / die Kellnerin holt es ab und bringt das Wechselgeld zurück. Sie lassen dann das Trinkgeld, das Sie geben wollen, einfach auf dem Teller liegen. Ohne Worte, ganz diskret.

Was können Sie schon?

	☺	😐	☹	
■ im Restaurant bestellen	□	□	□	▸ Ü2, Ü3
■ über Qualität und Geschmack der Speisen sprechen	□	□	□	▸ Ü1, Ü2
■ die Fragen des Kellners verstehen	□	□	□	▸ Ü2, Ü3
■ nach der Karte bestellen, etwas nachbestellen und um die Rechnung bitten	□	□	□	▸ Ü2, Ü3

Tag 9

Freizeit in der Stadt

In dieser Lektion lernen Sie

- zu telefonieren
- sich zu verabreden
- die Uhrzeit anzugeben

1/32
1/33

¡Nos vemos!

Al teléfono

Carmen ¿Diga?
Silvana ¡Hola!, ¿está Carmen?
Carmen Sí, soy yo.
Silvana Ah, ¡hola!, soy Silvana.
Carmen Hola, Silvana, ¿qué tal?
Silvana Bien. Oye, ¿vamos a conocer un poco la ciudad? Podemos pasear por el centro histórico, ver los monumentos, las tiendas, tomar un café ...
Carmen Sí, buena idea. ¿Dónde nos encontramos?
Silvana Humm, ¿en la plaza delante de la Catedral?
Carmen Vale. ¿Y a qué hora?
Silvana ¿A las cinco y media?
Carmen Sí, muy bien. ¡Hasta luego!

En el centro de la ciudad

Carmen ¡Hola! Uf, ¡cuánta gente!
Silvana ¡Hola! Sí, es verdad. Sevilla es una ciudad bastante turística.
Carmen ¿Qué hacemos? ¿Entramos ya en la Catedral o tomamos primero un café o un refresco en esta terraza? Hace mucho calor.
Silvana Vale. Luego podemos ver la Catedral y la famosa Giralda.
Carmen Vale. Pero después nos dejamos llevar por las calles del centro.
Silvana De acuerdo. Ah, ¿sabes qué quería ver también?
Carmen ¿Qué?
Silvana El Museo de Flamenco. Es el único en el mundo. Y ¡me encanta el flamenco!
Carmen Pues, ¡qué programa!

Fragen zum Dialog

Ergänzen Sie die Lücken im Text.

1. Carmen y Silvana se encuentran en la plaza delante de la ....
2. Primero toman un café en una ....

Wir sehen uns!

Am Telefon

Carmen Hallo?
Silvana Hallo, ist Carmen da?
Carmen Ja, ich bin es (selbst).
Silvana Ach, hallo, hier Silvana.
Carmen Hallo Silvana, wie geht's?
Silvana Gut. Hör mal, wollen wir die Stadt ein wenig kennenlernen? Wir können durch die Altstadt spazieren, die Sehenswürdigkeiten anschauen, die Läden, einen Kaffee trinken ...
Carmen Ja, gute Idee! Wo treffen wir uns?
Silvana Hm, auf dem Platz vor der Kathedrale?
Carmen Okay. Um wie viel Uhr?
Silvana Um halb sechs?
Carmen Ja, gut. Bis dann!

Im Stadtzentrum

Carmen Hallo! Uff, so viele Leute!
Silvana Hallo! Ja, das stimmt. Sevilla ist eine ziemlich touristische Stadt.
Carmen Was machen wir? Gehen wir gleich in die Kathedrale oder trinken wir zuerst einen Kaffee oder ein Erfrischungsgetränk in diesem Straßencafé? Es ist sehr warm.
Silvana O.K. Dann können wir die Kathedrale sehen und die berühmte Giralda.
Carmen Gut. Aber dann lassen wir uns durch die Straßen des Zentrums treiben.
Silvana Einverstanden. Ach, weißt du, was ich noch sehen möchte?
Carmen Was?
Silvana Das Flamenco-Museum. Es ist das einzige auf der Welt. Und ich liebe Flamenco!
Carmen Na dann, was für ein Programm!

Lernwortschatz

a las cinco y media	um halb sechs
¿a qué hora?	um wie viel Uhr?
al teléfono	am Telefon
bar *m*	Café, Lokal
bastante	ziemlich
calor *m*	Wärme, Hitze
catedral *f*	Kathedrale
ciudad *f*	Stadt
conocer	kennen, kennenlernen
de acuerdo	einverstanden
dejar	lassen
delante	vor (örtl.)
¿dónde?	wo?
encantar	sehr gefallen
encontrarse	sich treffen
entrar	gehen in, hineingehen, betreten
¿está?	ist er/sie da?
famoso,-a	berühmt
flamenco *m*	Flamenco
gente *fSg*	Leute
hace (mucho) calor	es ist (sehr) warm
histórico, -a	historisch
idea *f*	Idee
¡me encanta!	ich liebe ...!, es gefällt mir sehr!
monumento *m*	Sehenswürdigkeit
mundo *m*	Welt
museo *m*	Museum
nos	uns
oye *Imp*	hör mal
pasear	spazieren (gehen)
por	durch
programa *m* (!)	Programm
¡qué programa!	was für ein Programm!
refresco *m*	Erfrischungsgetränk
terraza *f*	Straßencafé, Terrasse
tienda *f*	Geschäft, Laden
turístico, -a	touristisch
único, -a	einzige(r)
ver	sehen
verdad *f*	Wahrheit

Sich verabschieden	
¡Adiós!	Tschüs!, Auf Wiedersehen!
¡Chao!	Ciao!
¡Hasta el lunes!	Bis Montag!
¡Hasta el próximo viernes!	Bis nächsten Freitag!
¡Hasta luego!	Bis dann!, Tschüs!
¡Hasta pronto!	Bis bald!
¡Nos vemos!	Wir sehen uns!, Tschüs!

Grammatik und Redemittel

Nach der Uhrzeit fragen, die Uhrzeit angeben

Man fragt mit **¿A qué hora?** *Um wie viel Uhr* oder **¿Cuándo?** *Wann?* nach der Uhrzeit für ein Ereignis oder z. B. eine Verabredung. Die Uhrzeit wird nach Stunden (**horas**) angegeben, deshalb steht bei allen Zahlen mit Ausnahme der 1 der Pluralartikel:
A **la** una. *Um eins. / Um ein Uhr.*
A **las** dos. *Um zwei (Uhr).*
A **las** siete. *Um sieben.*
Viertel und halbe Stunden werden an die volle Stunde angehängt:
A las dos **y cuarto**. *Um Viertel nach zwei.*
A las cinco **y media**. *Um halb sechs.*
Eine fehlende Viertelstunde wird von der folgenden vollen Stunde abgezogen:
A las tres **menos cuarto**. *Um Viertel vor drei.*
Wenn Sie wissen wollen, wie spät es ist, fragen Sie: **¿Qué hora es?**
Es la una. *Es ist eins. / Es ist ein Uhr.*
Son las tres (de la tarde). *Es ist drei (Uhr Nachmittags).*
Son las diez (de la noche). *Es ist zehn (Uhr Abends).*
Die offizielle Uhrzeitangabe erfolgt so:
Son las catorce (horas) y quince minutos. *Es ist 14 Uhr 15.*

Die reflexiven Verben ▸ *§4.1.2*

Ein rückbezügliches Verb haben Sie schon in Tag 1 kennengelernt: **llamarse**. Beachten Sie, dass das Pronomen (**me**, **te** ...) anders als im Deutschen, immer **vor** dem Verb steht.

	encontrarse (o → ue) sich treffen, sich befinden		
(yo)	me enc**ue**ntro	(nosotros, -as)	nos encontramos
(tú)	te enc**ue**ntras	(vosotros, -as)	os encontráis
(él, ella, usted)	se enc**ue**ntra	(ellos, ellas, ustedes)	se enc**ue**ntran

Übungen

1 Wie läuft der Anfang dieses Telefongesprächs ab? Bringen Sie die Elemente in die richtige Reihenfolge.

¿Está Roberto? ¡Hola, Ana! ¿Qué tal? ¿Diga?
Soy yo. Bien, ¿y tú? Soy Ana, ¡hola, Roberto!

► ....
◄ ....
► ....
◄ ....
► ....
◄ ....

2 Ergänzen Sie die Lücken in diesem kurzen Telefondialog.

► ¿ .... ? (1.) *Jemand meldet sich am Telefon.*
◄ Buenos días, ... (2.) María Cano.
► ¡Hola, María!
◄ Hola, ¿ .... (3.) Elisa?
► Sí, un momento, ... (4.) favor.
◄ Gracias.

1/34 **3** Hören Sie nun ein kurzes Telefongespräch und beantworten Sie die Fragen dazu. Lesen Sie zuerst die Fragen, damit Sie wissen, worauf Sie achten sollen.

1. Wer ruft an? ....
2. Wen möchte er sprechen? ....
3. Wozu verabreden sich die beiden? ....
4. Wo werden sie sich treffen? ....
5. Um wie viel Uhr? ....

1/35 **4** Jetzt sind Sie dran mit Telefonieren! Stellen Sie sich vor, Sie sind Carlos und möchten Ihre Bekannte Laura auf ein Glas Wein einladen. Wir helfen Ihnen und geben Ihnen auf der CD Hinweise, was Sie jeweils sagen sollen.

Kulturtipp
Al teléfono

In Spanien meldet man sich am privaten Telefon mit **¿Diga?** oder **¿Dígame?** *Ja bitte?* (wörtl. *Sprechen Sie!*), nicht mit dem Namen.

Der Anrufende nennt seinen Namen **Hola, soy** + Name *Hallo, hier ist ...* (wörtl. *Hallo, ich bin ...*) oder er fragt gleich nach der Person, mit der er sprechen möchte: **¿Está** + Name? *Ist ... da?* und nennt erst dann seinen Namen. Wenn geklärt ist, wer mit wem spricht, kann das Gespräch beginnen.

Das gilt übrigens auch für Lateinamerika, wo man sich anstelle von **¿Diga?** mit **¿Sí?**, **¿Hola?** oder auch **¿Aló?** meldet.

Anders ist das natürlich, wenn Sie bei einer Firma anrufen. Dann wird in der Regel der Name der Firma und des Mitarbeiters genannt, z. B.:

Empresa Ecomercado, buenos días. Le habla Arancha Martínez.

Was können Sie schon?

	☺	😐	☹	
■ ein privates Telefongespräch führen	□	□	□	▸ *Ü1, Ü2*
■ Uhrzeitangaben verstehen	□	□	□	▸ *Ü3*
■ ein Telefongespräch verstehen	□	□	□	▸ *Ü3*
■ sich am Telefon mit jemandem verabreden	□	□	□	▸ *Ü3*
■ einen Ort und eine Uhrzeit vorschlagen	□	□	□	▸ *Ü4*

Tag 10

Sport und Freizeitbeschäftigungen

In dieser Lektion lernen Sie

- über die Freizeit zu sprechen
- zu sagen, was gerade passiert
- Gefallen und Missfallen auszudrücken

1/36
1/37

¿Tú por aquí?

En el Parque de María Luisa. Carmen y su prima Alba están haciendo footing.

Alba ¡Un poco más despacio, Carmen, por favor!

Carmen Vale, vale, vamos más despacio.

Alba Gracias, prima. Yo no soy tan deportista como tú.

Carmen Oye, este parque es una maravilla. Una zona verde tan grande en medio de la ciudad.

Alba Aquí la gente viene a pasear, a visitar el jardín botánico, ver las fuentes, los patos, los pavos reales ...

John Ah, ¡hola, Carmen! ¿Tú aquí?

Carmen ¡Hola, John! Sí, yo aquí y esta es mi prima Alba.

John Hola, ¡qué deportistas!

Alba Yo no. La deportista es Carmen.

Carmen ¿Te gusta hacer deporte, John?

John Sí, sí. Me gusta jugar al voleibol, ir en bicicleta, nadar ... ¡Pero con este calor!

Alba Es verdad.

John A Alba no le gusta mucho el footing, ¿eh?

Carmen Sí, sí, es buena corredora. ¿Qué estás haciendo tú por aquí?

John Estoy esperando a un amigo. Vamos a ir al cine esta noche.

Alba ¿Qué película vais a ver?

John Una peli vieja: Star Wars II. Hay una escena que se rodó aquí, en la Plaza de España.

Carmen ¿Ah, sí? No sabía. Bueno, ¿continuamos, Alba?

Alba Claro, claro. Adiós, John, ¡que os divirtáis!

John Gracias, adiós.

Fragen zum Dialog

Streichen Sie, was nicht zutrifft.

1. Carmen y Alba están *haciendo footing* | *paseando*.
2. John *está con un amigo en el parque* | *está esperando a un amigo*.
3. Los dos van a ir *al cine* | *a una discoteca*.

Du hier?

Im María Luisa-Park. Carmen und ihre Cousine Alba sind beim Joggen.

Alba Ein bisschen langsamer, Carmen, bitte!

Carmen Okay, okay, laufen wir langsamer.

Alba Danke, Cousine. Ich bin nicht so sportlich wie du.

Carmen Hör mal, dieser Park ist ein Wunder. Eine so große grüne Zone inmitten der Stadt.

Alba Hierher kommen die Leute zum Spazierengehen, um den botanischen Garten zu besuchen, um sich die Brunnen anzusehen, die Enten, die Pfauen ...

John Ach, hallo Carmen! Du hier?

Carmen Hallo, John! Ja, ich hier, und das ist meine Cousine Alba.

John Hallo, wie sportlich!

Alba Ich nicht. Die Sportlerin ist Carmen.

Carmen Machst du gerne Sport, John?

John Doch, doch. Ich spiele gern Volleyball, fahre gerne Rad, schwimme gern ... Aber bei der Hitze!

Alba Das stimmt.

John Alba mag das Joggen nicht so sehr, hm?

Carmen Doch, doch, sie ist eine gute Läuferin. Was machst du hier?

John Ich warte auf einen Freund. Wir werden heute Abend ins Kino gehen.

Alba Welchen Film werdet ihr ansehen?

John Einen alten Film: Star Wars II. Es gibt eine Szene, die hier in der Nähe, auf der Plaza de España gedreht wurde.

Carmen Ja? Das wusste ich nicht. Na dann, machen wir weiter, Alba?

Alba Ja, klar. Tschüs, John, viel Spaß!

John Danke! Tschüs.

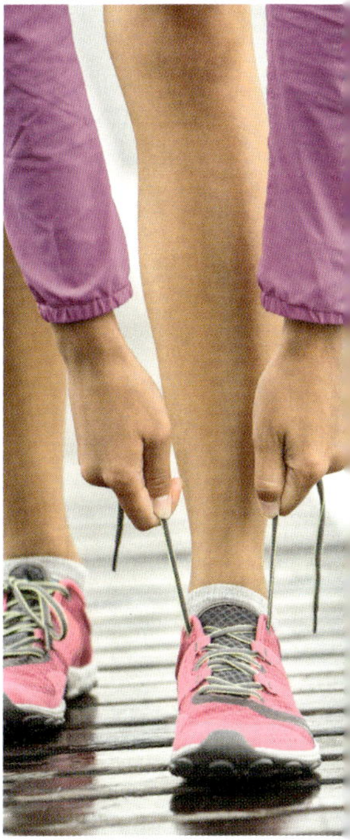

Lernwortschatz

amigo, -a	Freund, -in
bicicleta *f*	Fahrrad
botánico, -a	botanisch
cine *m*	Kino
continuar	weitermachen
corredor, -a	Läufer, -in
deporte *m*	Sport
deportista *Adj/Sub*	sportlich; Sportler, -in
en medio de	inmitten
escena *f*	Szene
esperar a	warten auf
esta es ...	das ist ...
esta noche	heute Abend
fuente *f*	Brunnen; Quelle
hacer deporte	Sport treiben
hacer footing	joggen
ir en bicicleta	Rad fahren
jardín *m*	Garten
jugar a	spielen (Sport)
maravilla *f*	Wunder
nadar	schwimmen
no sabía	das wusste ich nicht
no mucho	nicht so sehr
parque *m*	Park
pato *m*	Ente
pavo real *m*	Pfau
película (*Abk* peli) *f*	Film
por aquí	hier
¡qué + *Adj/Sub*!	wie ...!
¡que os divirtáis!	viel Spaß!
se rodó	wurde gedreht
tan ... como ...	so ... wie ...
venir (a)	(her-)kommen (um zu)
verde	grün
viejo, -a	alt
visitar	besuchen, besichtigen
voleibol *m*	Volleyball
zona *f*	Zone, Gebiet

Sportarten	
bailar	tanzen
baloncesto *m*	Basketball
bucear	tauchen
esquiar	Ski fahren
gimnasio *m*	Fitnessstudio
hacer senderismo	wandern
jugar al fútbol *m*	Fußball spielen
montar a caballo	reiten
pescar	angeln
ping-pong *m*	Tischtennis
practicar esnórquel	schnorcheln
practicar surf	surfen
practicar vela	segeln
tenis *m*	Tennis

Grammatik und Redemittel

Das Gerund ▸ §4.1.7

Das Gerund oder die Verlaufsform beschreibt, was jemand gerade tut oder was gerade geschieht. Sie kennen das aus dem Englischen, z. B. „What are you doing?"
Verben auf **-ar** bilden das Gerund auf **-ando**, Verben auf **-er** und **-ir** auf **-iendo**:
hablar → habl**ando**, hacer → hac**iendo**, vivir → viv**iendo**.
Das Gerund wird zusammen mit dem Verb **estar** verwendet:
▸ ¿Qué estás haciendo? *Was machst du gerade?*
◂ Estoy haciendo footing. *Ich jogge gerade.*

Gefallen und Missfallen ausdrücken ▸ §4.1.5

Das Verb **gustar** *gefallen, etwas gern mögen, gern tun* wird mit Substantiven im Singular und mit Infinitiven von Verben in der 3. Person Singular verwendet.
Mit Substantiven im Plural verwendet man es in der 3. Person Plural:
Me gusta la paella. *Ich mag gerne Paella.*
No me gusta hacer footing. *Ich jogge nicht gern.*
Me gustan las fuentes en el parque. *Mir gefallen die Brunnen im Park.*
Ebenso **encantar** *sehr gefallen, sehr mögen*:
¡Sevilla **me encanta**! *Sevilla gefällt mir sehr! / Ich liebe Sevilla!*

Indirekte Objektpronomen ▸ §5.2

Gustar wird zusammen mit den indirekten Objektpronomen (*wem?*) verwendet:

Singular		Plural	
me gusta(n)	mir gefällt	**nos** gusta(n)	uns gefällt
te gusta(n)	dir gefällt	**os** gusta(n)	euch gefällt
le gusta(n)	ihm/ihr/Ihnen gefällt	**les** gusta(n)	ihnen/Ihnen gefällt

Wie reagieren Sie, wenn jemand Gefallen oder Missfallen äußert?
▸ **Me gusta** ir en bicicleta. *Ich fahre gerne Rad*
◂ **A mí también. / A mí no.** *Ich auch. / Ich nicht.*
▸ **No me gusta** ir al cine. *Ich gehe nicht gern ins Kino.*
◂ **A mí tampoco. / A mí sí.** *Ich auch nicht. / Ich schon.*

Übungen

1 Was tun diese Personen gerade? Formulieren Sie im Gerund.

1. Alba y Carmen están .... en el parque. (hacer footing)
2. John está .... a un amigo. (esperar)
3. Muchas personas están .... el jardín botánico. (visitar)
4. Nosotros estamos .... un refresco en una terraza. (beber)
5. Estoy .... una película muy interesante. (ver)

2 Unterstreichen Sie alle Ausdrücke des Gefallens oder Missfallens.

Raúl	¿Te gusta ir al cine, Manuela?
Manuela	Sí, ¡me encanta!
Raúl	A mí también. Oye, ¿vamos al cine esta noche?
Manuela	Bueno, ¿qué película?
Raúl	La nueva americana, en el cine Rex.
Manuela	Vale.
Raúl	¿Os gustan las películas de horror?
Isabel y Ángel	¡Ay, no! No nos gustan. ¿A ti?
Raúl	No, a mí tampoco.

1/38

3 Nun werden Sie nach Ihren Vorlieben gefragt. Antworten Sie auf die Fragen und reagieren Sie auf die Äußerungen des Sprechers.

1/39

4 Ein Sonntagnachmittag bei der Familie Pérez. Was machen die einzelnen Familienmitglieder gerade? Hören Sie zu und notieren Sie in der Verlaufsform. Hören Sie die Geschichte ein zweites Mal, wenn nötig.

jugar al ping-pong   tomar café   hablar por teléfono
esperar a una amiga   ver la televisión   jugar al fútbol

1. Ana ....
2. Penélope ....
3. Mamá ....
4. David y papá ....
5. Luisa ....
6. Evelio ....

Kulturtipp ¿Real Madrid o FC Barcelona?

In Spanien ist Fußball Nationalsport. Die größten Clubs der **Primera División**, wie Real Madrid oder der FC Barcelona, **Barça** genannt, haben tausende von Fanclubs auf der ganzen Welt.

Auch die jährliche **Vuelta a España**, die Radrundfahrt, ist vor allem ein wichtiges Medienereignis. Die meiste Freizeit verbringen Spanier nämlich vor dem Fernseher, der in vielen Familien, in Bars und Kneipen so gut wie durchläuft.

Ansonsten stehen in Sachen Freizeit bei Spaniern und Lateinamerikanern die Familie und die Freunde an erster Stelle. Denn wichtiger als das, was man tut, ist es, mit wem man es tut. Erholung und Entspannung, gemeinsames Fernsehen, das Zusammensitzen und der Austausch miteinander spielen dabei die größte Rolle.

Was können Sie schon?

	☺	😐	☹	
■ beschreiben, was jemand gerade macht	□	□	□	▸ Ü1
■ verstehen, wenn über Vorlieben und Abneigungen gesprochen wird	□	□	□	▸ Ü2
■ Gefallen und Missfallen ausdrücken	□	□	□	▸ Ü3
■ verstehen, was jemand gerade tut	□	□	□	▸ Ü4

Tag 11 Neue Freundschaften schließen

In dieser Lektion lernen Sie

- jemanden einzuladen
- eine Einladung anzunehmen
- jemanden vorzustellen

1/40 1/41

¡Felicidades!

IEn la escuela de idiomas «Giralda»

Ramón Carmen, ¿qué haces este sábado?
Carmen ¿El sábado?, ¿por qué?
Ramón ¿Quieres venir a mi casa? Hay una pequeña fiesta.
Carmen ¿Qué fiesta es?
Ramón Pues es mi cumpleaños.
Carmen Bueno, sí. ¿A qué hora empieza?
Ramón A las nueve.
Carmen Vale, con mucho gusto.

El sábado a las 21:15 horas. Ramón abre la puerta.

Carmen Hola, Ramón, ¡feliz cumpleaños!
Ramón Gracias, Carmen. ¡Pasa!
Carmen Mira, esto es para ti.
Ramón Ah, un regalo. Ahora mismo lo abro. Mira, estas son mi hermana Lara y su hija Gloria.
Carmen Hola, encantada.
Ramón ¿Conoces a Pablo? Es un viejo amigo. Pablo, te presento a Carmen, una alumna muy simpática de la escuela de idiomas.
Pablo Hola, Carmen, encantado.

Ramón abre el regalo.

Ramón El nuevo CD de Lila Downs. Muchas gracias, Carmen.
Pablo ¿Qué quieres tomar? ¿Una cerveza, un vino?
Carmen Una cerveza, gracias.
Pablo Ahora tenemos que cantar el «Cumpleaños feliz». ¿Todos listos?
Todos «Cumpleaños feliz, cumpleaños feliz, te deseamos todos, cumpleaños feliz.»

Fragen zum Dialog

Streichen Sie, was nicht zutrifft.

1. La fiesta de Ramón es *el viernes* | *el sábado*.
2. La hermana de Ramón *también está* | *no está* en la fiesta.
3. Pablo *es el hermano* | *un amigo* de Ramón.
4. El regalo de Carmen es *un libro* | *un CD*.

Herzlichen Glückwunsch!

In der Sprachenschule „Giralda"

Ramón Carmen, was machst du diesen Samstag?
Carmen Am Samstag? Warum?
Ramón Möchtest du zu mir (nach Hause) kommen? Es gibt ein kleines Fest.
Carmen Was ist das für ein Fest?
Ramón Also, es ist mein Geburtstag.
Carmen Ja, klar. Um wie viel Uhr beginnt es?
Ramón Um neun.
Carmen Gut, sehr gern!

Am Samstag um 21:15 Uhr. Es klingelt. Ramón öffnet die Tür.

Carmen Hallo, Ramón, alles Gute zum Geburtstag!
Ramón Danke, Carmen! Komm rein!
Carmen Schau, das ist für dich.
Ramón Ach, ein Geschenk. Ich mache es gleich auf. Schau, das sind meine Schwester Lara und ihre Tochter Gloria.
Carmen Hallo! Angenehm!
Ramón Kennst du Pablo? Ein alter Freund. Pablo, ich stelle dir Carmen vor, eine sehr sympathische Schülerin aus der Sprachenschule.
Pablo Hallo Carmen, sehr erfreut.

Ramón öffnet das Geschenk.

Ramón Die neue CD von Lila Downs. Vielen Dank, Carmen!
Pablo Was möchtest du trinken, Carmen? Ein Bier, einen Wein?
Carmen Ein Bier, danke.
Pablo Jetzt müssen wir „Happy Birthday" singen. Sind alle bereit?
Alle „Zum Geburtstag viel Glück, wünschen wir dir alle."

Tag 11 Lernwortschatz

abrir	öffnen
ahora	jetzt
ahora mismo	jetzt gleich
cantar	singen
CD (oder cedé) *m*	CD
con mucho gusto	sehr gern
cumpleaños *mSg (!)*	Geburtstag
¡Cumpleaños feliz ...!	Zum Geburtstag viel Glück ...! (Happy birthday-Lied)
desear	wünschen
este, esta	diese(r)
¡Feliz cumpleaños!	Alles Gute zum Geburtstag!
fiesta *f*	Fest, Feier
listo, -a	bereit, fertig
lo	es, ihn
¡pasa! *Imp*	komm rein!
pasar	hereinkommen; vorbeigehen an
pequeño, -a	klein
¿por qué?	warum?
presentar a	jdn vorstellen
puerta *f*	Tür
regalo *m*	Geschenk
sábado *m*	Samstag
simpático, -a	sympathisch
todos, -as	alle

Wochentage	
lunes *m*	Montag
martes *m*	Dienstag
miércoles *m*	Mittwoch
jueves *m*	Donnerstag
viernes *m*	Freitag
sábado *m*	Samstag
domingo *m*	Sonntag
fin *m* de semana	Wochenende
día festivo *m*	Feiertag

Jahrestage	
aniversario *m*	Jubiläum
bautismo *m*	Taufe
boda *f*	Hochzeit
comunión *f*	Kommunion
cumpleaños *mSg*	Geburtstag
despedida *f* de solteros	Polterabend
día *m* del santo	Namenstag
¡Felicidades!	Herzlichen Glückwunsch
felicitar	beglückwünschen

Grammatik und Redemittel

Die Präposition *a* + direktes Objekt

Haben Sie es bemerkt? Immer wenn eine Person als direktes Objekt (wen?) auftritt, muss die Präposition **a** verwendet werden:
¿Conoces **a** Pablo? *Kennst du Pablo?*
Carmen, te presento **a** mis amigos. *Carmen, ich stelle dir meine Freunde vor.*

Die Demonstrativpronomen ▸ *§5.4*

Die Demonstrativpronomen können zusammen mit dem Nomen stehen:
este amigo *dieser Freund* – **estos** amigos *diese Freunde*
esta amiga *diese Freundin* – **estas** amigas *diese Freundinnen*
Sie können aber auch allein stehen:
Este es Pablo, un viejo amigo. *Das ist Pablo, ein alter Freund.*
Esta es Lara, mi hermana. *Das ist Lara, meine Schwester.*

Die Possessivadjektive ▸ *§5.3*

Singular		Plural	
mi	mein, -e	mis	meine
tu	dein, -e	tus	deine
su	sein, -e, ihr, -e, Ihr, -e	sus	seine, ihre, Ihre
nuestro	unser	nuestros	unsere
nuestra	unsere	nuestras	unsere
vuestro	euer	vuestros	eure
vuestra	eure	vuestras	eure
su	ihr, -e, Ihr, -e	sus	ihre, Ihre

Estos son **mis** hijos. *Das sind meine Kinder.*
Esta es **nuestra** hija. *Das ist unsere Tochter.*

Ir und *venir*

Beachten Sie den Unterschied zwischen **venir** *(her)kommen* und **ir** *(hin)gehen*:
▸ ¿**Vienes** a mi fiesta? *Kommst du zu meinem Fest?*
◂ Sí, claro que **voy**. *Ja, klar komme ich* (wörtl.: *gehe ich hin*).

Übungen

1 Person oder Gegenstand? Ergänzen Sie, falls nötig, die Präposition *a*.

1. Ramón invita ...... Carmen a su fiesta de cumpleaños.
2. Carmen no conoce ...... la hermana de Ramón.
3. Ramón abre ...... el regalo de Carmen.
4. Todos felicitan ...... Ramón.

2 Lesen Sie den Text und ergänzen Sie die Possessivadjektive: *mi*, *mis* oder *su*. Ergänzen Sie dann das Schema.

«Hola, yo soy Ricardo. Este es .... (1.) hermano Andrés. Él estudia en Alemania. Y esta es .... (2.) novia Miriam. Ella es alemana. Los dos viven en Hamburgo. Y mira, estos son .... (3.) padres. .... (4.) madre se llama Lourdes y .... (5.) padre Roberto. Viven en Alicante, como yo. Y este es .... (6.) viejo amigo Santiago. Es muy simpático. Está separado y viene con .... (7.) hijo Juan. Tiene 12 años.»

Nombre	¿Quién es?
8.	su hermano
9. Lourdes	....
10. Miriam	....
11.	su padre
12.	....
13. Juan	....

1/42

3 Hören Sie zu. Wer ist auf dem Foto zu sehen, das Julio seinem Freund Ángel zeigt? Sie müssen nicht jedes Wort verstehen, nur die Namen der drei Personen auf dem Foto.

....

4 Schicken Sie einem lieben Freund eine Geburtstagseinladung per E-Mail.

Neue E-Mail

Hallo	Hola ....
Am Freitag gibt es ein kleines Fest.	....
Es ist mein Geburtstag. Kommst du?	....
Es beginnt um 19 Uhr.	....
Liebe Grüße, ...	Un beso, ...

Kulturtipp
Una invitación

Private Einladungen sind in Spanien nicht sehr häufig und bleiben meist besonderen Anlässen vorbehalten. Als Mitbringsel sind entweder eine gute Flasche Wein oder eine in der Konditorei gekaufte Nachspeise sehr beliebt. Mitgebrachte Geschenke, zum Beispiel zum Geburtstag, werden meist sofort geöffnet. Es macht auch nichts, wenn Sie jemandem im Voraus gratulieren. In Spanien hat niemand Angst, dass das Unglück bringen könnte.

Noch ein Tipp: Seien Sie bei privaten Einladungen nicht allzu pünktlich! Ihre Gastgeber rechnen frühestens 15 Minuten nach der vereinbarten Zeit mit Ihnen. Das gehört fast zum guten Ton.

Was können Sie schon?

	☺	😐	☹	
■ verstehen, wenn jemand vorgestellt und etwas zu anwesenden Personen erklärt wird	■	■	■	▸ Ü2
■ die Erklärungen zu Personen und ihre Beziehung zum Sprechenden verstehen (z. B. beim Ansehen eines Fotos)	■	■	■	▸ Ü3
■ eine Einladung per E-Mail schreiben	■	■	■	▸ Ü4

Tag 12

Über den Alltag sprechen

In dieser Lektion lernen Sie

- den Alltag zu beschreiben
- über den heutigen Tag zu sprechen
- über Vergangenes zu sprechen

1/43
1/44

¿Qué tal el día?

Por la tarde, en casa de Enrique e Isabel. Isabel acaba de llegar.

Enrique ¡Hola, querida! ¿Qué tal el día?

Carmen ¡Hola, tía Isabel!

Isabel ¡Hola¡ Ay, ¡qué cansada estoy!

Enrique ¿Por qué?

Isabel Uf, porque hoy he trabajado muchísimo. Por la mañana he escrito dos artículos importantes, he corregido textos de mis compañeros, y he hablado con varias personas por teléfono. A mediodía, el jefe nos ha invitado a comer.

Carmen No está mal ...

Isabel No, pero hemos esperado mucho en el restaurante, y eso con el trabajo que tenemos ...

Enrique Ya, pero comer también es importante, ¿no?

Isabel Normalmente sí, pero hoy no. Por la tarde he hecho una entrevista a tres personas para mi nuevo reportaje. He estado una hora por las calles del centro de Sevilla, hasta encontrar un aparcamiento ...

Enrique Bueno, bueno, ya veo que hoy has tenido un día bastante duro.

Isabel Sí, esta semana ha sido un horror.

Enrique Oye, Isabel. Carmen ha hecho la compra hoy y mientras tú te relajas un poco, yo preparo unas tapas buenísimas. ¿De acuerdo?

Isabel Gracias, Enrique, ¡eres un tesoro!

Fragen zum Dialog

Ergänzen Sie die fehlenden Buchstaben.

1. Isabel es periodista* y escribe ar .... c .... los.
2. También hace entr .... i .... tas para un nuevo reportaje.
3. Por la tarde Isabel está muy can .... a .... a.
4. En el centro de Sevilla no ha encontrado un ap .... c .... m .... nto.

* el/la periodista: *Journalist, -in*

Wie war dein Tag?

Abends, bei Enrique und Isabel. Isabel ist gerade nach Hause gekommen.

Enrique Hallo, meine Liebe. Wie war dein Tag?

Carmen Hallo, Tante Isabel!

Isabel Hallo. Ach, bin ich müde!

Enrique Warum (denn)?

Isabel Uff, weil ich heute sehr viel gearbeitet habe. Vormittags habe ich zwei wichtige Artikel geschrieben, ich habe die Texte meiner Kollegen korrigiert und mit mehreren Personen telefoniert. Mittags hat uns der Chef zum Essen eingeladen.

Carmen Das ist (doch) nicht schlecht ...

Isabel Nein, aber wir haben lange im Restaurant gewartet und das bei der Arbeit, die wir haben!

Enrique Ja, aber Essen ist auch wichtig, oder?

Isabel Normalerweise schon, aber heute nicht. Nachmittags habe ich ein Interview mit drei Leuten für meine neue Reportage gemacht. Ich war eine Stunde auf den Straßen im Zentrum von Sevilla unterwegs, bis ich einen Parkplatz gefunden habe ...

Enrique Okay, okay, ich sehe schon, dass du heute einen ziemlich harten Tag hattest.

Isabel Ja, diese Woche war ein Horror!

Enrique Hör mal, Isabel. Carmen hat heute den Einkauf gemacht und während du dich ein wenig entspannst, bereite ich einige superleckere Tapas vor. Einverstanden?

Isabel Danke, Enrique, du bist ein Schatz!

Tag 12 Lernwortschatz

acabar de *Inf*	etwas gerade getan haben
aparcamiento *m*	Parkplatz
artículo *m*	Artikel
¡ay!	ach!, oh!
cansado, -a	müde
compañero, -a *m/f*	Kollege, Kollegin
compra *f*	Einkauf
corregir	korrigieren
duro, -a	hart; schlimm
encontrar	finden
entrevista *f*	Interview
hablar por teléfono	telefonieren
hacer la compra	einkaufen
horror *m*	Horror
hoy	heute
jefe, jefa	Chef, Chefin
llegar	ankommen, kommen
mal *Adv*	schlecht
mediodía *m*	Mittag
mientras	während
normalmente	normalerweise
¿por qué?	warum?
porque	weil
preparar	vorbereiten, zubereiten
querido, -a	Lieber, Liebe
relajarse	sich erholen, relaxen
reportaje *m*	Reportage
semana *f*	Woche
tapa *f*	Tapa, Häppchen
tesoro *m*	Schatz
texto *m*	Text
trabajar	arbeiten
vario, -a	verschieden(e)

Superlative			
bueno, -a	→	buenísimo, -a	sehr gut
grande	→	grandísimo, -a	sehr groß
importante	→	importantísimo, -a	sehr wichtig
mucho, -a	→	muchísimo, -a	sehr viel
pequeño, -a	→	pequeñísimo, -a	sehr klein
poco, -a	→	poquísimo, -a	sehr wenig
rico, -a	→	riquísimo, -a	sehr lecker; sehr reich

Grammatik und Redemittel

Das Perfekt ▸ §4.2.1

Sie haben im Text eine erste Vergangenheitszeit gelernt, das Perfekt. Es wird mit dem Verb **haber** *haben* und einem Partizip z. B. *gemacht* gebildet:

(yo)	he	trabaj**ado**
(tú)	has	com**ido**
(él, ella, usted)	ha	correg**ido**
(nosotros, -as)	hemos	
(vosotros, -as)	habéis	
(ellos, ellas, ustedes)	han	

Verben auf **-ar** bilden das Partizip auf **-ado**, Verben auf **-er** und **-ir** auf **-ido**.
Sie können es sich denken: Ein paar unregelmäßige Verben gibt es auch:
hacer → hecho ver → visto escribir → escrito abrir → abierto

Zeitangaben wie **hoy** *heute* oder **esta semana** *diese Woche* sind typisch für das Perfekt:
Hoy he trabajado muchísimo. *Heute habe ich sehr viel gearbeitet.*

Die Unterschiede zwischen *ser* und *estar* ▸ §4.1.3

Kleiner Stolperstein: Beide Verben bedeuten *sein*. Wann brauchen Sie welches?

ser	estar
Name, Nationalität: **Soy Abi, soy española.**	gesundheitliches Befinden: **¿Cómo estáis? Estamos bien.**
Herkunft: **Abi es de Madrid.**	örtliches Befinden: **Carmen está en Sevilla.**
Beruf: **Álex y Abi son profesores.**	Familienstand: **Benito y Ana no están casados.**
Aussehen, Charakter: **Son muy simpáticos.**	Geschmack von Essen: **Las sardinas están muy buenas.**
Eigenschaft: **La paella es excelente.**	Zustand: **¿Estás cansada?**

Übungen

1 Was haben diese Personen heute alles gemacht? Schreiben Sie es auf.

1. Lola – escribir un e-mail ....
2. León – hacer la compra ....
3. Ramón – abrir un regalo ....
4. Clara – estudiar mucho ....

2 Lesen Sie den Bericht und ergänzen Sie die fehlenden Formen von *haber* oder die Partizipien.

«Esta semana, ... (1.) sido el cumpleaños de Ramón. Ha .... (2.) una pequeña fiesta en casa. La fiesta ha .... (3.) a las nueve. .... (4.) venido su hermana Laura con su hija y algunos amigos. Carmen le .... (5.) regalado un cedé de Lila Downs. Todos han .... (6.) el „Cumpleaños feliz". Carmen .... (7.) conocido a Pablo, un chico muy simpático, y ha .... (8.) una cerveza con él.»

1/45

3 Hören Sie zu. Marta kommt ziemlich müde aus der Arbeit. Ihr Freund Nicolás wollte einkaufen gehen und kochen. Was hat er gemacht, was hat er nicht gemacht? Notieren Sie.

sí	no
....	....
....	....

4 Schicken Sie einer Freundin eine E-Mail und erzählen Sie, was Sie heute alles gemacht haben. Diese Aktivitäten sollen als Anregung dienen.

hablar por teléfono (con) – escribir un sms – practicar deporte – jugar al fútbol/tenis/voleibol – estudiar español – hacer footing – tomar una cerveza – comer una paella – hablar inglés – comer fruta

Neue E-Mail

Hola ....

....

....

Un beso, ...

Kulturtipp
Las tapas

Tapas sind kleine Häppchen, die man zum Bier oder Wein genießt, als Aperitif oder als Zwischenmahlzeit. Sie können auch eine komplette Mahlzeit ersetzen, wenn man nicht **una tapa** *einen Happen*, sondern **una ración** *eine Portion* bestellt und mehrere Sorten durchprobiert. Jede spanische Region, jede Bar hat ihre eigenen Tapas-Spezialitäten, die warm oder kalt serviert werden. Hier einige der bekanntesten:

boquerones fritos	gebackene Sardellen	**albóndigas**	Fleischbällchen
gambas al ajillo	Garnelen in Knoblauch	**croquetas de bacalao**	Fisch-Kroketten
jamón serrano	roher Schinken	**tortilla española**	Kartoffel-omelett
pinchos	Fleischspießchen		

Was können Sie schon?

	☺	😐	☹	
verstehen, wenn jemand etwas Vergangenes erzählt	☐	☐	☐	▸ Ü2
eine Erzählung über den Alltag verstehen	☐	☐	☐	▸ Ü3
über den heutigen Tag berichten	☐	☐	☐	▸ Ü1
über Vergangenes berichten	☐	☐	☐	▸ Ü4

Tag 13

In der Kneipe

In dieser Lektion lernen Sie

- eine Person zu beschreiben
- nach dem Alter zu fragen und das Alter anzugeben
- im Gespräch Interesse zu zeigen

1/46
1/47

«Tres mujeres y un plan»

El sábado por la tarde en el bar «Dos de Mayo»

John Silvana, ¿no has traído a tu novio?
Carmen ¿Novio? ¿Tienes novio, Silvana?
Silvana No es mi novio, ¿eh? Es un amigo.
Carmen ¿Pero quién es? ¿Cómo es? Cuenta, cuenta ...
Silvana ¡Uf, qué curiosa eres! Se llama Santi y tiene veintisiete años. ¿Algo más?
Carmen ¡Claro, qué interesante!
Silvana Es alto, guapo, simpático, tiene el pelo corto y los ojos negros. Es moreno.
Carmen ¿Es andaluz?
Silvana Sí, de Cádiz. Es cocinero.
John Ah, entonces es gordo, y lleva gafas y barba.
Silvana No, nada de eso. Es delgadito y no lleva ni barba ni bigote.
Carmen ¿Ah sí? ¿Y por qué no ha venido?
Silvana Porque tiene que trabajar.
John Chicas, yo pago esta ronda de cañas, y después tenemos que ir al cine. He reservado ya las entradas.
Carmen ¿Qué película vamos a ver?
Silvana Una comedia americana. «Tres mujeres y un plan». ¿La has visto ya?
Carmen No, no, todavía no. ¿Y en qué cine?
John En el Alameda. En versión original.
Silvana ¿En inglés, con subtítulos en español? ¡Uf!

Fragen zum Dialog

Streichen Sie, was nicht zutrifft.

1. Los tres amigos se encuentran *en el cine* | *en un bar.*
2. Santi es el amigo *de Silvana* | *de Carmen.*
3. John paga una ronda *de vinos* | *de cañas.*
4. El cine se llama *Dos de Mayo* | *Alameda.*
5. Van a ver *un drama español* | *una comedia americana.*

„Drei Frauen und ein Plan"

Am Samstagabend in der Kneipe „Dos de Mayo"

John Silvana, hast du deinen Freund nicht mitgebracht?
Carmen Freund? Du hast einen Freund, Silvana?
Silvana Er ist nicht mein Freund. Er ist ein Freund.
Carmen Aber wer ist er? Wie ist er? Erzähl doch!
Silvana Puh, du bist ganz schön neugierig! Er heißt Santi und ist 27. Noch mehr?
Carmen Klar, das ist interessant!
Silvana Er ist groß, hübsch, nett, er hat kurze Haare und schwarze Augen. Er ist dunkelhaarig.
Carmen Ist er Andalusier?
Silvana Ja, aus Cádiz. Er ist Koch.
John Ach, dann ist er dick und trägt eine Brille und einen Bart.
Silvana Nein, nichts davon. Er ist schön schlank und trägt weder Bart noch Schnurrbart.
Carmen Ach ja? Und warum ist er nicht (mit)gekommen?
Silvana Weil er arbeiten muss.
John Mädels, ich zahle diese Runde Bier und dann müssen wir ins Kino gehen. Ich habe die Eintrittskarten schon reserviert.
Carmen Welchen Film werden wir anschauen?
Silvana Eine amerikanische Komödie. „Drei Frauen und ein Plan". Hast du ihn schon gesehen?
Carmen Nein, nein, noch nicht. Und in welchem Kino?
John Im Alameda. In Originalversion.
Silvana Auf Englisch mit spanischen Untertiteln? Oh!

Lernwortschatz

alto, -a	groß (Person); hoch
americano, -a	amerikanisch; Amerikaner, -in
andaluz, -a	andalusich, Andalusier, -in
año *m*	Jahr
barba *f*	(Voll)Bart
bigote *m*	Schnurrbart
caña *f*	kleines Glas Bier vom Fass
comedia *f*	Komödie
contar	erzählen
corto, -a	kurz
cuenta *Imp*	erzähl!
curioso, -a	neugierig; kurios
delgadito, -a *Dim*	schön schlank
delgado, -a	schlank
entrada *f*	Eintrittskarte; Eingang
gafas *fPl*	Brille
gordo, -a	dick
guapo, -a	hübsch, schön
interesante	interessant
mujer *f*	Frau
nada de eso	nichts davon
ojo *m*	Auge
original	Original-...; originell
pagar	(be)zahlen
pelo *m*	Haar
plan *m*	Plan
reservar	reservieren
ronda *f*	Runde
subtítulo *m*	Untertitel
tener ... años	... Jahre alt sein
todavía no	noch nicht
versión *f*	Version

Monatsnamen	
enero *m*	Januar
febrero *m*	Februar
marzo *m*	März
abril *m*	April
mayo *m*	Mai
junio *m*	Juni
julio *m*	Juli
agosto *m*	August
septiembre *m*	September
octubre *m*	Oktober
noviembre *m*	November
diciembre *m*	Dezember

Haar- und Augenfarbe	
azul	blau
blanco, -a	weiß
gris	grau
marrón	braun
moreno, -a	dunkelhaarig
negro, -a	schwarz
pelirrojo, -a	rothaarig
rubio, -a	blond
verde	grün

Grammatik und Redemittel

Personenbeschreibungen, Altersangabe

Dafür brauchen Sie diese drei Verben:
ser: alto, delgado, guapo, moreno ...
llevar: gafas, barba, bigote ...
tener: los ojos grises, marrones ...; el pelo corto, largo ...; veinte, treinta años

Datumsangabe

Zur Angabe des Datums verwendet man ganz einfach die Grundzahlen.
Nur bei der Zahl 1 kann Grund- oder Ordnungszahl* stehen:
el uno / **el primero** de marzo *der 1. März / am 1. März*
el dos de abril *der / am 2. April*
el treinta de octubre *der / am 30. Oktober*
*In Spanien sagt man eher **el uno de** ..., in Lateinamerika **el primero de** ... bei der Datumsangabe

Zahlen von 21 bis 101

21	veintiuno	26	veintiséis	31	treinta y uno	70	setenta
22	veintidós	27	veintisiete	32	treinta y dos	80	ochenta
23	veintitrés	28	veintiocho	40	cuarenta	90	noventa
24	veinticuatro	29	veintinueve	50	cincuenta	100	cien
25	veinticinco	30	treinta	60	sesenta	101	ciento uno

Ya und *todavía no* ▸ §4.2.1

Diese beiden kleinen Wörter sind typische Indikatoren für den Gebrauch des Perfekts:
▸ ¿Has visto **ya** la película? *Hast du den Film schon gesehen?*
◂ No, **todavía no**. *Nein, noch nicht.*

Tener que + Infinitiv ▸ §4.1.4

In Verbindung mit einem Infinitiv heißt **tener que** *müssen*:
Tenemos que estudiar más. *Wir müssen mehr lernen.*

Übungen

1 Lesen Sie diese kurzen Personenbeschreibungen und ergänzen Sie die Lücken.

1. Lola .... treinta y nueve años. .... profesora de inglés. No .... alta, pero muy atractiva. .... los ojos verdes y .... pelirroja. Normalmente .... gafas. .... muy guapa.
2. Ricardo .... un poco gordo. .... arquitecto. No .... gafas, pero .... bigote. .... los ojos marrones y el pelo gris. .... cuarenta y siete años.

2 Ergänzen Sie die Sätze mit der richtigen Datumsangabe.

1. El .... es San Valentín. (14.2.)
2. .... es Día del Trabajador. (1.5.)
3. .... es Año Nuevo. (1.1.)
4. .... es el cumpleaños de Santi. (29.8.)
5. .... es fiesta nacional en España. (6.12.)

1/48

3 Hören Sie das kurze Gespräch zwischen Andrés und Roberto. Beantworten Sie dann die Fragen dazu.

1. ¿Cómo se llama la novia de Andrés? ....
2. ¿Cómo es ella? ....
3. ¿Qué estudia? ....
4. ¿Roberto tiene novia? ....
5. ¿Qué van a hacer los dos amigos? ....

4 Denken Sie an eine Person aus Ihrer Familie oder Ihrem Bekanntenkreis und beschreiben Sie sie. Fügen Sie alle Informationen zu dieser Person an, die Sie schon auf Spanisch formulieren können: Beruf, Familienstand, Wohnort etc. Schreiben Sie ein kleines Porträt.

....
....
....
....
....

Kulturtipp Ir de copas

An den Wochenenden gehört **ir de copas** / **copeo** *der Kneipenbummel* in Spanien einfach dazu. Vor allem die jüngeren Leute ziehen dann in Gruppen von Kneipe zu Kneipe und oft wird das Glas (**la copa**) Bier oder Wein im Stehen im Freien getrunken. Wenn die Gläser leer sind, zieht man in die nächste Bar. Bezahlt wird reihum, jeder eine Runde. Dass man ein bisschen darum „kämpft" und sich vordrängt, die nächste Runde zu bezahlen, ist ganz normal. Machen Sie bei diesem Ritual mit und lassen Sie sich nicht abdrängen. Denn wer sich immer nur von den anderen einladen lässt und selbst nie bezahlt, erwirbt sich keine Sympathien.

Was können Sie schon?

	☺	😐	☹	
■ Personenbeschreibungen verstehen	☐	☐	☐	▸ Ü1
■ einen Dialog verstehen, in dem eine unbekannte Person beschrieben wird	☐	☐	☐	▸ Ü3
■ Altersangaben verstehen	☐	☐	☐	▸ Ü3
■ das Datum angeben	☐	☐	☐	▸ Ü2
■ ein Personenporträt erstellen	☐	☐	☐	▸ Ü4

Tag 14

Wiederholen und üben Sie

Hier wiederholen Sie

- wichtige Redemittel für den Alltag
- Gruppen unregelmäßiger Verben
- Präsens, Perfekt und nahes Futur
- Aussprache, Intonation und Wortbindung

Übungen

1 Welche Lebensmittel kaufen Sie in welcher Menge oder Verpackung? Ergänzen Sie alles, was Ihnen einfällt.

1. Medio kilo de ……
2. Un paquete de ……
3. Una lata de ……
4. Un litro de ……

2 Was sagen Sie im Restaurant? Wiederholen Sie die wichtigsten Redemittel.

1. Sie möchten ein Mineralwasser ohne Kohlensäure trinken.

……

2. Sie möchten noch etwas mehr Brot.

……

3. Sie wollen sagen, dass die Tintenfische sehr lecker sind.

……

4. Sie möchten bezahlen und bitten um die Rechnung.

……

3 Verbinden Sie die Satzanfänge mit den passenden Satzenden.

1. ¿Qué va	a) de vino tinto, por favor.
2. Quería	b) a tomar?
3. Medio litro	c) tomar postre?
4. De segundo	d) una ensalada.
5. ¿Va a	e) cortado, por favor.
6. Un café	f) calamares fritos.

4 Ergänzen Sie je zwei bis drei passende Getränke und Speisen für jede Rubrik.

Para beber	De primero	De segundo	De postre
....	....	....	....
....	....	....	....
....	....	....	....
....	....	....	....

5 Welches Verb passt jeweils: *querer* wollen, mögen oder *poder* können?

1. ► Antonio, ¿ .... más paella? ◄ No gracias, no .... más.
2. Señor, ¿nos .... traer un poco más de pan, por favor?
3. Nosotros .... los calamares con ensalada.
4. John y Silvana .... pedir una paella para dos personas.
5. No tomamos postre. No .... más.

6 Ergänzen Sie die Pronomen zu den reflexiven Verben.

1. ► ¿Dónde .... encontramos? ◄ .... encontramos en el bar «Cuba».
2. ► ¿Cómo .... llama tu novia? ◄ .... llama Ana María.
3. ► ¡ .... vemos el sábado! ◄ Vale, ¡hasta el sábado!
4. ► ¿A qué hora .... encontráis? ◄ A las siete y media.
5. ► .... llamo Federico, ¿y tú? ◄ .... llamo Pepe.

7 Julia ruft bei ihren Freundinnen Lea, Luz und Loli an, erreicht aber nur Leas Freund Marco. Was machen die anderen alle? Hören Sie zu und notieren Sie.

1/49

Lea ....
Luz ....
Loli ....

8 Sehen Sie sich den folgenden Notizzettel an. Was hat Ernesto schon gemacht, was hat er noch nicht gemacht?

estudiar español ✔
buscar el móvil
jugar al fútbol con Pepito
visitar a la abuela Juana ✔
comprar un regalo para Silvia
escribir un e-mail a Félix ✔

9 Geben Sie die (offizielle) Uhrzeit in Worten an. *¿Qué hora es?*

1. 17:30 Son las ……
2. 22:20 ……
3. 08:35 ……
4. 14:56 ……
5. 23:19 ……

10 Beantworten Sie die Fragen. Geben Sie die Uhrzeit mündlich an, nicht offiziell, also: *halb 8* statt *19:30 Uhr* und *Viertel nach 8* statt *20:15 Uhr.*

1. ► ¿A qué hora nos encontramos? ◄ …… (19:30)
2. ► ¿A qué hora empieza el teatro? ◄ …… (20:15)
3. ► ¿Cuándo llega Ramón? ◄ …… (13:00)
4. ► ¿Cuándo empiezas a trabajar? ◄ …… (09:00)
5. ► ¿A qué hora nos vemos? ◄ …… (14:45)

11 Schreiben Sie die Zahlen in Worten.

1. 11 ……
2. 22 ……
3. 33 ……
4. 44 ……
5. 55 ……
6. 66 ……
7. 77 ……
8. 88 ……
9. 99 ……
10. 101 ……

1/50

12 Ana kauft einen Rucksack. Wie sieht er aus? Hören Sie zu und notieren Sie am Ende den Preis.

1. ¿Cómo es la mochila? ……
2. ¿Cuánto cuesta? …… €

13 Bestimmter (*el, la*) oder unbestimmter Artikel (*un, una*)? Ergänzen Sie.

1. «Casa Alberto» es …… restaurante andaluz.
2. …… paella es …… comida típica de Valencia.
3. Mallorca es …… isla en …… Mar Mediterráneo.
4. …… sangría es …… bebida hecha con vino, zumo y frutas.
5. «El búho» es …… nuevo bar en …… centro.

14 Ergänzen Sie die Adjektive mit der richtigen Endung.

1. ¡ .... cerveza, por favor! (otro)
2. Quería .... litro de vino tinto, por favor. (medio)
3. La paella está muy .... (bueno)
4. Una botella .... de agua sin gas, por favor. (grande)
5. Las patatas son muy .... (pequeño)

15 Ersetzen Sie das kursiv gesetzte Adjektiv durch einen Superlativ auf *-ísimo, -a*.

1. Esta ensalada está muy muy buena. ¡Está .... !
2. La nueva película de Almodóvar es superinteresante. ¡Es .... !
3. Oye, tu novio es muy alto, ¿no? ¡Es .... !
4. Las sardinas están muy ricas. ¡Están .... !
5. La tía Isabel está muy muy cansada. ¡Está .... !

16 Welche Possessivadjektive (*mi, tu, su* ...) fehlen hier? Ergänzen Sie.

1. ► Ana, ¿cómo se llama .... hermana?
   ◄ .... hermana se llama Victoria.
2. ► ¿Qué hacen .... hijos, señora Cano?
   ◄ .... hijo Evelio estudia y .... hija Leonor trabaja en una oficina.
3. ► ¿Cuántos años tienen .... hijos, Abi y Rafael?
   ◄ ¿ .... hijos? Pues, Abi tiene 12 y .... hermano Rafael tiene 8.
4. ► ¿Cómo está .... mujer, señor Rios?
   ◄ ¿ .... mujer está muy bien, gracias.

1/51 **17 Achten Sie auf die Aussprache der fett gedruckten Doppelvokale in diesen Wörtern. Was fällt Ihnen dabei auf? Kreuzen Sie dann die richtige Aussage an.**

ac**ei**te **eu**ro **ae**rop**ue**rto **Eu**ropa
aparcam**ie**nto t**ie**nda n**ue**vo t**ie**mpo
tr**ae**r v**ie**rnes empl**ea**da p**ue**rta

Die Doppelvokale **ei**, **eu**, **ue**, **ae** und **ie** werden gesprochen
a) ☐ wie ein Laut. b) ☐ wie zwei getrennte Vokale.
Sprechen Sie also **euro** wie [e-uro], **aceite** wie [ace-ite], **viernes** wie [vi-ernes], und nicht zu einem Laut gebunden wie im Deutschen.

1/52 **18 Hören Sie nun Wörter mit *r* oder *rr*. Hören Sie einen Unterschied? Lesen Sie dann die Regel und streichen Sie, was nicht zutrifft.**

restau**r**ante Gi**r**alda g**r**acias p**r**ofeso**r** **r**ubia
to**rr**e baila**r** a**rr**oz agua mine**r**al **R**osa

Regel:
1. Am Wortanfang und als **rr** wird das **r** *stärker* | *schwächer* gerollt.
2. In der Wortmitte wird das **r** *normal* | *schwach* gerollt.
3. Ein **r** am Silbenende oder Wortende *wird verschluckt* | *wird nie verschluckt*.

Achtung:
Merken Sie sich: Das spanische **r** wird immer gerollt, am Wortanfang oder als geschriebenes doppeltes **rr** stärker als in der Wortmitte oder als geschriebenes einfaches **r**.
Und beachten Sie, dass das **r** nie verschluckt wird, wie etwa im Deutschen. Sagen Sie also Ca**r**men, mit hörbarem **r**, nicht [Ca_men], wie man auf Deutsch gerne sagt. Sagen Sie profeso**r**, nicht [Professoa], wie im Deutschen. Das mag Ihnen vielleicht übertrieben erscheinen, ist es aber überhaupt nicht.

19 Hören Sie wieder zu und achten Sie auf die Aussprache der Buchstabenfolge *gue* und *gui*, *que* und *qui*. Lesen Sie dann die Regel und streichen Sie, was nicht zutrifft. 1/53

Mi**gue**l **gui**tarra **gue**rrilla **Gui**do ense**gui**da visita **gui**ada
que a**quí** es**qui**ar iz**qui**erda pa**que**te

1. In den Kombinationen **gue**, **gui**, **que**, **qui** *wird das u gesprochen* | *bleibt das u stumm*.
2. **gue**, **gui** wird wie [*ge*], [*gi*] | [*xe*], [*xi*] gesprochen.
3. **que**, **qui** wird wie [*ke*], [*ki*] | [*kwe*], [*kwi*] gesprochen.

20 Hören Sie zu. Bei welchen Sätzen handelt es sich um eine Frage, bei welchen um einen Aussagesatz? Notieren Sie die Sätze. 1/54

Frage	Aussage

21 Eine Charakteristik des gesprochenen Spanisch ist die Bindung der Wörter im Satz. Es wird also nicht Wort für Wort einzeln aneinandergereiht, vor allem, wenn Vokale aufeinandertreffen. Hören Sie zu und versuchen Sie diese flüssige Aussprache nachzuahmen. 1/55

1. Voy‿a ver una comedia‿americana.
2. He‿estado‿una‿hora‿en el parque.
3. Enrique prepara‿unas tapas buenísimas.
4. ¿Ya la‿has visto tú?
5. ¡Qué cansada‿estoy!

22 Tragen Sie nun selbst die Bindebögen in die folgenden Sätze ein. Hören Sie dann, wie sie gesprochen werden und prüfen Sie Ihr Ergebnis. 1/56

► ¿Vamos a visitar la Alhambra?
◄ Sí, buena idea. ¿Dónde nos encontramos?
► En la Avenida Ernesto Ibáñez.
◄ Vale. ¿Y a qué hora?
► ¿A las cinco y media?

Zwischentest 2

1 Lesen Sie den Ausschnitt aus einem Restaurantführer und beantworten Sie anschließend die Fragen dazu. Keine Sorge: Sie müssen nicht jedes Wort verstehen!

www.restaurantessevilla.com

Tapas Giralda

Localidad: *Sevilla.* **Dirección:** *Molina, 52* **Zona:** *Centro.*
Tipo de cocina: *Nacional* **Especialidad:** *Tapas.*

Casa Ana

Espectáculos folklóricos
Localidad: *Sevilla.* **Dirección:** *Plaza Roldán, 7* **Zona:** *Centro.*
Tipo de cocina: *Andaluza* **Especialidad:** *Calamares.*

Asia

Localidad: *Sevilla.* **Dirección:** *San Jorge, 17 (Plaza del Alto)* **Zona:** *Centro.*
Tipo de cocina: *China* **Precio:** *Menos de 15 euros.*

Sabor de Cuba

Dirección: *Paseo de las Reformas, 3* **Zona:** *Centro.*
Tipo de cocina: *Cubana* **Especialidad:** *Arroz a la Cubana.*

La Isla

Localidad: *Sevilla.* **Dirección:** *Arce, 25* **Zona:** *Centro.*
Tipo de cocina: *Nacional* **Especialidad:** *Paella valenciana*

1. Los restaurantes están en el centro de	☐ Madrid.	☐ Sevilla.
2. El restaurante chino se llama	☐ La Isla.	☐ Asia.
3. En «Casa Ana» hay espectáculos	☐ folklóricos.	☐ clásicos.
4. En «Sabor de Cuba» hay cocina	☐ valenciana.	☐ cubana.
5. El arroz a la cubana es especialidad en	☐ «Tapas Giralda»	☐ «Sabor de Cuba».
__/6 6. Hay cocina andaluza en	☐ «Casa Ana».	☐ «La Isla».

2 Doña Clara geht einkaufen. Ergänzen Sie den passenden unbestimmten Artikel: ***un, una, unos, unas.***

En el mercado, doña Clara compra .... (1.) kilo de patatas, ... (2.) cebollas y .... (3.) tomates. De fruta, compra .... (4.) melón, ... (5.) sandía, ... (6.) melocotones y .... (7.) fresas.

¿Qué necesita del supermercado? .... (8.) paquete de arroz y .... (9.) docena de huevos.

En la panadería «Las dos hermanas» compra .... (10.) barra de pan. __/10

3 Welches Wort passt jeweils nicht in die Reihe? Kreuzen Sie es an.

1. ☐ fútbol	☐ noche	☐ tenis
2. ☐ esquiar	☐ bailar	☐ buscar
3. ☐ ir en bicicleta	☐ ver la televisión	☐ montar a caballo
4. ☐ cerveza	☐ parque	☐ jardín botánico
5. ☐ nuevo	☐ grande	☐ viejo
6. ☐ tomando	☐ visitando	☐ trabajado

__/6

4 Welches Verb passt?

	ser	estar
1. Carlos tiene 50 años, ... alto y moreno.	☐ es	☐ está
2. .... soltera y vive sola.	☐ es	☐ está
3. Trabaja en una empresa grande. .... ingeniero.	☐ Es	☐ Está
4. Carlos e Isabel .... de Tenerife.	☐ son	☐ están
5. Carlos .... muy inteligente y muy simpático.	☐ es	☐ está
6. Hoy ha trabajado mucho y .... cansadísimo.	☐ es	☐ está

__/6

5 Lesen Sie die Sätze und vergleichen Sie. Welche Verbzeit drücken sie aus? Kreuzen Sie an und unterstreichen Sie die Verbformen.

	Präsens	Perfekt	Futur
1. Nos encanta bailar tango.	☐	☐	☐
2. Ana ha hecho la compra.	☐	☐	☐
3. ¿Qué película vamos a ver?	☐	☐	☐
4. ¿Has escrito a tu madre?	☐	☐	☐
5. Voy a estudiar más.	☐	☐	☐
6. Los calamares están muy ricos.	☐	☐	☐

__/6

1/57 **6 Hören Sie eine kurze Kontaktanzeige. Was erfahren Sie über diese Person? Kreuzen Sie an.**

1. ¿Cómo se llama?	☐ Juan.	☐ José.
2. ¿Cuántos años tiene?	☐ 37.	☐ 39.
3. ¿Cómo es?	☐ Alto y rubio.	☐ Alto y moreno.
4. Le gusta mucho	☐ bailar y salir.	☐ ir al teatro, jugar al fútbol.
5. Busca mujer	☐ inteligente y guapa.	☐ deportista.
__/6 6. Los niños	☐ no le gustan.	☐ le encantan.

7 Was sagen Sie im Restaurant?

1. Sie wollen den Kellner rufen:

....

2. Sie bestellen für sich ein Bier und für Ihre Begleitung ein Mineralwasser:

....

3. Sie bestellen als Vorspeise einen Salat und als Hauptgang Sardinen:

....

4. Sie möchten noch ein Bier und etwas mehr Brot:

....

5. Sie möchten keinen Nachtisch:

....

6. Sie möchten einen Espresso, Ihre Begleitung auch:

....

7. Sie bitten um die Rechnung:

....

8. Sie verabschieden sich (es ist später Abend, 22 Uhr):

__/6 ....

__/46

Tag 15 Eine Reise planen

In dieser Lektion lernen Sie

- über Pläne und Vorhaben zu sprechen
- Wünsche zu formulieren
- Ratschläge zu erteilen und Tipps zu geben

2/1 ¿Qué vas a hacer el fin de semana?

Ramón Carmen, ¿ya tienes planes para el próximo fin de semana largo?

Carmen Sí, voy a hacer un viaje a Madrid.

Ramón ¿Ah, sí? ¡Qué bien! ¿Cómo vas a ir?

Carmen En tren. Ya he reservado el billete para el AVE.

Ramón ¿De ida y vuelta, supongo? Je, je, una broma. ¿Qué vas a visitar?

Carmen Es mi primer viaje a la capital, seguramente visitaré los museos famosos: El Prado, el Thyssen Bornemisza, el Reina Sofía ...

Ramón Ajá. Pero tienes que ver también el Parque del Retiro, los grandes cines, los teatros ... Y en Madrid hay que probar la cocina madrileña: los callos, los cocidos ...

Carmen Uy, los callos no, pero me gustaría probar el famoso jamón serrano, pasear por las plazas, las calles, los bares ...

Ramón ¿Y por qué no vas con una amiga?

Carmen Silvana se irá a Italia y John actuará de disc-jockey en una fiesta en la universidad. ¿Y qué vas a hacer tú el fin de semana?

Ramón Yo me iré al campo, a Los Rosales. Mi abuela va a cumplir ochenta y cinco años y habrá una fiesta grande.

Carmen Ah, entonces, ¡que te diviertas!

Ramón ¡Buen viaje a Madrid! ¡Que lo pases bien!

Carmen Gracias, tú también.

Fragen zum Dialog

Streichen Sie, was nicht zutrifft.

1. Carmen irá *a Madrid* | *a Barcelona*.
2. Es su *primer* | *segundo* viaje a la capital.
3. Silvana *irá* | *no irá* con ella.
4. A Carmen *le gustan* | *no le gustan* los callos.
5. John actuará *de guía turístico* | *de disc-jockey*.

Was wirst du dieses Wochenende machen?

Ramón Carmen, hast du schon Pläne für das kommende lange Wochenende?

Carmen Ja, ich werde eine Reise nach Madrid machen.

Ramón Ach, ja? Toll! Wie wirst du fahren?

Carmen Mit dem Zug. Ich habe schon die Fahrkarte für den AVE reserviert.

Ramón Hin und zurück, nehme ich an? Ha, ha, ein Scherz. Was wirst du dir (alles) ansehen?

Carmen Es ist meine erste Reise in die Hauptstadt, sicher werde ich die berühmten Museen besuchen: den Prado, (die Sammlung) Thyssen Bornemisza, das (Museum) Reina Sofía ...

Ramón Aha. Aber du musst auch den Retiro-Park sehen, die großen Kinos, die Theater ... Und in Madrid muss man die Madrider Küche probieren: Kutteln, Schinken ...

Carmen Oh, die Kutteln nicht, aber den berühmten Serrano-Schinken würde ich schon gern probieren, über die Plätze, durch die Straßen und Bars ziehen ...

Ramón Und warum fährst du nicht mit einer Freundin?

Carmen Silvana wird nach Italien fahren und John wird auf einem Uni-Fest als Diskjockey auftreten. Und was machst du am Wochenende?

Ramón Ich werde aufs Land fahren, nach Los Rosales. Meine Oma wird 85 und es wird ein großes Fest geben.

Carmen Na dann, viel Spaß!

Ramón Gute Reise nach Madrid! Lass es dir gut gehen!

Carmen Danke, du auch.

Tag 15 Lernwortschatz

abuelo, abuela	Opa, Oma
actuar de	auftreten als
ajá	aha
AVE	span. Hochgeschwindigkeitszug
billete *m*	Fahrkarte
broma *f*	Scherz
¡buen viaje!	gute Reise!
callos *mPl*	Kutteln (Innereien)
campo *m*	Land; Feld
capital *f*	Hauptstadt
cocido *m*	Eintopf
cocina *f*	Küche; Gastronomie
cumplir ... años	... Jahre alt werden
disc-jockey *m*	Diskjockey
feliz	glücklich
habrá (Präs hay)	es wird geben
ida *f*	Hinfahrt
ida y vuelta	hin und zurück
irse	(weg)gehen
jamón m serrano	Serrano-Schinken
je, je	ha, ha
largo, -a	lang
madrileño, -a	Madrider; Madrilene, Madrilenin
plaza *f*	Platz
probar	probieren
próximo, -a	nächste(r)
¡qué bien!	toll!, super!
¡que lo pases bien!	lass es dir gut gehen!, viel Spaß!
¡que te diviertas!	viel Spaß!
reina *f*	Königin
seguramente	sicher
suponer	annehmen
supongo	ich nehme an
tren *m*	Zug
universidad *f*	Universität
uy	oh
viaje m	Reise
vuelta *f*	Rückfahrt, Rückkehr

Reisen	
ayuntamiento *m*	Rathaus
bodega *f*	Weinkeller
casco antiguo *m*	Altstadt
castillo *m*	Burg, Schloss
excursión *f*	Ausflug
exposición *f*	Ausstellung
guía *m*, *f*	Fremdenführer, -in
informarse	sich informieren, um Auskunft bitten
mercado *m*	Markt
mirador *m*	Aussichtspunkt
monasterio *m*	Kloster
plaza *f* de toros	Stierkampfarena
puente *m*	Brücke
tomar fotografías	fotografieren
visita guiada *f*	Führung
vista *f*	Aussicht

Grammatik und Redemittel

Das Futur (Zukunft) ▸ *§4.3.2*

Das Futur wird für Handlungen und Ereignisse in der Zukunft verwendet. Im mündlichen Sprachgebrauch wird es häufig durch die Form **ir a** + Infinitiv (▸ *Tag 8*) ersetzt. Die Futur-Endungen werden an die Grundform des Verbs angehängt. Sie sind für alle drei Konjugationen gleich:

	visitar	comer	cumplir
(yo)	visitar**é**	comer**é**	cumplir**é**
(tú)	visitar**ás**	comer**ás**	cumplir**ás**
(él, ella, usted)	visitar**á**	comer**á**	cumplir**á**
(nosotros, -as)	visitar**emos**	comer**emos**	cumplir**emos**
(vosotros, -as)	visitar**éis**	comer**éis**	cumplir**éis**
(ellos, ellas, ustedes)	visitar**án**	comer**án**	cumplir**án**

Seguramente **visitaré** los museos. *Sicherlich werde ich die Museen besichtigen.*

Primer(o), buen(o), gran(de) ▸ *§3*

Vor männlichen Substantiven verlieren **primero** und **bueno** die Endung **-o**:
Es mi **primer** viaje a la capital. *Es ist meine erste Reise in die Hauptstadt.*
¡Buen viaje a Madrid! *Gute Reise nach Madrid!*
Grande verliert die Endung **-de** vor männlichen und weiblichen Substantiven:
Será una **gran** fiesta. *Es wird ein großes Fest werden.*

Einen Wunsch äußern

Einen Wunsch äußern Sie mit **me gustaría** *ich würde gern* + Infinitiv:
Me **gustaría** probar el jamón. *Ich würde gern den Schinken probieren.*

Einen Ratschlag geben ▸ *§4.1.6*

Das Verb **tener que** heißt *müssen* und wird persönlich gebraucht:
En Madrid **tienes que** ver el parque del Retiro. *In Madrid musst du dir den Retiro-Park ansehen.*
Hay que *man muss* ist eine unpersönliche Form:
Hay que probar la cocina madrileña. *Man muss die Madrider Küche probieren.*

Übungen

1 Lesen Sie diesen kurzen Bericht und verwandeln Sie ihn in eine Planung für das kommende Jahr.

«Este año hemos ido a Barcelona. Yo he participado en un congreso, mi mujer ha visitado el Museo de Picasso, la Catedral Santa Eulalia y otros monumentos.
Por la tarde hemos ido a un buen restaurante con cocina típica. Por la noche hemos estado en el Teatro Romea y hemos visto un musical.»

El próximo año ....

....

....

2 Geben Sie einem Freund, der verreisen wird, ein paar Ratschläge. Verwenden Sie einmal *tienes que* und einmal *hay que*.

hacer (*packen*) la maleta   reservar los billetes   llevar la mochila
llevar la cámara digital   hacer muchas fotos

1. ....
2. ....
3. ....
4. ....
5. ....

2/2 **3** Hören Sie das kurze Gespräch und beantworten Sie die Fragen dazu. Lesen Sie zuerst die Fragen, damit Sie wissen, worauf Sie beim Hören achten sollen.

1. ¿Cuántas personas hablan? ....
2. ¿Cómo se llaman? ....
3. ¿Qué le gustaría hacer a la chica? ....
4. ¿Cuál es el problema? ....

4 Was würden Sie gerne tun? Wo würden Sie gerne sein? Schreiben Sie fünf Wünsche auf.

Me gustaría ....

....

....

....

Kulturtipp
Hacer puente

Brückentage sind in Spanien ebenso beliebt wie berüchtigt. Wenn ein Feiertag, z. B. der 1. Mai oder der 6. Dezember, **Día de la Constitución**, *Tag der Verfassung* auf einen Donnerstag oder Dienstag fällt, nehmen viele sich am Freitag bzw. Montag frei und verbringen ein langes Wochenende, meist an den Küsten. Vor allem in den Großstädten bedeutet das Staus, nicht enden wollende Autokarawanen und leider auch viele Verkehrsunfälle. Viele Städter haben Ferienhäuser am Meer und nutzen jedes verlängerte Wochenende, um der Stadt zu entfliehen. Am besten ist es, sich vor einer Kurzreise zu erkundigen, ob das Datum mit spanischen Brückentagen zusammenfällt. Dann stellt man sich besser auf übliche Wartezeiten bzw. Überbuchungen ein.

Was können Sie schon?

	☺	😐	☹	
■ einen Reisebericht verstehen	□	□	□	▸ Ü1
■ Reisepläne formulieren	□	□	□	▸ Ü1
■ Ratschläge erteilen	□	□	□	▸ Ü2
■ Wünsche aussprechen	□	□	□	▸ Ü4
■ ein Gespräch über einen nicht realisierbaren Wunsch hören und verstehen	□	□	□	▸ Ü3

Tag 16

Verkehrsmittel

In dieser Lektion lernen Sie

- über Verkehrsmittel zu sprechen
- Dinge miteinander zu vergleichen
- eine Fahrkarte zu kaufen

2/3 Un viaje en tren

John Carmen, ¿tienes tu billete?

Carmen Sí, claro. Lo he reservado en internet y lo he recogido en la estación.

John ¿Y a qué hora sale el tren?

Carmen A las diez y quince.

John ¿Y cómo vas a la estación?

Carmen En autobús. Es lo más práctico y no está lejos.

John ¿Y tienes todo?

Carmen Sí, sí, tranquilo. Tengo todo. Y ahora me voy. Adiós, John.

En la estación de Santa Justa

Carmen Perdón, ¿de qué andén sale el AVE?

Empleado Del andén número tres.

En el tren

Carmen Buenos días. Perdone, pero creo que este asiento es mío.

Señora Ay, lo siento. No lo había visto.

Carmen No pasa nada. Mire, ahí enfrente hay un asiento libre. ¿Le puedo ayudar con la maleta?

Señora Ah, muy amable, señorita. Es la primera vez que viajo en un tren tan moderno y rápido. Normalmente voy en trenes más lentos. Voy a ver a mi hijo en Madrid. Está casado y tienen un bebé, Carlitos, mi nieto. ¿Y usted?

Carmen Yo quiero conocer la capital.

Señora Es una ciudad muy bonita. «De Madrid al cielo ...» ¿no?

Carmen Sí, «y un agujerito para verlo.»

Fragen zum Dialog

Ergänzen Sie die fehlenden Buchstaben.

1. Carmen va en a …… …… o b …… s a la estación.
2. El AVE sale del a …… d …… n número tres.
3. Carmen tiene un a …… …… e …… t o reservado.

Eine Reise mit dem Zug

John Carmen, hast du deine Fahrkarte?
Carmen Ja, klar. Ich habe sie im Internet gebucht und am Bahnhof abgeholt.
John Und wann fährt der Zug ab?
Carmen Um 10 Uhr 15.
John Und wie fährst du zum Bahnhof?
Carmen Mit dem Bus. Es ist das Praktischste und es ist nicht weit.
John Und hast du alles?
Carmen Ja, ja, ganz ruhig! Ich habe alles. Und jetzt fahre ich los. Tschüs, John.

Am Bahnhof Santa Justa

Carmen Entschuldigung, von welchem Bahnsteig fährt der AVE ab?
Angestellter Vom Bahnsteig Nummer drei.

Im Zug

Carmen Guten Tag. Entschuldigen Sie, aber ich glaube, dass dieser Platz meiner ist.
Señora Ach, das tut mir leid. Das habe ich nicht gesehen.
Carmen Das macht nichts. Schauen Sie, hier gegenüber ist ein Platz frei. Kann ich Ihnen mit dem Koffer helfen?
Señora Oh, (das ist) sehr nett, Fräulein. Es ist das erste Mal, dass ich in einem so modernen und schnellen Zug reise. Ich werde meinen Sohn in Madrid besuchen. Er ist verheiratet und sie haben ein Baby, Carlitos, meinen Enkel. Und Sie?
Carmen Ich möchte die Hauptstadt kennenlernen.
Señora Es ist eine sehr schöne Stadt. „Von Madrid in den Himmel …“, nicht wahr?
Carmen Ja, „und ein kleines Loch, durch das man es betrachten kann.“

Tag 16 Lernwortschatz

agujerito (agujero) *m**	kleines Loch (Loch)
ahí	da
amable	nett, freundlich
andén *m*	Bahnsteig
asiento *m*	Sitzplatz; Sessel
ayudar	helfen
bebé *m*	Baby
bonito, -a	hübsch, schön
cielo *m*	Himmel
creer que	glauben, dass
de ... a ...	von ... nach ...
enfrente	gegenüber
estación *f*	Bahnhof; Station
internet	Internet
lejos	weit entfernt
lento, -a	langsam
libre	frei
lo siento	es tut mir leid
mío, -a	meiner
mire	schauen Sie
moderno, -a	modern
nieto, nieta	Enkelkind; Enkelsohn, Enkeltochter
no lo había visto	ich hatte es nicht gesehen
no pasa nada	das macht nichts
normalmente	normalerweise
para verlo	um es zu sehen
Perdón.	Entschuldigung!
práctico, -a	praktisch
rápido, -a	schnell
recoger	abholen
salir	abfahren; weggehen; ausgehen
señorita *f*	Fräulein
tan	so
tranquilo, -a	ruhig
viajar	reisen

Verkehrsmittel	
avión *m*	Flugzeug
barco *m*	Schiff
medio *m* de transporte	Verkehrsmittel
metro *m*	U-Bahn
moto *f*	Motorrad
taxi *m*	Taxi
tranvía *m*	Straßenbahn

* «De Madrid al cielo y un agujerito para verlo.» Eine weniger wörtliche Übersetzung des Sprichwortes lautet: „Besser als Madrid ist nur der Himmel, von dem aus man Madrid betrachten kann."

Grammatik und Redemittel

Ir en + Verkehrsmittel

Zur Angabe des Verkehrsmittels brauchen Sie die Präposition **en**:
▸ ¿Cómo vas? *Wie fährst du?*
◂ Voy **en** tren. *Ich fahre mit dem Zug.*
¿Vamos **en** coche o **en** autobús? *Fahren wir mit dem Auto oder mit dem Bus?*
Nur wenn Sie sich zu Fuß bewegen, verwenden Sie **a** als Präposition:
El señor López siempre va **a** pie. *Herr López geht immer zu Fuß.*

Die Steigerung ▸ *§3*

Adjektive und Adverbien werden mit **más** *mehr* gesteigert:

práctico praktisch	**más** práctico praktischer	**el más** práctico am praktischsten / der praktischste
famosa berühmt	**más** famosa berühmter	**la más** famosa am berühmtesten / die berühmteste

La catedral de Sevilla es **la más grande** y **más famosa** de España.
Die Kathedrale von Sevilla ist die größte und berühmteste von Spanien.

Die Substantivierung bilden Sie mit **lo**:
lo más práctico *das Praktischste*
En la ciudad ir en autobús es **lo más práctico**. *In der Stadt ist das Busfahren das Praktischste.*

Die direkten Objektpronomen (wen oder was?) ▸ *§5.2*

me	mich	**nos**	uns
te	dich	**os**	euch
lo, la	es, ihn, sie, Sie (m/f)	**los, las**	sie, Sie (m/f)

Achtung:

Die Pronomen stehen im Spanischen immer vor dem Verb:
Lo siento. *Es tut mir leid.*
Lo he reservado en internet. *Ich habe sie (die Fahrkarte) im Internet gebucht.*
▸ ¿**La** has visto? *Hast du sie gesehen?*
◂ No, no **la** he visto. *Nein, ich habe sie nicht gesehen.*

Übungen

1 Bringen Sie die Elemente in die richtige Reihenfolge und bilden Sie Sätze.

1. va / usted / cómo / trabajo / al

....

2. en / voy / metro / normalmente

....

3. vas / centro / cómo / al

....

4. voy / siempre / pie / a

....

5. vosotras / en / y / , / vais / taxi

....

6. nosotras / no / , / en / vamos / bicicleta

....

2/4 **2 Sind Sie bereit für ein kleines Interview? Hören Sie die Fragen und antworten Sie darauf. Verwenden Sie *siempre* immer, *normalmente* normalerweise oder *hoy* heute.**

2/5 **3 Stellen Sie sich vor, Carmen kauft ihre Fahrkarte erst am Bahnhof. Übernehmen Sie ihre Rolle und sprechen Sie mit dem Angestellten.**

2/6 **4 Hören Sie zu und fassen Sie die Kernaussagen zusammen.**

1. .... más importante es la familia.
2. La nueva película de Almodóvar es la .... interesante.
3. Carla es .... más ....
4. La .... es Ana.
5. .... tren más .... entre Madrid y Barcelona es el AVE.

Kulturtipp El AVE

Der Hochgeschwindigkeitszug **AVE** (**Alta Velocidad Española**) braucht für die Strecke Sevilla–Madrid, immerhin 471 km, nur 2 Stunden und 15 Minuten, nonstop. Die Strecke Barcelona–Madrid, 635 km, schafft er noch schneller: in 2 Stunden und 30 Minuten. Da lohnt es sich fast nicht mehr, zu fliegen. Weitere Strecken des AVE-Verkehrsnetzes sind etwa Madrid–Valladolid oder Madrid–Málaga. Es umfasst heute über 2600 Streckenkilometer und ist damit das zweitlängste Hochgeschwindigkeitsnetz der Welt (nach China).

Was können Sie schon?

	☺	😐	☹	
■ Fragen über Verkehrsmittel stellen und darauf antworten	■	■	■	▸ *Ü1*
■ darüber sprechen, welche Verkehrsmittel man benutzt	■	■	■	▸ *Ü1, Ü2*
■ eine Fahrkarte kaufen, sich über Abfahrtszeiten und -orte erkundigen	■	■	■	▸ *Ü3*
■ einen Vergleich anstellen und den Superlativ angeben	■	■	■	▸ *Ü4*

Tag 17 Nach dem Weg fragen

In dieser Lektion lernen Sie

- sich in einer Stadt zu orientieren
- nach dem Weg zu fragen
- einen Weg zu beschreiben

2/7 De Atocha al centro

Carmen Perdone, ¿cómo voy al centro?
Empleada ¿Adónde quiere ir?
Carmen A la plaza de Callao.
Empleada Puede ir en metro. Es la línea azul, en dirección a Chamartín.
Carmen ¿Va directo?
Empleada Va a «Sol». Allí tiene que hacer trasbordo o ir a pie.
Carmen ¿Está lejos?
Empleada No, no está lejos.

En la «Puerta del Sol»

Carmen Perdona, ¿sabes dónde está la Plaza de Callao?
Chico Sí, claro. Mira, cruzas esta plaza y vas por la calle Preciados todo recto hasta llegar a la plaza de Callao. Es muy fácil. Son unos diez minutos a pie.
Carmen Vale, gracias.

En la Plaza de Callao

Carmen Perdone, ¿dónde está la calle de la Luna?
Señor ¿La calle de la Luna? ¿Qué busca?
Carmen El hostal Santa Catarina.
Señor Ah, vale, ahora sé. Usted gira aquí a la izquierda y va por la Gran Vía. Tiene que tomar la segunda calle a la derecha. Es la calle de Silva. Entonces sigue recto y va hasta el final. Allí está la calle de la Luna. El hostal está a la derecha, enfrente del pequeño parque. ¿Está claro?
Carmen Sí, espero que sí. Muchas gracias.
Señor De nada. Adiós.

Fragen zum Dialog

Ergänzen Sie die Lücken im Text.

1. Carmen va en .... al centro.
2. De «Sol» a la Plaza de Callao Carmen va ....
3. El Hostal está en la .... de la Luna, del parque.

Von Atocha ins Zentrum

Carmen Entschuldigen Sie, wie komme ich zum Zentrum?
Empleada Wohin möchten Sie fahren?
Carmen Zur Plaza de Callao.
Empleada Sie können mit der U-Bahn fahren. Es ist die blaue Linie, in Richtung Chamartín.
Carmen Fährt sie direkt?
Empleada Sie fährt nach „Sol“. Dort müssen Sie umsteigen oder zu Fuß gehen.
Carmen Ist das weit?
Empleada Nein, das ist nicht weit.

An der „Puerta del Sol“

Carmen Entschuldige, weißt du, wo die Plaza de Callao ist?
Chico Ja, klar. Schau, du überquerst diesen Platz und gehst durch die Calle Preciados immer geradeaus, bis du zur Plaza de Callao kommst. Es ist ganz leicht. Es sind etwa 10 Minuten zu Fuß.
Carmen Okay, danke.

An der Plaza de Callao

Carmen Entschuldigen Sie, wo ist die Calle de la Luna?
Señor Die Calle de la Luna? Was suchen Sie (denn)?
Carmen Das Hostal Santa Catarina.
Señor Ach so, jetzt weiß ich es. Sie biegen hier links ab und gehen die Gran Vía entlang. Sie müssen die zweite Straße nach rechts nehmen. Das ist die Calle de Silva. Dann gehen Sie geradeaus weiter bis zum Ende. Dort ist die Calle de la Luna. Das Hostal liegt rechts, gegenüber dem kleinen Park. Alles klar?
Carmen Ja, ich hoffe schon. Vielen Dank.
Señor Bitte sehr. Auf Wiedersehen.

Lernwortschatz

a pie	zu Fuß
¿adónde?	wohin?
Atocha	zentraler Bahnhof in Madrid
buscar	suchen
Chamartín	Madrider Bahnhof, im Norden der Stadt
cruzar	überqueren
de nada	bitte sehr; keine Ursache
dirección *f*	Richtung; Adresse
directo	direkt
esperar	warten; hoffen
espero que sí	ich hoffe schon
fácil	leicht, einfach
girar	abbiegen
Gran Vía	Prachtstraße in Madrid
hacer trasbordo	umsteigen
hostal *m*	Hotelkategorie
línea *f*	Linie
muchas gracias	vielen Dank
perdone	entschuldigen Sie
pie *m*	Fuß
seguir	weitergehen, -fahren
siempre	immer
Sol / Puerta *f* del Sol	zentraler Platz in Madrid
unos diez	ca. 10

Himmelsrichtungen	
este *m*	Osten
norte *m*	Norden
oeste *m*	Westen
sur *m*	Süden

Grammatik und Redemittel

Unterscheidung *es, está* und *hay* ▸ *§4.1.3*

Es + Eigenschaft:
No **es** grave. *Das ist nicht schlimm.*
Es la línea azul. *Es ist die blaue Linie.*
Está + Ortsangabe:
¿Dónde **está** la plaza de Callao? *Wo ist der Callao-Platz?*
No **está** lejos. *Das ist nicht weit.*
Hay + Substantiv ohne Artikel, mit unbestimmtem Artikel oder mit Zahlwort:
No **hay** problema. *Das ist kein Problem.*
Allí **hay** muchos bares. *Dort gibt es viele Cafés.*

Ort- und Richtungsangaben ▸ *§8*

(todo) recto	(immer) geradeaus	hasta	bis, bis zu
a la derecha	rechts, nach rechts	a la izquierda	links, nach links
al final de	am Ende von	lejos de	weit entfernt von
cerca de	in der Nähe von	en	in, an, auf
enfrente de	gegenüber von	al lado de	neben
entre	zwischen	aquí	hier
ahí	da	allí	dort

Vas **hasta el final de** la calle, **allí** está la farmacia, **al lado del** banco.
Du gehst bis zum Ende der Straße, dort ist die Apotheke, neben der Bank.

Adverbien zur Strukturierung einer Beschreibung ▸ *§8*

primero	zuerst	luego	dann
después	danach	entonces	dann, schließlich

Primero va hasta la plaza, **luego** cruza la calle y **entonces** gira a la derecha.
Zuerst gehen Sie bis zum Platz, dann kreuzen Sie die Straße und schließlich biegen Sie nach rechts ab.

Übungen

1 Sehen Sie sich die Beschreibung des Weges von der Metro-Station „Chueca" bis zu Lolas Wohnung an und ergänzen Sie die Lücken.

Es muy fácil llegar de la estación de metro a mi casa:
Primero sales de la e .... (1.) y estás en la calle del Almirante. Giras a la iz .... (2.) y tomas la p .... (3.) calle a la derecha. Es la calle de Pelayo. Sigues todo re .... (4.). Después c .... (5.) una pequeña plaza, la plaza de Belén. G .... (6.) a la de .... (7.) y llegas a un cine. Enf .... (8.) del cine está mi casa. Es la calle de Orellana n .... (9.) 54. ¿Está claro?

2/8 **2 Sie suchen das Museum Reina Sofía und fragen einen Passanten nach dem Weg. Folgen Sie den Anweisungen auf der CD.**

2/9 **3 Sie fragen in Madrid eine ältere Dame nach der Puerta del Sol. Die Dame vergewissert sich nach jedem Satz mit *¿comprende?*, ob Sie auch alles verstanden haben. Antworten Sie jeweils mit *sí* und wiederholen Sie kurz, was die Dame gesagt hat. Hören Sie also gut zu.**

4 Beschreiben Sie den Ort, in dem Sie wohnen. Orientieren Sie sich an diesen Fragen und nützlichen Angaben für Ihre Antworten.

1. ¿Cómo es?

grande pequeño importante interesante bonito moderno
antiguo histórico turístico típico

2. ¿Dónde está?

en en el norte / sur / este / oeste cerca de entre

....
....
....
....

Kulturtipp
Una habitación con desayuno

Spanien bietet alle Arten und Klassen von **hoteles** *Hotels*, **hostales**, die oft keinen Speisesaal, aber eine Cafetería bieten, und **pensiones**, deren Niveau von anspruchsvoll bis sehr einfach reicht. Fast alle **pensiones** sind in Familienbesitz. Ein Frühstück wird dort in der Regel nicht angeboten. Man nimmt es, wie viele Spanier, im Café an der Ecke ein. Es besteht aus einem **café con leche** oder **café solo** und einem **cruasán** *Croissant* oder einem anderen süßen Teilchen, das man an der Theke aussucht. Wenn Sie mehr Hunger haben, bestellen Sie eine **tostada** *getoastetes Baguette* oder eine **media** *getoastete Baguettehälfte* mit **mantequilla y mermelada** *Butter und Marmelade*. Dazu vielleicht noch einen **zumo de naranja natural** *frisch gepressten Orangensaft*. **¡Que aproveche!** *Guten Appetit!*

Was können Sie schon?

	☺	😐	☹	
■ eine Wegbeschreibung verstehen	■	■	■	▸ *Ü1*
■ nach dem Weg fragen und einen Weg beschreiben	■	■	■	▸ *Ü2, Ü3*
■ eine Stadt oder einen Ort beschreiben	■	■	■	▸ *Ü4*

Tag 18

Im Hotel

In dieser Lektion lernen Sie

- sich nach einem Hotelzimmer zu erkundigen
- nach Preis und Ausstattung zu fragen
- ein Hotelzimmer zu buchen

2/10

¿Tiene una habitación libre?

En el Hotel Santa Catarina

Recepcionista	Buenos días.
Carmen	Hola, buenos días. ¿Tiene una habitación libre?
Recepcionista	¿Para cuántas personas?
Carmen	Para una.
Recepcionista	Una habitación individual entonces, a ver ... Sí, no hay problema.
Carmen	¿Es con baño?
Recepcionista	Por supuesto. Todas las habitaciones tienen baño privado.
Carmen	¿Y cuánto cuesta?
Recepcionista	Sesenta y cinco euros. Es una habitación muy bonita, tranquila, y estamos en pleno centro.
Carmen	Bueno. ¿El desayuno está incluido?
Recepcionista	Sí, el precio es con desayuno. ¿Para cuántos días?
Carmen	Para tres. De jueves a domingo.
Recepcionista	Muy bien. ¿Su pasaporte, por favor?
Carmen	Tenga.
Recepcionista	Ah, usted es alemana. No se nota. Habla perfectamente español. Aquí tiene la llave. Tercer piso a la izquierda, por favor. Ahí está el ascensor. ¿La ayudo con la maleta?
Carmen	Gracias, no es necesario. Ah, ¿a qué hora es el desayuno?
Recepcionista	De ocho a diez y media. El comedor está en el segundo piso.
Carmen	¿Y a qué hora cierran por la noche?
Recepcionista	El hotel está abierto las 24 horas.
Carmen	Ah, muy bien.

Fragen zum Dialog

Ergänzen Sie die passenden Wörter.

1. Carmen busca una habitación .... , para una persona.
2. La habitación es con ....
3. El .... está incluido.
4. La habitación es .... y bonita.

Haben Sie ein Zimmer frei?

Im Hotel Santa Catarina

Rezeptionist	Guten Tag.
Carmen	Hallo, guten Tag. Haben Sie ein Zimmer frei?
Rezeptionist	Für wie viele Personen?
Carmen	Für eine.
Rezeptionist	Ein Einzelzimmer also, mal sehen ... Ja, kein Problem.
Carmen	Ist es mit Bad?
Rezeptionist	Selbstverständlich. Alle Zimmer sind mit eigenem Bad.
Carmen	Und wie viel kostet es?
Rezeptionist	65 Euro. Es ist ein sehr hübsches, ruhiges Zimmer und wir befinden uns mitten im Zentrum.
Carmen	Gut. Ist das Frühstück mit dabei?
Rezeptionist	Ja, der Preis ist mit Frühstück. Für wie viele Tage?
Carmen	Für drei. Von Donnerstag bis Sonntag.
Rezeptionist	Sehr gut. Ihren Ausweis, bitte?
Carmen	Hier bitte.
Rezeptionist	Ach, Sie sind Deutsche! Das merkt man (gar) nicht. Sie sprechen perfekt Spanisch. Hier haben Sie den Schlüssel. Dritter Stock links, bitte. Da ist der Aufzug. Soll ich Ihnen mit dem Koffer helfen?
Carmen	Danke, nicht nötig. Ach, um wie viel Uhr gibt es Frühstück?
Rezeptionist	Von acht bis halb elf. Der Speisesaal ist im zweiten Stock.
Carmen	Und wann schließen Sie abends?
Rezeptionist	Das Hotel hat 24 Stunden geöffnet.
Carmen	Aha, sehr gut.

Tag 18 Lernwortschatz

abierto, -a	geöffnet
a pie	zu Fuß
ascensor *m*	Aufzug
baño *m*	Bad
cerrar	schließen
comedor *m*	Speisesaal
desayuno *m*	Frühstück
en pleno centro	mitten im Zentrum
habitación *f*	Zimmer
llave *f*	Schlüssel
necesario, -a	nötig, notwendig
notar	merken; notieren
pasaporte *m*	Pass
piso *m*	Stockwerk; Wohnung
por supuesto	selbstverständlich
precio *m*	Preis
privado, -a	privat
problema *m (!)*	Problem
tenga	hier bitte, hier haben Sie

Im Hotel	
aire *m* acondicionado	Klimaanlage
almohada *f*	Kopfkissen
almuerzo *m*	Mittagessen
bañera *f*	Badewanne
cama *f*	Bett
camarera *f*	Zimmermädchen
carnet *m* de identidad	Personalausweis
cena *f*	Abendessen
ducha *f*	Dusche
garaje *m*	Garage
grifo *m*	Wasserhahn
habitación *f* doble	Doppelzimmer
habitación *f* individual	Einzelzimmer
lavabo *m*	Waschbecken
media pensión *f*	Halbpension
pensión *f* completa	Vollpension
televisor *m*	Fernseher
terraza *f*	Balkon
toalla *f*	Handtuch
váter *m*	WC

Grammatik und Redemittel

Die Ordnungszahlen 1–10

Im Spanischen werden die Ordnungszahlen nur von 1 bis 10 benutzt, ab 11 verwendet man wieder die Grundzahlen. Es gibt jeweils eine männliche und weibliche Form:

1°	primero	1ª	primera	el primer piso	der erste Stock
2°	segundo	2ª	segunda	la segunda casa	das zweite Haus
3°	tercero	3ª	tercera	el tercer piso	der dritte Stock
4°	cuarto	4ª	cuarta	el cuarto hermano	der vierte Bruder
5°	quinto	5ª	quinta	la quinta calle	die fünfte Straße
6°	sexto	6ª	sexta	la sexta noche	die sechste Nacht
7°	séptimo	7ª	séptima		
8°	octavo	8ª	octava		
9°	noveno	9ª	novena		
10°	décimo	10ª	décima		

Primer(o) und **tercer(o)** verlieren wie **buen(o)** die Endung **-o**, wenn sie vor einem männlichen Substantiv stehen.

Das Adverb ▸ *§8*

Während das Adjektiv ein Substantiv begleitet, steht das Adverb beim Verb und bestimmt eine Handlung näher. Einige Adverbien werden gebildet, indem man an das weibliche Adjektiv die Endung **-mente** anhängt:

perfecto → perfecta → perfecta**mente** *perfekt*
rápido → rápida → rápida**mente** *schnell*

Manche Adverbien haben eigene Formen:

bueno → bien *gut*
malo → mal *schlecht*

Carmen habla bien español. Habla **perfectamente**. *Carmen spricht gut Spanisch. Sie spricht perfekt.*

Se + Verb in der 3. Person ▸ *§4.1.6*

Die 3. Person der reflexiven Verben wird oft unpersönlich gebraucht und entspricht dem deutschen **man**:

¿Cómo **se escribe?** *Wie schreibt man das?*

Übungen

2/11

1 Lesen Sie die Sätze und ordnen Sie sie richtig zu: Welche spricht der Angestellte an der Rezeption (A), welche der Gast (G)? Hören Sie dann die Sätze und sprechen Sie sie laut nach.

- ☐ Para dos personas.
- ☐ Para quince días.
- ☐ ¿Para cuántas personas?
- ☐ ¿Las habitaciones tienen aire acondicionado?
- ☐ ¿Para cuántos días?
- ☐ ¿Cuánto cuesta la habitación?
- ☐ ¿Tienen habitaciones libres?
- ☐ ¿Podemos ver la habitación?
- ☐ Todas las habitaciones tienen baño o ducha.
- ☐ La habitación me gusta.

2/12

2 Nun sind Sie dran! Stellen Sie sich vor, Sie fliegen übers Wochenende nach Barcelona und sind nun auf Hotelsuche. Sie betreten das „Hotel Picasso". Alle weiteren Hinweise bekommen Sie auf der CD.

3 Sie möchten mit einigen Freunden am Wochenende in der Sierra de Gredos bei Madrid wandern gehen. Sie haben sich im Internet ein Hostal herausgesucht und wollen nun dort anfragen, ob Zimmer frei sind. Sie brauchen 3 Doppelzimmer für 6 Personen, mit Bad/Dusche und mit Frühstück, für eine Nacht, von 12. auf 13. August. Sie möchten wissen, ob Zimmer frei sind und wie viel sie kosten.

Nuevo mensaje

Estimados Señores:

....

....

....

....

....

....

....

Saludos cordiales

Kulturtipp Madrid

Madrid hat 3,3 Millionen Einwohner, der Großraum mit Vororten rund sechs Millionen. Es gehört damit zu den größten Metropolen in Europa. Madrid ist geographisch wie politisch der Mittelpunkt Spaniens, Regierungssitz und Königsresidenz. Die Einwohner heißen **madrileños**. Wappentier der Stadt ist **el oso** *der Bär*, der von **el madroño** *dem Erdbeerbaum* nascht: Als Bronzeplastik steht der **oso** an der berühmten „Puerta del Sol", dem Zentrum Madrids. Dort befindet sich auch der **kilómetro cero** *Nullkilometer*, von dem aus die Landstraßen in alle Himmelsrichtungen ihren Anfang nehmen.

Madrid liegt auf einer Hochebene auf 660 Metern und hat ein ausgeprägtes Kontinentalklima mit heißen Sommern und kühlen Wintern. Deshalb heißt es auch: **Madrid: nueve meses de invierno y tres meses de infierno.** *Madrid: neun Monate Winter und 3 Monate Hölle (= Hitze).*

Was können Sie schon?

	☺	😐	☹	
typische Redemittel zum Reservieren eines Hotelzimmers verstehen	■	■	■	▸ *Ü1*
ein Hotelzimmer buchen, nach Preis und Ausstattung fragen	■	■	■	▸ *Ü2*
sich per E-Mail nach Hotelzimmern für eine Gruppe erkundigen	■	■	■	▸ *Ü3*

Tag 19

Beim Arzt

In dieser Lektion lernen Sie

- einen Termin zu vereinbaren
- Körperteile zu benennen
- über das Befinden zu sprechen

¿Qué le pasa?

2/13

Recepcionista Buenos días, señorita. Pero, ¿qué le pasa? La veo un poco mal.
Carmen Sí, es verdad. No me siento bien. Tengo dolor de estómago.
Recepcionista Voy a llamar al doctor Gómez. Tiene su consultorio en la misma calle.

Llama al consultorio.

Recepcionista Buenos días, quería pedir cita para una clienta del Hotel Santa Catarina. A la señorita le duele el estómago. ¿Puede ir ahora mismo? ¿A qué hora? Vale.
Carmen Gracias, entonces iré allí.

En la consulta del doctor Gómez

Dr. Gómez Pase, pase, siéntese. ¿Qué le duele?
Carmen El estómago.
Dr. Gómez ¿Desde cuándo tiene ese dolor?
Carmen Desde la mañana.
Dr. Gómez ¿Dónde siente el dolor, aquí?
Carmen ¡Ay!
Dr. Gómez ¿Tiene fiebre, alguna alergia? ¿Dolor de cabeza, mareos?
Carmen No, creo que no.
Dr. Gómez Puede ser alguna comida que no aguanta. Mire, le voy a dar una receta. Tome cada hora diez gotas de esta medicina. Tome una infusión de manzanilla y quédese en el hotel. Si no se mejora hasta mediodía, venga otra vez por la tarde.
Carmen De acuerdo, muchas gracias, doctor.
Dr. Gómez De nada, adiós, ¡y que se mejore!

Fragen zum Dialog

Streichen Sie, was nicht zutrifft.

1. Hoy Carmen *está bien | un poco mal.*
2. Ella tiene dolor *de estómago | de cabeza.*
3. El recepcionista llama *al doctor | a la ambulancia.*

Was fehlt Ihnen?

Rezeptionist	Guten Tag, Fräulein. Aber, was fehlt Ihnen (denn)? Sie sehen nicht gut aus.
Carmen	Ja, das stimmt. Ich fühle mich nicht gut. Ich habe Magenschmerzen.
Rezeptionist	Ich werde Dr. Gómez anrufen. Er hat seine Praxis in derselben Straße.

Er ruft in der Praxis an.

Rezeptionist	Guten Tag, ich möchte um einen Termin für einen Gast im Hotel Santa Catarina bitten. Der jungen Dame tut der Magen weh. Kann sie jetzt gleich hingehen? Um wie viel Uhr? In Ordnung.
Carmen	Danke, dann werde ich da hingehen.

Im Sprechzimmer von Dr. Gómez

Dr. Gómez	Kommen Sie herein, setzen Sie sich. Was tut Ihnen weh?
Carmen	Der Magen.
Dr. Gómez	Seit wann haben Sie diese Schmerzen?
Carmen	Seit heute Morgen.
Dr. Gómez	Wo spüren Sie die Schmerzen, hier?
Carmen	Au!
Dr. Gómez	Haben Sie Fieber, irgendeine Allergie? Kopfschmerzen, Schwindel?
Carmen	Nein, ich glaube nicht.
Dr. Gómez	Es kann irgendeine Speise sein, die Sie nicht vertragen. Schauen Sie, ich werde Ihnen ein Rezept geben. Nehmen Sie jede Stunde zehn Tropfen von dieser Medizin. Trinken Sie einen Kamillentee und bleiben Sie im Hotel. Wenn es bis Mittag nicht besser wird, kommen Sie am Nachmittag noch einmal.
Carmen	Gut, vielen Dank, Doktor!
Dr. Gómez	Bitte. Auf Wiedersehen und gute Besserung!

Tag 19 Lernwortschatz

aguantar	vertragen; aushalten
alguno, -a	irgendein(e)
cabeza *f*	Kopf
cada	jede(r)
cita *f*	Termin; Verabredung
cliente, clienta	Kunde, Kundin, Gast
comida *f*	Essen, Speise
consultorio *m*	Praxis
dar	geben
desde	seit
¿desde cuándo?	seit wann?
doctor, doctora	Doktor, Arzt, Ärztin
doler	wehtun
dolor *m*	Schmerz
el/la mismo, -a	der-, dieselbe
estómago *m*	Magen
fiebre *f*	Fieber
gota *f*	Tropfen
infusión *f*	Kräutertee
llamar	rufen; anrufen
manzanilla *f*	Kamille
mareos *mPl*	Schwindel(gefühle)
medicina *f*	Medizin
mejorarse	besser werden
otra vez	noch einmal
pasar	passieren; hineingehen
pedir	bitten (um)
¿qué le pasa?	was fehlt Ihnen?
¡que se mejore!	gute Besserung!
quedarse	bleiben
receta *f*	Rezept
sentarse	sich setzen
sentir(se)	(sich) fühlen
si	wenn, falls

Körperteile	
boca *f*	Mund
brazo *m*	Arm
cuello *m*	Hals
dedo *m* del pie	Zehe
dedo *m*	Finger
diente *m*	Zahn
espalda *f*	Rücken
garganta *f*	Schlund, Gurgel
hombro *m*	Schulter
mano *f*	Hand
muela *f*	Backenzahn
nalgas *fPl*	Hintern
nariz *f*	Nase
ojo *m*	Auge
pecho *m*	Brust
pierna *f*	Bein
rodilla *f*	Knie
vientre *m*	Bauch

Grammatik und Redemittel

Das Verb *doler* ▸ *§4.1.5*

Doler wird wie **gustar** in der 3. Person Singular oder Plural verwendet:
Me duele la garganta. *Mir tut der Hals weh.*
Me duelen los pies. *Mir tun die Füße weh.*
Anstelle von **doler** kann man auch **tener dolor de**... ... *Schmerzen haben* verwenden.

Über Krankheiten sprechen ▸ *§4.1.3*

Auch mithilfe von **estar** und **tener** können Krankheiten ausgedrückt werden:
estar enfermo, -a, **estar** resfriado, -a *krank sein, erkältet sein*
tener una gripe, **tener** fiebre, **tener** tos *eine Grippe / Fieber / Husten haben*
¿Usted tiene fiebre, dolor de cabeza y tos? Entonces tiene una gripe.
Sie haben Fieber, Kopfschmerzen und Husten? Dann haben Sie eine Grippe.

Der bejahte Imperativ (Befehlsform) ▸ *§4.4*

Sehen Sie hier die Befehlsformen in der du- und in der Sie-Form:

	tom**ar**	com**er**	escrib**ir**
(tú)	tom**a**	com**e**	escrib**e**
(usted)	tom**e**	com**a**	escrib**a**

Pasa, pasa. *Komm herein!*
Tome una infusión. *Trinken Sie einen Kräutertee.*
Escribe pronto. *Schreib bald!*

Achtung:

Bei den reflexiven Verben hängen Sie das Pronomen direkt an die bejahte Befehlsform an. Das Verb selbst bekommt einen Akzent.

	sent**arse**	qued**arse**
(tú)	siént**ate**	quéd**ate**
(usted)	siént**ese**	quéd**ese**

Siéntese, por favor. *Setzen Sie sich bitte.*
Quédate en casa si tienes fiebre. *Bleib zu Hause, wenn du Fieber hast.*

Tag 19 Übungen

1 Wie könnten Sie die folgenden Beschwerden noch ausdrücken?

1. Me duele la cabeza. ....
2. Tengo dolor de estómago. ....
3. ¡Ay, 38,9 grados de temperatura! ....
4. Tengo dolor de muelas. ....
5. Me duele la espalda. ....

2/14 **2 Sie haben Halsweh und Fieber und rufen bei Frau Dr. Lucena an und bitten um einen Termin, möglichst noch für denselben Vormittag. Bereiten Sie das Telefongespräch zunächst vor. Hören Sie dann die CD und reagieren Sie entsprechend.**

1. Wie sagen Sie, dass Sie wegen eines Termins anrufen?

....

2. Wie sagen Sie, dass Sie Halsweh und Fieber haben?

....

3. Wie sagen Sie, dass Sie sich sehr schlecht fühlen?

....

4. Wie fragen Sie, ob Sie nicht jetzt gleich kommen können?

....

3 Ordnen Sie die Ratschläge den jeweiligen Beschwerden zu.

1. Tengo fiebre, 39 grados.
2. He comido algo mal.
3. Ay, me duele la cabeza.
4. Me duelen las muelas.
5. Estoy resfriada.

a) Toma una aspirina.
b) Quédate en casa.
c) Tienes que ir al dentista.
d) Toma un baño caliente (*heiß*).
e) Toma estas gotas para el estómago.

2/15 **4 Hören Sie den Dialog beim Arzt und passen Sie auf, was der Arzt der Patientin rät. Ergänzen Sie die Lücken im Text.**

Primero, qu .... (1.) en casa, t .... (2.) un baño caliente, b .... (3.) mucho: agua, infusiones, zumo de .... (4.) natural. T .... (5.) vitaminas, c .... (6.) fruta. T .... (7.) una aspirina y cada dos horas diez .... (8.) de esta medicina.

Kulturtipp
Centros de Salud

In den staatlichen **Centros de Salud** *Gesundheitszentren* in Spanien ist die Vorsorge und Behandlung bei Beschwerden für jeden kostenlos. Lange Wartezeiten und eine Überbelegung müssen hier jedoch in Kauf genommen werden. Patienten können auch die **urgencias** *Notaufnahme* eines Krankenhauses in Anspruch nehmen. Alles, was über die Grundversorgung hinausgeht, muss allerdings von den Patienten selbst bezahlt oder über Zusatzversicherungen abgedeckt werden. Das betrifft Zahnersatz ebenso wie Brillen, aber auch den Besuch beim Facharzt.

Auch in der **farmacia** *Apotheke* müssen Patienten einen großen Anteil der Kosten für Medikamente selbst tragen. Allerdings sind sie in Spanien in der Regel sehr viel preiswerter als bei uns.

Was können Sie schon?

	☺	😐	☹	
■ über das eigene Befinden sprechen	□	□	□	▸ *Ü1*
■ einen Termin vereinbaren	□	□	□	▸ *Ü2*
■ Ratschläge erteilen	□	□	□	▸ *Ü3*
■ beim Arzt Beschwerden schildern und Anweisungen verstehen	□	□	□	▸ *Ü4*

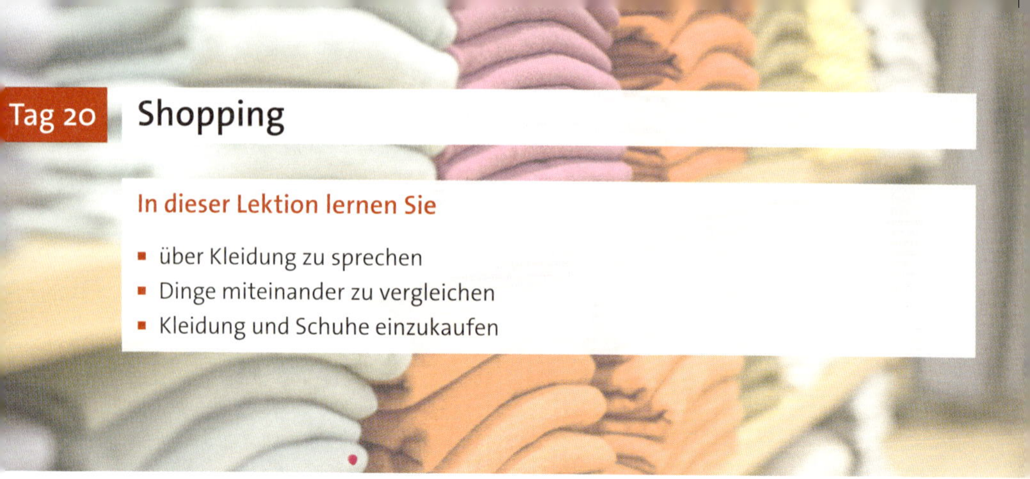

Tag 20 Shopping

In dieser Lektion lernen Sie

- über Kleidung zu sprechen
- Dinge miteinander zu vergleichen
- Kleidung und Schuhe einzukaufen

2/16 ¿Cómo le queda?

Recepcionista Buenas tardes. ¿Se siente mejor?
Carmen Sí, mucho mejor, gracias. Las gotas y la manzanilla me han ayudado mucho.
Recepcionista Muy bien, me alegro. Y ahora, ¿a descubrir Madrid?
Carmen Sí, Madrid, su cultura y sus tiendas.
Recepcionista ¡Que lo pase bien!

En una tienda de modas

Dependienta Buenas tardes. ¿Qué desea?
Carmen Quería un jersey.
Dependienta ¿Qué talla tiene?
Carmen La treinta y ocho o la cuarenta.
Dependienta ¿De qué color lo quiere?
Carmen Negro o marrón oscuro.
Dependienta Tenemos estos modelos en negro, son cien por cien lana.
Carmen Este negro me gusta más que los otros. Es muy bonito. ¿Puedo probármelo?
Dependienta Por supuesto. Allí están los probadores. ¿Cómo le queda?
Carmen Mmm, es un poco estrecho.
Dependienta Entonces, pruébese este, es la talla 40. Es más ancho y un poco más largo. Le queda muy bien.
Carmen ¿Cuánto cuesta?
Dependienta Setenta y nueve euros. Es de lana y de muy buena calidad.
Carmen Mmm, un poco caro, pero vale. Me lo llevo.
Dependienta Muy bien, puede pagar en la caja.
Carmen ¿Puedo pagar con tarjeta?
Cajera Sí, sí, no hay problema.

Fragen zum Dialog

Ergänzen Sie die fehlenden Buchstaben.

1. Carmen quiere comprar un j .... e ....
2. Tiene la .... l .... a treinta y ocho o cuarenta.
3. Lo quiere en n .... o o m .... r .... o .... u .... o.

Wie passt er Ihnen?

Rezeptionist Guten Tag. Fühlen Sie sich besser?
Carmen Ja, viel besser, danke. Die Tropfen und der Kamillentee haben mir sehr geholfen.
Rezeptionist Sehr gut, das freut mich. Und jetzt auf, Madrid zu entdecken?
Carmen Ja, Madrid, seine Kultur und seine Läden.
Rezeptionist Viel Vergnügen!

In einem Modegeschäft

Verkäuferin Guten Tag. Was wünschen Sie?
Carmen Ich möchte einen Pullover.
Verkäuferin Welche Größe haben Sie?
Carmen 38 oder 40.
Verkäuferin Welche Farbe möchten Sie?
Carmen Schwarz oder dunkelbraun.
Verkäuferin Wir haben diese Modelle in Schwarz, in 100 Prozent Wolle.
Carmen Dieser schwarze gefällt mir mehr als die anderen. Er ist sehr hübsch. Kann ich ihn anprobieren?
Verkäuferin Natürlich. Dort sind die Umkleiden. Wie passt er Ihnen?
Carmen Hmm, er ist ein bisschen eng.
Verkäuferin Dann probieren Sie (doch) diesen, er ist Größe 40 und weiter und ein bisschen länger. Er steht Ihnen sehr gut.
Carmen Wie viel kostet er?
Verkäuferin 79 Euro. Es ist aus Wolle und von sehr guter Qualität.
Carmen Hmm, ein bisschen teuer, aber okay. Ich nehme ihn.
Verkäuferin Sehr gut, Sie können an der Kasse bezahlen.
Carmen Kann ich mit Karte bezahlen?
Kassiererin Ja, ja, kein Problem.

Tag 20 Lernwortschatz

alegrarse	sich freuen
ancho, -a	weit
caja *f*	Kasse
calidad *f*	Qualität
caro, -a	teuer
cien por cien	100 Prozent
claro, -a	hell
color *m*	Farbe
cultura *f*	Kultur
descubrir	entdecken
estrecho, -a	eng
jersey *m*	Pullover
lana *f*	Wolle
moda *f*	Mode

Material, Muster	
a cuadros	kariert
a rayas	gestreift
de algodón	aus Baumwolle
de piel	aus Leder
de lino	aus Leinen
de seda	aus Seide

Kleidungsstücke	
abrigo *m*	Mantel
blusa *f*	Bluse
bufanda *f*	Schal
camisa *f*	Hemd
chaqueta *f*	Jacke
corbata *f*	Krawatte
falda *f*	Rock
gorra *f*	Mütze
pantalones *mPl*	Hose
sombrero *m*	Hut
traje *m*	Anzug
vestido *m*	Kleid
zapato *m*	Schuh

Grammatik und Redemittel

Größen angeben beim Kleider- und Schuhkauf

Beim Kleiderkauf werden Sie gefragt:
¿Qué talla tiene? Sie antworten: **La cuarenta y dos.** *42.*
Bei den Schuhen werden Sie gefragt:
¿Qué número calza? Sie antworten: **El treinta y nueve** *39,* **el cuarenta y tres** *43.*

Der Vergleich ▸ §9.4

So können Sie Dinge oder Personen miteinander vergleichen:
más ... que *mehr ... als*
menos ... que *weniger ... als*
tan ... como *so (viel) ... wie*
Este jersey es **más caro que** el otro. *Dieser Pulli ist teurer als der andere.*
Toma la falda negra. Es **menos cara**. *Nimm den schwarzen Rock. Er ist weniger teuer (= billiger).*
La blusa blanca es **tan bonita como** la rosa. *Die weiße Bluse ist (genau) so hübsch wie die rosafarbene.*

Die Zahlen 100–10.000

100	cien	600	seiscientos, -as
101	ciento uno, -a	700	setecientos, -as
110	ciento diez	800	ochocientos, -as
200	doscientos, -as	900	novecientos, -as
300	trescientos, -as	1.000	mil
400	cuatrocientos, -as	2.000	dos mil
500	quinientos, -as	10.000	diez mil

Achtung:

Die Zahl *100* heißt **cien**. Kommt eine weitere Zahl hinzu, heißt *100* **ciento**:
ciento uno *101,* **ciento veintidós** *122.*
Die Hunderterzahlen haben jeweils eine männliche und eine weibliche Form:
doscientos euros *200 Euro,* **doscientas casas** *200 Häuser.*
Die Tausender dagegen haben nur eine Form: **mil**, **dos mil**, **tres mil ...**
Das kleine Wörtchen y und steht nur zwischen Zehnern und Einern:
ciento noventa y uno *191,* **dos mil trescientos cuarenta y tres** *2.343.*

Tag 20 Übungen

1 Ordnen Sie diese Kleidungsstücke nach ihren Trägern.

abrigo blusa jersey pantalones zapatos chaqueta falda
vestido traje camisa corbata gorra sombrero bufanda

señoras	señores	los dos (*beide*)	
....	....	....	....
....	....	....	....
....	....	....	....
		....	....

2 Stellen Sie Vergleiche an. Ergänzen Sie die Komparative.

1. Esta blusa negra es muy cara. La roja es .... (*weniger teuer*).
2. Estos pantalones son .... (*enger als*) los otros.
3. La falda azul es .... (*länger als*) la falda verde.
4. El jersey de Pepe es .... (*genauso hübsch wie*) el de Juan.

2/17

3 Hören Sie zu. Wo finden diese Einkaufsdialoge statt? Tragen Sie für jede Situation die Ziffer des Hörtextes ein.

☐ En una tienda de modas para señoras.
☐ En una zapatería (*Schuhgeschäft*).
☐ En una tienda de modas para señores.

2/18

4 Sie gehen in ein Schuhgeschäft und kaufen braune Lederschuhe, Größe 40. Bereiten Sie das Einkaufsgespräch zunächst vor. Hören Sie dann die CD und reagieren Sie entsprechend.

1. Wie sagen Sie, dass Sie braune Lederschuhe haben möchten?
2. Wie fragt der Verkäufer Sie nach Ihrer Schuhgröße?
3. Wie geben Sie Ihre Schuhgröße (40) an?
4. Wie fragen Sie, ob Sie die Schuhe probieren können?
5. Und wie sagen Sie, dass Sie sie nehmen?

Kulturtipp Ir de compras

Beachten Sie, wenn Sie im Einzelhandel in Spanien einkaufen, dass die meisten kleineren Läden mittags, also ab etwa 14 Uhr, zwei bis drei Stunden lang schließen. Größere Geschäfte, Kaufhäuser und Einkaufszentren haben dagegen meist durchgehend geöffnet. Dafür sind die Öffnungszeiten am Abend meist länger als bei uns, in den Einkaufszentren bis 21 oder 22 Uhr. Das gilt in der Regel auch für Samstage.

Die *Schuhgröße* **el número** ist in Spanien vergleichbar mit der unseren. Bei der **talla** *Kleidergröße* sollten Sie eher zu einer Nummer größer greifen. Bei den bekannten spanischen Ketten **Zara** oder **Mango** tendiert man eher zu kleineren Größen. Bei der Kult-Schuhmarke **Camper** dagegen liegen Sie mit Ihrer normalen Größe richtig. Ab 41 Damengröße und 44 Herrengröße wird es allerdings generell schwer werden, etwas Passendes zu finden.

Was können Sie schon?

	☺	😐	☹	
■ über Kleidung sprechen	□	□	□	▸ *Ü1*
■ Dinge miteinander vergleichen	□	□	□	▸ *Ü2*
■ Einkaufsgespräche verstehen	□	□	□	▸ *Ü3*
■ Schuhe einkaufen	□	□	□	▸ *Ü4*

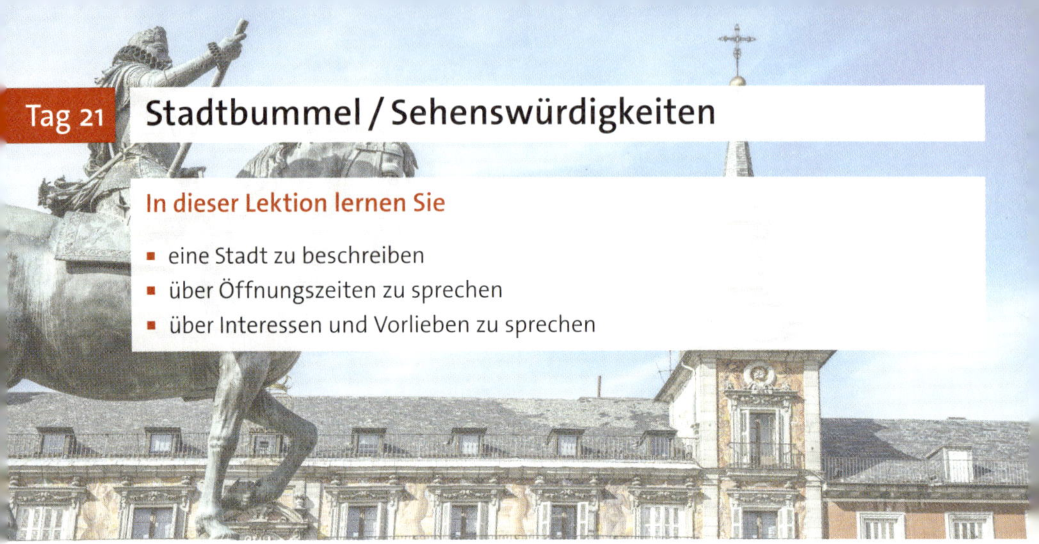

Tag 21 Stadtbummel / Sehenswürdigkeiten

In dieser Lektion lernen Sie

- eine Stadt zu beschreiben
- über Öffnungszeiten zu sprechen
- über Interessen und Vorlieben zu sprechen

2/19 ¿Por dónde empezar?

En el parque del Retiro. Carmen está sentada en un banco y está leyendo una guía.

«Madrid, capital cultural de España. Famosa por sus monumentos, sus parques, sus museos y galerías de arte, sus cines y teatros, sus mercadillos, su gastronomía y su vida nocturna muy activa ...»

Carmen ¡Que ciudad más fascinante! Pero, no se puede ver todo en un día, y, ¿por dónde empezar?

Chica Hola, ¿te puedo ayudar?

Carmen Me queda un día en Madrid y no sé qué hacer. Me gustaría ver la plaza Mayor con sus edificios históricos, la plaza de España con el monumento a Cervantes, la plaza de Cibeles con los grandes museos ...

Chica No puedes ver todos.

Carmen Es verdad. Entonces el Museo Reina Sofía, tiene los cuadros más modernos ...

Chica Ah, atención. Creo que los domingos solo abre de diez a dos. ¿Qué dice tu guía?

Carmen A ver ... de diez a dos y media. ¿Cuánto es la entrada? ... Mmm, 6 euros, 3 para estudiantes.

Chica Creo que los domingos la entrada es gratuita.

Carmen Ah, ¡qué bien! ¿Está lejos de aquí?

Chica No, no está lejos. Puedes ir a pie. El museo está en la calle de Santa Isabel.

Carmen Ah, vale. ¿Quieres tomar un café? Te invito.

Chica Bueno, sí, con mucho gusto. Me llamo Carla, ¿y tú?

Carmen Yo soy Carmen. Encantada.

Fragen zum Dialog

Unterstreichen Sie die passenden Ergänzungen.

1. Carmen *está sentada en un banco | está tomando café | está leyendo en una guía.*
2. Madrid es famoso por *sus museos | su vida nocturna | su cerveza.*
3. El Reina Sofía abre *de diez a dos | de diez a doce | de diez a dos y media.*
4. Los domingos la entrada *cuesta seis euros | es gratuita.*

Wo anfangen?

Im Retiro-Park. Carmen sitzt auf einer Bank und liest einen Reiseführer.

„Madrid, Kulturhauptstadt Spaniens. Berühmt für seine Sehenswürdigkeiten, seine Parks, seine Museen und Kunstgalerien, seine Kinos und Theater, seine Flohmärkte, seine Gastronomie und sein sehr aktives Nachtleben ..."

Carmen Was für eine faszinierende Stadt! Aber man kann nicht alles an einem Tag sehen, und wo soll man anfangen?

Chica Hallo, kann ich dir helfen?

Carmen Mir bleibt ein Tag in Madrid und ich weiß nicht, was ich tun soll. Ich würde gern die Plaza Mayor mit ihren historischen Gebäuden sehen, die Plaza de España mit dem Cervantes-Denkmal, die Plaza de Cibeles mit den großen Museen ...

Chica Du kannst nicht alles sehen.

Carmen Das stimmt. Dann das Museum Reina Sofía, es hat die modernsten Bilder.

Chica Ah, Achtung. Ich glaube, dass es sonntags nur von zehn bis zwei geöffnet hat. Was sagt dein Führer?

Carmen Mal sehen ... von zehn bis halb drei. Wie viel kostet der Eintritt? ... Hmm, 6 Euro, 3 für Studenten.

Chica Ich glaube, sonntags ist der Eintritt frei.

Carmen Ach, schön! Ist es weit weg von hier?

Chica Nein, es ist nicht weit. Du kannst zu Fuß gehen. Das Museum ist in der Santa Isabel-Straße.

Carmen Okay. Magst du einen Kaffee trinken? Ich lade dich ein.

Chica Gut, ja, sehr gern. Ich heiße Carla, und du?

Carmen Ich bin Carmen. Freut mich.

Lernwortschatz

activo, -a	aktiv
arte *m*	Kunst
cuadro *m*	Bild, Gemälde
cultural	kulturell; Kultur- ...
decir	sagen
edificio *m*	Gebäude
fascinante	faszinierend
galería *f*	Galerie
gastronomía *f*	Gastronomie; Küche
gratuito, -a	gratis; frei
guía *f*	Reiseführer (Buch)
leer	lesen
mercadillo *m*	Flohmarkt; Wochenmarkt
monumento *m*	hier: Denkmal
nocturno, -a	nächtlich; Nacht- ...
¿por dónde?	wo?
quedar	hier: bleiben
teatro *m*	Theater
vida *f*	Leben

Stadtbesichtigung	
cartelera *f*	Kino- / Veranstaltungs-programm
cruce *m*	Kreuzung
descuento *m*	Ermäßigung
folleto *m*	Prospekt
garaje *m*	Parkgarage
guía *f* de ocios	Veranstaltungskalender
jardín *m* botánico	Botanischer Garten
jardín *m* zoológico	Zoo
jubilados *mPl*	Senioren; Rentner
lista *f* de hoteles	Hotelverzeichnis
mirador *m*	Aussichtspunkt
oficina *f* de turismo	Fremdenverkehrsamt
paso *m* de cebra	Zebrastreifen
plano *m* de la ciudad	Stadtplan
semáforo *m*	Ampel
sentido *m* giratorio	Kreisverkehr
zona *f* peatonal	Fußgängerzone

Grammatik und Redemittel

Die Präpositionen *por* und *para* ▸ *§4.1.3*

Immer, wenn es um einen konkreten Zweck (*Wofür?, Für wen?*) geht, verwendet man **para**:
El regalo es **para** ti. *Das Geschenk ist für dich.*
Llamo **para** pedir cita. *Ich rufe an, um einen Termin zu vereinbaren.*

Por kann verschiedene Bedeutungen haben:

zeitlich:	**por** la mañana, **por** la tarde	*morgens, abends*
örtlich:	**por** aquí, pasar **por**	*hier in der Nähe, vorbeigehen an*
für:	famoso **por**..., gracias **por** ...	*berühmt für ..., danke für ...*
pro:	**por** persona, **por** noche	*pro Person, pro Nacht*
per:	**por** internet	*per Internet*
Wendungen:	**por** favor, **por** eso, **por** fin	*danke, deshalb, endlich*

Estar + Adjektiv oder Partizip ▸ *§4.1.3*

In Verbindung mit einem Adjektiv oder Partizip drückt **estar** einen (aktuellen) Zustand aus:
La sopa **está** fría. *Die Suppe ist kalt (geworden).*
¡Qué guapa **estás**! *Wie schön du (heute, gerade jetzt) aussiehst!*
El banco **está** cerrado. *Die Bank ist geschlossen.*
Juan **está** sentado en un banco. *Juan sitzt auf einer Bank.*
Ser + Adjektiv drückt dagegen eine (bleibende, charakteristische) Eigenschaft aus:
El gazpacho **es** una sopa fría. *Der Gazpacho ist eine kalte Suppe.*
Ana **es** muy guapa. *Ana ist sehr hübsch.*

Todo, todo, -a el/la + Substantiv, *todos, -as los/las* + Substantiv ▸ *§5.5*

Todo kann entweder, unverändert, allein stehen oder, verändert, zusammen mit Substantiven:
¿Esto es **todo**? *Ist das alles?*
Pepe trabaja **todo** el día. *Pepe arbeitet den ganzen Tag.*
He leído **toda la** tarde. *Ich habe den ganzen Abend gelesen.*
Todos los lunes vamos al cine. *Jeden Montag gehen wir ins Kino.*

Tag 21

Übungen

1 Lesen Sie den Text und ergänzen Sie die fehlenden Präpositionen: *por, para, en, con, de.*

Málaga, ... (1.) la Costa del Sol, es un centro .... (2.) turistas de muchas nacionalidades. Málaga es famosa .... (3.) sus bonitas playas. Es una ciudad moderna y no es famosa .... (4.) sus monumentos, sus edificios históricos o sus museos. Pero Málaga es buena .... (5.) ir de compras o ir a comer. Tiene muchas tiendas, tiene bares y restaurantes .... (6.) comida típica. .... (7.) la noche hay mucha vida en las calles de Málaga.

2/20

2 Hören Sie zu und ergänzen Sie die Angaben. Wann hat das Wachsfiguren-Kabinett (*Museo de Cera*) geöffnet?

El Museo de Cera está .... (1.) de martes a .... (2.) de diez a .... (3.) y media y de cuatro y media a .... (4.) y .... (5.). Los lunes .... (6.) La tarifa para adultos es .... (7.) euros, para niños y mayores de .... (8.) años es de .... (9.) euros.

La tienda y el bar-restaurante tienen el mismo horario del museo.

2/21

3 Sie möchten die Alhambra, die „rote Burg“ in Granada, besuchen. Sie rufen dort an und erkundigen sich nach den Öffnungszeiten und den Eintrittspreisen. Hören Sie zu und stellen Sie Ihre Fragen. Notieren Sie die Antworten.

horario
mañana: .... tarde: ....
tarifa
adultos: .... jubilados: ....

Kulturtipp Museos

Die Öffnungszeiten für **Museos** *Museen* sind natürlich unterschiedlich. Die kleineren schließen mittags, die großen haben durchgehend geöffnet. Fast alle haben jedoch montags geschlossen. Die normalen **tarifas** *Eintrittspreise* gelten für **adultos** *Erwachsene*. **Descuentos** *Ermäßigungen* gibt es unter Umständen für **niños** *Kinder* oder **menores de 18 años** *Minderjährige*, Studenten, **jubilados/pensionistas** *Senioren* bzw. *Rentner* und für **grupos** *Gruppen*. Oft kann man an den Kassen **auriculares** *Kopfhörer* ausleihen, über die man zu den einzelnen Gemälden oder Objekten Informationen erhält.

Was können Sie schon?

	☺	😐	☹	
■ eine Stadt beschreiben	■	■	■	▸ Ü1
■ über Öffnungszeiten sprechen	■	■	■	▸ Ü2
■ sich nach Öffnungszeiten und Eintrittspreisen erkundigen	■	■	■	▸ Ü3

Tag 22 Wiederholen und üben Sie

Hier wiederholen Sie

- wichtigen Wortschatz und Redemittel für die Reise
- Zahlen, Preise, Öffnungszeiten
- Unterscheidung *es*, *está* und *hay*
- Futur, bejahrter Imperativ
- die Aussprache des *s*

Übungen

1 Welche Wörter werden hier umschrieben?

1. Vamos a comer a un ....

2. Para comprar una blusa, vamos a una ....

3. Los zapatos se compran en una ....

4. La ciudad más importante de un país (Land) es la ....

5. Si nos duele algo vamos al ....

6. Un café con leche y un cruasán es el típico .... español.

2 Welche Kleidungsstücke passen zu welchen Körperteilen? Ordnen Sie zu.

1. pies	a) gorra
2. cabeza	b) pantalones
3. piernas	c) zapatos
4. cuello	d) bufanda

3 Welche Körperteile sind hier gemeint? Ergänzen Sie.

1. Los necesitamos para leer: ....

2. Los necesitamos para comer: ....

3. La necesitamos para hablar: ....

4. La necesitamos para escribir: ....

5. Los necesitamos para ir de aquí a allí: ....

4 Ergänzen Sie die Reihen mit zwei bis drei weiteren Wörtern.

1. tren, autobús, ...
2. habitación individual, desayuno, ...
3. blusa, falda, ...

5 Sehen Sie sich diesen Ausschnitt aus einem Hotelprospekt an und ergänzen Sie die Lücken.

Hotel Santo Domingo

Almería – España

45 habitaciones .... y dobles

con d .... o baño privado

con .... acondicionado

con .... (Balkon)

con .... en color (TV)

acceso a internet

con desayuno o .... pensión (*Halbpension*)

restaurante con comida regional

6 Schreiben Sie die Ziffern und die Abkürzungen in Worten. Beachten Sie, dass Sie für die Hausnummern Grundzahlen brauchen, für die Stockwerke und die Herrschernamen dagegen Ordnungszahlen. „Isabel II" ist Ihnen wahrscheinlich als „Queen Elizabeth" besser bekannt.

1. Calle Cervantes, 31, 4° A ....
2. Plaza de España, n° 52 ....
3. Avenida Américas, 98, 5° izda. ....
4. C/Morales, 5, 1° dcha. ....
5. Avda. Cuzco, 15, 3° B ....
6. El rey de España Juan Carlos I ....
7. La reina de Inglaterra Isabel II ....

2/22 **7 Diese Woche im Angebot: Sehen Sie sich die Preise für die folgenden Kleidungsstücke an. Hören Sie dann die Fragen dazu auf CD und geben Sie Auskunft, wie viel die Waren kosten.**

Chaqueta de lana fina, para señoras:
145 €

Pantalones negros para señores:
89 €

Blusas de seda, en azul oscuro o blanco:
98,90 €

Corbatas para el señor elegante:
49,90 €

Gorras de algodón, para niñaos, muchos colores:
12,95 €

2/23 **8 Sehen Sie sich das Schild mit den Öffnungszeiten der Boutique „Marisol" an. Hören Sie dann zu und beantworten Sie die Fragen mündlich.**

Moda «Marisol»

	lunes a jueves	viernes	sábado
mañana	9:30–14:00	9.00–20:30	9:00–19:00
tarde	16:30–20:00		

9 Welches Verb passt hier: es oder está? Ergänzen Sie.

1. Madrid .... la capital de España.
2. Sevilla .... en el sur, en Andalucía.
3. Barcelona .... una ciudad importante. .... en el norte de España.
4. Gerona .... muy cerca de los Pirineos.
5. Menorca .... una isla en el Mar Mediterráneo.
6. Nerja .... en la Costa del Sol, cerca de Málaga.

10 *Hay* **oder** *está*? **Unterstreichen Sie das richtige Verb.**

1. ▸ ¿Dónde *hay* | *está* el monumento a Miguel de Cervantes?
   ◂ *Hay* | *Está* muy cerca, en la Plaza de España.
2. ▸ ¿*Hay* | *Está* muchos museos en Madrid?
   ◂ Sí, *hay* | *está* muchísimos y los más importantes de España.
3. ▸ ¿*Hay* | *Está* una farmacia por aquí?
   ◂ Sí, *hay* | *está* una en la Calle Francia, a 100 metros.
4. ▸ ¿Dónde *hay* | está Enrique?
   ◂ Creo que hay | *está* en casa. No trabaja porque *hay* | *está* resfriado.
5. ▸ ¿*Hay* | *Está* un jardín zoológico en Berlín?
   ◂ Sí, claro. Es el famoso «Tiergarten».

11 **Sehen Sie sich den folgenden Zettel aus Juanas Tagebuch an. Was hat sie sich für das Neue Jahr alles vorgenommen? Notieren Sie. Verwenden Sie das Futur.**

estudiar chino (*chinesisch*) comprar un coche nuevo
jugar más con Juanita ir más al cine
visitar a los amigos en Valencia leer más y ver menos la televisión

El Año Nuevo Juana estudiará ....

....

....

....

....

....

Formulieren Sie dieselben Sätze nun mündlich in der Ich-Form.

2/24

12 Welche von diesen Ratschlägen erteilt diese Mutter ihrem Sohn beim Abschied? Hören Sie zu und notieren Sie, was sie sagt.

estudiar mucho hablar con el profesor si hay problemas llamar cada tercer día escribir un e-mail cada semana comer bien, no solo hamburguesas (*Hamburger*) llevar siempre camisa y corbata tomar menos cerveza beber agua y limonada

Estudia mucho.

13 Was sagen Sie im Hotel?

1. Sie möchten ein Doppelzimmer.
2. Sie möchten wissen, ob das Zimmer mit Bad ist.
3. Sie möchten wissen, ob das Frühstück mit dabei ist.
4. Sie sagen, dass Sie das Zimmer für 3 Tage möchten.
5. Sie möchten wissen, wo der Aufzug ist.

14 Hören Sie den folgenden Dialog in einer Apotheke (*una farmacia*). Was fehlt dem Patienten und was rät die Apothekerin? Ergänzen Sie. 2/25

Farmacéutica	Hola, buenas tardes.
Paciente	Buenas tardes. Quería algo para la .... (1.).
Farmacéutica	¿Tiene .... (2.)?
Paciente	Sí, creo que sí.
Farmacéutica	¿Le duele algo?
Paciente	Sí, me .... (3.) todo: la cabeza, la .... (4.).
Farmacéutica	Entonces, ... (5.) estas gotas, son muy buenas. Cada dos horas .... (6.) gotas, ¿vale? Y tome infusiones de .... (7.) o leche caliente, si le gusta.
Paciente	Muy bien, gracias.
Farmacéutica	Si no se ___________ (8.), tiene que ir al ___________ (9.), ¿eh?
Paciente	Sí, sí. Gracias. Adiós.
Farmacéutica	Adiós, ¡que se ___________ (10.) pronto!

15 Der s-Laut ist im europäischen Spanischen etwas Besonderes. Hören Sie zu und achten Sie auf die Aussprache des s. 2/26

el Mu**s**eo de Cera ¿E**s**tá**s** bien? Do**s** café**s**, por favor.
¡Ha**s**ta el **s**ábado! Vamo**s** a ca**s**a. ¡Pa**s**e, pa**s**e!
¿**S**u pa**s**aporte, por favor? Vive en el sexto pi**s**o. No pa**s**a nada.

Was stellen Sie fest?

- ☐ Das **s** klingt im Spanischen genau so wie im Deutschen.
- ☐ Im Spanischen wird das **s** mehr „gezischelt". Nicht wie **sch**, aber doch so ähnlich.
- ☐ Das spanische **s** wird immer wie **ss** oder **ß** im Deutschen gesprochen; *casa* klingt eigentlich wie *cassa*, *pasaporte* wie *passaporte*.

16 Hören Sie noch einmal und sprechen Sie in den Pausen nach. Versuchen Sie bei der Aussprache des *s* ruhig ein wenig zu übertreiben. 2/27

Tipp: Wenn Sie daran denken, dass die Vokale **e** und **o** im Spanischen ganz offen gesprochen werden, also das **e** nicht wie in *gehen*, sondern eher wie in *Geld* und **o** wie in *offen*, nicht wie in *Ofen*, dann gelingt auch das **scharfe s** besser: *eso, hostal, hospital*.

Zwischentest 3

1 Lesen Sie die folgenden Informationen zu drei Museen in Barcelona und beantworten Sie anschließend die Fragen dazu. Sie müssen nicht unbedingt jedes Wort verstehen, um die Fragen beantworten zu können.

Museo Sagrada Familia

09:00–18:00 horas
(*de octubre a marzo*)
09:00–20:00 horas
(*de abril a septiembre*)
9:00–14:00 horas (*25 y 26 de diciembre y del 1 al 6 de enero*)
Entrada: 10 euros

Museo FC Barcelona Estadio Camp Nou

Horarios de visita:
De lunes a sábado (*de abril a octubre*) de 10:00 a 20:00 horas
El resto del año de 10:00 a 18:30 horas
Domingos y festivos, de 10:00 a 14:30 horas
Los días 1 y 6 de enero y 25 de diciembre, cerrado
Entrada: 8,50 euros, jubilados y estudiantes: 6,80 euro

Museo Marítimo

Avda. de les Drassanes s/n
08001 Barcelona
Tel. 933 429 920 Fax 933 187 876
Horario museo:
De lunes a domingo,
de 10:00 a 20:00 h.
(*venta de entradas hasta las 19 h*)
Biblioteca:
Mañanas: de lunes a viernes
de 10 a 14 h.
Tardes: martes de 14 a 19 h.
Entradas individuales: 6,50 €
Entrada bonificada del 50% para:
Mayores de 65 años, estudiantes menores de 25 años, niños de 7 a 16 años (*los menores de 7 años no pagan entrada*)

1. El 25 y 26 de diciembre el museo de la «Sagrada Familia»
   ☐ está abierto de nueve a catorce horas. ☐ está cerrado.
2. El «Camp Nou» es el estadio del ☐ Real Madrid. ☐ FC Barcelona.
3. El Museo Marítimo está abierto de ☐ 10:00–14:00. ☐ 10:00–20:00.
4. Allí, los mayores de 65 años pagan ☐ 6,50 euros. ☐ 3,25 euros.
5. El Museo Marítimo tiene también una ☐ biblioteca. ☐ sala de cine. __/5

2 Ergänzen Sie: *ser* oder *estar*?

► Hola Sandra, ¿cómo .... (1. *eres* | *estás*)?
◄ .... (2. *Soy* | *Estoy*) un poco cansada.
► ¿Qué haces aquí en Granada? ¿ .... (3. *Eres* | *Estás*) de vacaciones (*im Urlaub*)?
► No, trabajo aquí en una agencia. .... (4. *Soy* | *Estoy*) diseñadora.
◄ Ah, ¡qué interesante! ¿Vamos al «Café Central», ... (5. *es* | *está*) aquí, en la plaza.
◄ Ah sí, ... (6. *es* | *está*) muy bonito, tiene terraza. __/6

3 Kleine Spanienrundreise. Ergänzen Sie: *ser, estar* oder *hay*?

1. Madrid .... la ciudad más grande de España.
2. Madrid .... en el centro del país.
3. Granada .... en el sur de España.
4. La Alhambra .... un castillo de los moros (Mauren).
5. La Alhambra .... en Granada.
6. En Granada .... mucha gente joven.
7. Salamanca .... en el norte de España.
8. En Salamanca .... muchos estudiantes extranjeros.
9. Valencia .... en el este, en la costa mediterránea.
10. En Mallorca y en Ibiza .... muchos turistas alemanes. __/10

4 Wie heißt die richtige Präposition, die jeweils fehlt: *por* oder *para*?

1. Tienes que mandar esta carta (*Brief*) .... avión. Es más rápido.
2. Tengo que pasar .... la farmacia y comprar gotas para la tos.
3. ¿El precio de la habitación es .... persona o .... noche?
4. Los chicos han ido al estadio .... ver un partido de fútbol.
5. .... la mañana no voy en metro. ¡Hay tanta gente!
6. Quería reservar una mesa .... cuatro personas.
7. Perdona, ¿hay un banco .... aquí?
8. Gracias .... vuestro regalo. Es muy bonito. __/9

5 Welche Zeitform des Verbs passt hier jeweils? Unterstreichen Sie die passende Ergänzung.

1. Esta semana Irene *ha trabajado* | *trabajará* mucho.
2. El próximo año *viajamos* | *viajaremos* a Sudamérica.
3. Para ir a la plaza Mayor, usted *va* | *ha ido* por esta calle todo recto.
4. Para la tos, *tomar* | *tome* estas gotas, cada hora cinco o diez.
5. Si tienes gripe, *quédate* | *quédese* en casa. No puedes trabajar.
6. En marzo *te visitaremos* | *te visita* en Colonia (*Köln*). __/6

2/28 **6 Hören Sie einen Ausschnitt aus einer Umfrage. Welche Verkehrsmittel benutzt die befragte Person?**

1. ¿Cómo va al trabajo? ....
2. ¿Y para hacer la compra? ....
3. ¿Cuándo usa el coche? ....
4. ¿Va mucho en tren? ....
5. ¿Y en avión? ....
6. Para esta persona lo más práctico es .... __/6

7 Redemittel, die Sie am Schalter im Bahnhof oder Busbahnhof brauchen. Was sagen Sie in diesen Situationen?

1. Sie möchten eine Fahrkarte nach Alicante:
   ....
2. Sie möchten eine Hin- und Rückfahrkarte:
   ....
3. Sie fragen, was die Fahrkarte kostet:
   ¿ .... ?
4. Sie möchten wissen, wann der Zug abfährt (*salir*):
   ¿ .... ?
5. Sie fragen, von welchem Gleis der Zug abfährt:
   ¿ .... ?
6. Sie fragen, ob Sie mit Karte bezahlen können:
   ¿ .... ?
7. Sie bedanken sich für die Informationen:
   .... __/7

__/49

Tag 23 Telefonieren

In dieser Lektion lernen Sie

- ein geschäftliches Telefonat zu führen
- eine Bitte oder die eigene Meinung höflich zu formulieren
- einen Termin zu vereinbaren

2/29 Llamo por el anuncio

John	Hola, Carmen, ¿qué tal?
Carmen	¡Hola! Bien, bien. Oye, estoy leyendo los anuncios en el periódico y acabo de encontrar una oferta de empleo muy interesante.
John	¿De qué empresa?
Carmen	De una agencia de viajes que busca a una persona con conocimientos de lenguas extranjeras. Sería un puesto de media jornada para los meses de verano.
John	Ah, ¿sí? Podrías llamar ahora mismo.
Carmen	¿Tú crees?
John	Claro, hazlo.

Al teléfono

Empleada	Agencia «Trotamundos», buenas tardes. Le habla Abi Sánchez.
Carmen	Hola, buenas tardes. Soy Carmen Renner López. Llamo por el anuncio.
Empleada	Ah, sí. ¿Qué lenguas habla usted?
Carmen	Alemán, inglés, español y un poco de francés.
Empleada	Muy bien. ¿Y tiene experiencia?
Carmen	Hice unas prácticas en una agencia de viajes en Alemania.
Empleada	Bien. El horario de trabajo sería de nueve y media a dos de la tarde.
Carmen	Esto me vendría muy bien.
Empleada	¿Podría pasar por la agencia mañana por la mañana?
Carmen	Sí, ¿a qué hora?
Empleada	A las diez. Traiga su certificado de prácticas y el currículo.
Carmen	De acuerdo, muchas gracias. ¡Hasta mañana!
Empleada	Adiós.
John	¡Felicidades!

Fragen zum Dialog

Ergänzen Sie die Lücken.

1. Carmen ha encontrado una oferta de e ...... e ... en el ... e ...... ó ...... c ... .
2. La empresa es una ...... e ...... i ... de viajes.
3. El puesto es de ... e ...... a j ...... n ... d ... .
4. Carmen ha hecho ya unas ... r á ... t ...... a ... en Alemania.

Ich rufe wegen der Anzeige an

John Hallo, Carmen, wie geht's?

Carmen Hallo! Gut, gut. Hör mal, ich lese gerade die Anzeigen in der Zeitung und ich habe gerade eine sehr interessante Stellenanzeige gefunden.

John Von welcher Firma?

Carmen Von einem Reisebüro, das eine Person mit Fremdsprachenkenntnissen sucht. Es wäre ein Halbtagsjob für die Sommermonate.

John Ach ja? Du könntest gleich anrufen.

Carmen Glaubst du?

John Klar, mach das (doch)!

Am Telefon

Angestellte Reisebüro „Globetrotter" guten Tag. Es spricht Abi Sánchez.

Carmen Guten Tag. Ich bin Carmen Renner López. Ich rufe wegen der Anzeige an.

Angestellte Ach ja. Welche Sprachen sprechen Sie?

Carmen Deutsch, Englisch, Spanisch und ein wenig Französisch.

Angestellte Sehr gut. Und haben Sie (Berufs-)Erfahrung?

Carmen Ich habe ein Praktikum in einem Reisebüro in Deutschland gemacht.

Angestellte Gut. Die Arbeitszeit wäre von halb zehn bis 14 Uhr.

Carmen Das würde mir sehr gut passen.

Angestellte Könnten Sie morgen Vormittag vorbeikommen?

Carmen Ja, um wie viel Uhr?

Angestellte Um zehn. Bringen Sie Ihr Praktikumszeugnis und den Lebenslauf mit.

Carmen Ja, gut, vielen Dank. Bis morgen!

Angestellte Auf Wiedersehen.

John Glückwunsch!

Lernwortschatz

agencia *f* de viajes	Reisebüro
anuncio *m*	Anzeige
certificado *m*	Zeugnis
conocimientos *mPl*	Kenntnisse
currículo *m*	Lebenslauf
empresa *f*	Firma
experiencia *f*	(Berufs-)Erfahrung
extranjero, -a	fremd; Fremder, Fremde
francés, francesa	französisch; Franzose, Französin
horario *m* de trabajo	Arbeitszeit
inglés, inglesa	englisch; Engländer, -in
lengua *f* extranjera	Fremdsprache
media jornada *f*	Halbtags-..., Teilzeit-...
mes *m*	Monat
oferta *f* de empleo	Stellenanzeige
periódico *m*	Zeitung
por	hier: wegen
prácticas *fPl*	Praktikum
puesto *m*	Stelle, Arbeitsplatz
traiga *Imp*	bringen Sie mit
trotamundos *mSg*	Globetrotter, Weltenbummler
venir bien	gut passen, gut gelegen kommen
verano *m*	Sommer

Arbeitswelt	
carrera *f*	Karriere, Laufbahn, Studium
contrato *m* de trabajo	Arbeitsvertrag
definido, -a	befristet
desempleo *m*	Arbeitslosigkeit
estar en paro	arbeitslos sein
formación *f*	Ausbildung
ganar	verdienen
horas *fPl* extra	Überstunden
indefinido, -a	unbefristet
gerente *m/f*	Geschäftsführer, -in
jornada *f* completa	Vollzeit
sueldo *m*	Gehalt

Grammatik und Redemittel

Das Konditional ▸ *§4.5*

Wenn Sie eine Bitte, die eigene Meinung oder einen Wunsch höflich formulieren wollen, verwenden Sie das Konditional. Wie die Futurendungen werden auch die Konditionalendungen an die Grundform des Verbs angehängt. Auch sie sind für alle drei Konjugationen gleich:

	gustar	ser	abrir
(yo)	gustar**ía**	ser**ía**	abrir**ía**
(tú)	gustar**ías**	ser**ías**	abrir**ías**
(él, ella, usted)	gustar**ía**	ser**ía**	abrir**ía**
(nosotros, -as)	gustar**íamos**	ser**íamos**	abrir**íamos**
(vosotros, -as)	gustar**íais**	ser**íais**	abrir**íais**
(ellos, ellas, ustedes)	gustar**ían**	ser**ían**	abrir**ían**

Me **gustaría** trabajar a media jornada. *Es würde mir gefallen, halbtags zu arbeiten.*
El horario **sería** de tres a ocho. *Die Arbeitszeit wäre von drei bis acht.*

Achtung:
Einige Verben haben bei der Bildung des Konditionals kleine Unregelmäßigkeiten:

poder	*können:*	podría, podrías, podría ...
saber	*wissen:*	sabría, sabrías, sabría ...
tener	*haben:*	tendría, tendrías, tendría ...
venir	*kommen:*	vendría, vendrías, vendría ...

Podrías llamar ahora mismo. *Du könntest jetzt gleich anrufen.*
Esto me **vendría** muy bien. *Das würde mir sehr gut passen.*

Ausdrücke und Verbindungen mit *por*

por aquí	*hier*	**por** favor	*bitte*
por ejemplo	*zum Beispiel*	**por** eso	*deshalb*
gracias **por**	*danke für*	perdona **por**	*entschuldige, dass*
pasar **por**	*vorbeifahren an*	llamar **por**	*anrufen wegen*

Carmen llama **por** el anuncio. *Carmen ruft wegen der Anzeige an.*

Übungen

1 Formulieren Sie die folgenden Sätze besonders höflich. Setzen Sie dazu die Verben ins Konditional.

1. Perdone, ¿me puede ayudar? ....
2. ¿Puedes pasar por mi casa? ....
3. La hora nos viene muy bien. ....
4. Me gusta tomar un café. ....
5. Los chicos tienen que estudiar más. ....

2 Setzen Sie die Sätze richtig zusammen. Ergänzen Sie das fehlende *por* an der richtigen Stelle.

1. ¿ / farmacia / aquí / hay / una / ? ....
2. llegar / perdona / tarde / . ...
3. regalo / gracias / el / . ...
4. pasar / banco / podríamos / el / . ...
5. ha / el / llamado / anuncio / . ...

2/30 **3 Hören Sie zu und ergänzen Sie die Angaben auf diesem Notizzettel.**

Empresa: ....

Horario de atención al público: de lunes a .... de 9:30 a .... horas.

Pausa al mediodía de .... a .... horas.

2/31 **4 Sie haben die Stellenanzeige einer Boutique in der Zeitung „La Ciudad" gelesen. Es wird eine Verkäuferin / ein Verkäufer für nachmittags gesucht. Rufen Sie an und erkundigen Sie sich, ob die Stelle noch frei ist. Wir geben Ihnen ein wenig Hilfestellung.**

Kulturtipp
La jornada laboral

Der spanische **jornada laboral** *Arbeitstag* fängt in der Regel später an als unserer und endet auch später am Abend. Wegen der späteren Essenszeiten gehen die Angestellten auch später in Mittagspause als bei uns. Das sollten Sie beachten, wenn Sie geschäftliche Kontakte nach Spanien haben. Früher war, vor allem in der Verwaltung, der zweigeteilte Arbeitstag, **la jornada partida**, mit sehr langer Mittagspause üblich. Heute wird immer mehr der durchgehende Arbeitstag, **la jornada continua**, zur Regel. Die längere mittägliche **siesta** verschwindet immer mehr.

Was können Sie schon?

	☺	😐	☹	
■ Wünsche und die eigene Meinung höflich formulieren	■	■	■	▸ *Ü1*
■ eine Ansage auf einem Anrufbeantworter verstehen	■	■	■	▸ *Ü3*
■ wegen einer Stellenanzeige in einer Firma anrufen	■	■	■	▸ *Ü4*

Tag 24

E-Mails

In dieser Lektion lernen Sie

- jemanden schriftlich einzuladen
- eine Einladung anzunehmen oder abzulehnen
- über Ereignisse in der Vergangenheit zu berichten

2/32 Una invitación por correo electrónico

Nuevo mensaje

Asunto: ¡El jueves 23 hay una fiesta en «Trotamundos»!

Queridos compañeros:

Muchos de vosotros ya lo saben: Me ofrecieron un puesto de trabajo en Cancún, México, en una empresa turística. Hace un mes estuve allí, me presenté y la empresa, los nuevos colegas y La Isla de Cancún me gustaron muchísimo. Por eso he decidido dejar mi puesto en «Trotamundos» y lanzarme a la aventura. «Quien no se aventura no pasa la mar», como dice el refrán.

Me quiero despedir de vosotros con una pequeña fiesta el jueves 23, a las 20:00 horas, aquí en la agencia. Habrá bebida y algo para picar. ¿Venís?

Cordiales saludos,

Carla

Nuevo mensaje

Hola Carla:

Muchas gracias por la invitación. Será mi primera fiesta en «Trotamundos» y claro que voy a ir a tu fiesta para tomar un vinito contigo y desearte mucha suerte para tu aventura mexicana.

Un abrazo,

Carmen

Nuevo mensaje

Carla, perdona, pero no puedo ir a tu fiesta, porque tengo que acompañar a mi hijo a un concierto de su banda. Lo siento mucho. Te llamo por teléfono y nos vamos a tomar una copa uno de estos días, ¿vale?

Saludos,

Daniel

Fragen zum Dialog

Kreuzen Sie die richtigen Ergänzungen an.

1. La fiesta de Carla será el ... 23.	☐ viernes	☐ jueves
2. Es una fiesta de	☐ despedida.	☐ cumpleaños.
3. Carla se irá a	☐ Colombia.	☐ México.
4. Carla se irá a Cancún por motivos de	☐ amor.	☐ trabajo.

Eine Einladung per E-Mail

Neue E-Mail

Betreff: Am Donnerstag, dem 23., gibt es ein Fest in „Trotamundos"!

Liebe Kollegen,

viele von euch wissen es schon: Man hat mir eine Arbeitsstelle in Cancún, Mexiko, angeboten, in einer Touristik-Firma. Vor einem Monat war ich dort, ich habe mich vorgestellt und die Firma, die neuen Kollegen und die Insel Cancún haben mir sehr gefallen. Deshalb habe ich beschlossen, meine Stelle bei „Trotamundos" aufzugeben und mich ins Abenteuer zu stürzen. „Wer nicht wagt, der nicht gewinnt", wie das Sprichwort sagt.

Ich möchte mich von euch mit einem kleinen Fest am Donnerstag, dem 23., um 20 Uhr, hier im Reisebüro verabschieden. Es wird Getränke und etwas zum Knabbern geben. Kommt ihr?

Viele Grüße, Carla

Neue E-Mail

Hallo Carla,

vielen Dank für die Einladung! Das wird mein erstes Fest bei „Trotamundos" sein und natürlich komme ich zu deiner Party, um ein Glas Wein mit dir zu trinken und dir viel Glück für dein mexikanisches Abenteuer zu wünschen.

Lieben Gruß, Carmen

Neue E-Mail

Carla, entschuldige, aber ich kann nicht zu deiner Party kommen, weil ich meinen Sohn zu einem Konzert seiner Band begleiten muss. Es tut mir sehr leid. Ich rufe dich an und wir gehen dieser Tage ein Gläschen trinken, einverstanden?

Grüße, Daniel

Lernwortschatz

acompañar	begleiten
asunto *m*	Anlass; Betreff
aventura *f*	Abenteuer
aventurarse	sich trauen, wagen
banda *f*	Band, (Rock-)Gruppe
colega *m/f*	Kollege, Kollegin
concierto *m*	Konzert
contigo	mit dir
copa *f*	Glas; Gläschen
cordial	herzlich
correo *m* electrónico	E-Mail; wörtl.: elektronische Post
decidir	entscheiden
dejar	hier: aufgeben
despedir(se)	(sich) verabschieden
hace	vor (zeitl.)
invitación *f*	Einladung
isla *f*	Insel
lanzarse a	sich stürzen auf/in
mar *m/f*	Meer
mexicano, -a	mexikanisch
México	Mexiko
ofrecer	anbieten
pasar la mar	das Meer überqueren
picar	knabbern
por eso	deshalb
refrán *m*	Sprichwort
saludo *m*	Gruß
suerte *f*	Glück
uno de estos días	dieser Tage
vinito *m Dim*	Weinchen
vino *m*	Wein

E-Mail-Wortschatz	
adjuntar	anhängen
archivo *m*	Datei
ayuda *f*	Hilfe
copiar	kopieren
cortar	ausschneiden
editar	bearbeiten
enviar	schicken, senden
formato *m*	Format
herramientas *fPl*	Extras; Werkzeuge
insertar	einfügen
mensaje *m*	Nachricht
ver	Ansicht (wörtl. sehen)

Grammatik und Redemittel

Das Indefinido ▸ *§4.2.2*

Das Indefinido verwenden Sie für Ereignisse in der Vergangenheit, die zeitlich abgeschlossen sind. Typische Zeitangaben für das Indefinido sind z. B.:

ayer	*gestern*	el mes pasado	*letzten Monat*
anoche	*gestern Abend*	hace dos años	*vor zwei Jahren*
la semana pasada	*letzte Woche*	en 2006	*(im Jahr) 2006*

Hace un mes, **me presenté** en la empresa turística. *Vor einem Monat stellte ich mich in der Touristik-Firma vor.*

Ayer me **llamaron** John y Silvana. *Gestern riefen mich John und Silvana an.*

Hier die Formen des **Indefinido**:

	regelmäßig			unregelmäßig
	hablar	vender	abrir	estar
(yo)	habl**é**	vend**í**	abr**í**	estuve
(tú)	habl**aste**	vend**iste**	abr**iste**	estuviste
(él, ella, usted)	habl**ó**	vend**ió**	abr**ió**	estuvo
(nosotros, nosotras)	habl**amos**	vend**imos**	abr**imos**	estuvimos
(vosotros, vosotras)	habl**asteis**	vend**isteis**	abr**isteis**	estuvisteis
(ellos, ellas, ustedes)	habl**aron**	vend**ieron**	abr**ieron**	estuvieron

Carla **estuvo** en Cancún y le **gustó**. **Decidió** dejar su puesto en la agencia.
Carla war in Cancún und es gefiel ihr. Sie beschloss, ihre Arbeitsstelle im Reisebüro aufzugeben.
El mes pasado **abrieron** la nueva tienda en la calle Fuentes.
Letzten Monat eröffneten sie den neuen Laden in der Fuentes-Straße.
Ayer **hablaron** con el jefe. **Discutieron** una hora con él.
Gestern sprachen sie mit dem Chef. Sie diskutierten eine Stunde mit ihm.

Übungen

1 Was haben diese Personen in letzter Zeit gemacht? Bilden Sie Sätze im Indefinido.

1. hace un mes / Carla / visitar / Cancún

....

2. John / ayer / escribir un e-mail / novia

....

3. Carmen / la semana pasada / empezar a trabajar / agencia

....

4. Ramón y Gloria / preparar / clases de español / anoche

....

2 Lesen Sie, was Mauricio heute alles gemacht hat. Übersetzen Sie dann seinen Bericht ins Indefinido. Beginnen Sie ihn mit *ayer* anstelle von *hoy*. Es genügt, wenn Sie die Verbformen aufschreiben.

Hoy **he trabajado** como un burro (*wie ein Esel*). Primero **he llamado** a unos clientes, después **ha llegado** mi jefa y **hemos hablado** de varios asuntos. ¡**He estado** una hora en su oficina! A mediodía **he comido** con mis colegas en el nuevo restaurante en la calle de Alcalá. La comida nos **ha gustado** mucho. Por la tarde **hemos estado** todos en una presentación de un nuevo producto de nuestra empresa. Después del trabajo **he tomado** una copa con Ernesto y **hemos hablado** de los problemas que tiene en el trabajo. ¡Qué día!

Ayer ....

....

....

3 Lesen Sie die folgende kurze Einladung und antworten Sie darauf. Sagen Sie einmal zu und einmal ab.

Queridos compañeros:
El próximo viernes es mi 50 cumpleaños. Por eso os quiero invitar a unas tapas y copas en el bar «El cocodrilo verde», calle de Cádiz, número 38.
¡Os espero a las 20:30 horas!
Vicente

Bedanken Sie sich für die Einladung und sagen Sie zu:

....

....

Sagen Sie ab und begründen Sie, warum Sie nicht kommen können, z. B. weil Sie am Freitag nicht da sind oder in ein Konzert gehen.

....

....

Kulturtipp
Nunca decir »no«

Wenn Sie eine Einladung nicht annehmen können oder wollen, achten Sie darauf, nicht einfach klipp und klar „nein“ zu sagen, denn das würde in Spanien wie in Lateinamerika als unhöflich, ja beleidigend empfunden. Eine Absage sollte immer begründet und möglichst nett verpackt werden. Sie können z. B. sagen:

Perdona, pero no puedo ir a tu fiesta. Es que mi hija está enferma y no la puedo dejar sola. *Entschuldige, aber ich kann nicht zu deiner Party kommen. Meine Tochter ist nämlich krank und ich kann sie nicht alleine lassen.*

Auch Kritik sollten Sie nur sehr vorsichtig und zusammen mit viel Lob äußern. Hier ist viel Fingerspitzengefühl gefragt. Ein direktes „Nein“ wird im spanischen Sprachgebrauch so gut wie nie ausgesprochen und kann daher sehr verletzend wirken.

Was können Sie schon?

	☺	😐	☹	
■ über Vergangenes berichten	■	■	■	▸ *Ü1, Ü2*
■ auf eine Einladung antworten	■	■	■	▸ *Ü3*

Tag 25

Termine vereinbaren

In dieser Lektion lernen Sie

- einen Tisch im Restaurant zu reservieren
- einen Termin zu vereinbaren
- ein Besuchsprogramm zu organisieren

2/33

La degustación

El miércoles vendrán clientes alemanes. Carmen tiene que organizar su estancia.

Empleado	Restaurante «Alfonso Décimo», ¿dígame?
Carmen	Buenas tardes. Quería reservar una mesa para el jueves, a las veintiuna horas.
Empleado	¿Para cuántas personas?
Carmen	Para seis.
Empleado	¿A nombre de quién?
Carmen	De Carmen López, de la agencia «Trotamundos».
Empleado	Queda anotado. Muchas gracias.

Empleada	Bodega Ibérica. ¿Diga?
Carmen	Buenas tardes, soy Carmen López. Quería preguntar si hacen degustaciones.
Empleada	Sí, de martes a sábado a las cinco de la tarde.
Carmen	Sería para el viernes y para seis personas. ¿Cuál es el precio?
Empleada	Veinticinco euros por persona. Incluye la visita guiada, la degustación de tres diferentes vinos de jerez y un aperitivo: jamón ibérico, queso manchego, tortilla de patatas y aceitunas. La duración es de dos horas aproximadamente.
Carmen	Muy bien. ¿Puedo hacer la reserva por teléfono?
Empleada	Sí, claro. Recibirá un e-mail de confirmación con la información necesaria. ¿Cuál es su dirección electrónica?
Carmen	Carmen, arroba, trotamundos, punto, es.
Empleada	Muy bien. Muchas gracias.
Carmen	A usted, señora. Adiós.

Fragen zum Dialog

Ergänzen Sie die Lücken im Text.

1. Carmen reserva una mesa para .... personas en un restaurante bueno.
2. La mesa está reservada para los .... alemanes de la agencia.
3. El precio incluye la degustación, el aperitivo y la .... guiada.
4. Recibirá una .... de su reserva por e-mail.

Die Weinprobe

Am Mittwoch werden deutsche Kunden kommen. Carmen muss ihren Aufenthalt organisieren.

Angestellter Restaurant „Alfons der Zehnte", hallo?
Carmen Guten Tag. Ich möchte einen Tisch für Donnerstag, 21 Uhr reservieren.
Angestellter Für wie viele Personen?
Carmen Für sechs.
Angestellter Auf welchen Namen?
Carmen Auf Carmen López, Reisebüro „Weltenbummler".
Angestellter Ist notiert. Vielen Dank

Angestellte Bodega Ibérica. Ja bitte?
Carmen Guten Tag, hier Carmen López. Ich wollte fragen, ob Sie Weinproben durchführen.
Angestellte Ja, von Dienstag bis Samstag, um 17 Uhr.
Carmen Es wäre für Freitag und für sechs Personen. Was kostet das?
Angestellte 25 Euro pro Person. Inklusive Führung, Verköstigung von drei verschiedenen Sherry-Weinen und einem Aperitif: iberischer Schinken, Manchego-Käse, Kartoffelomelett und Oliven. Es dauert ungefähr 2 Stunden.
Carmen Gut. Kann ich telefonisch reservieren?
Angestellte Ja, klar. Sie werden eine Bestätigungs-E-Mail mit den nötigen Informationen erhalten. Wie ist Ihre E-Mail-Adresse?
Carmen Carmen, at, trotamundos, Punkt, es.
Angestellte Gut. Vielen Dank!
Carmen Ich danke Ihnen, Señora. Auf Wiedersehen.

Lernwortschatz

¿a nombre de quién?	auf welchen Namen?
a usted	ich danke Ihnen (Antwort auf „danke“)
aceituna *f*	Olive
anotar	notieren
aperitivo *m*	Aperitif (Kleinigkeit zum Essen)
aproximada-mente	ca., etwa
confirmación *f*	Bestätigung
¿cuál?, ¿cuáles?	welche(r, s)?
décimo, -a	der, die zehnte
degustación *f*	Weinprobe; Verköstigung
diferente	verschieden; unterschiedlich
duración *f*	Dauer
e-mail *m*	E-Mail
estancia *f*	Aufenthalt
ibérico, -a	iberisch; spanisch
incluir	enthalten; inklusive sein
información *f*	Information
jamón *m* ibérico	feiner luftgetrockneter Schinken
jerez *m*	Sherry
manchego *m*	(Schafs- oder Kuh-)Käse aus La Mancha
mesa *f*	Tisch
nombre *m*	Name
organizar	organisieren
precio *m*	Preis
preguntar (si)	fragen (ob)
queda anotado	ist notiert
queso *m*	Käse
recibir	erhalten
tortilla *f*	Omelett

Kleine Weinkunde	
aguardiente *m*	(Trester-)Schnaps
añejo	alt
barrica *f*	Fass
cosecha *f*	Ernte, Jahrgang
D.O. (Denomina-ción de Orígen)	kontrollierte Herkunfts-bezeichnung
dulce	süß
fino *m*	trockener Sherry
Gran Reserva *f*	mind. 5 Jahre gelagerter Wein
Reserva *f*	mind. 3 Jahre gelagerter Wein
rosado	Rosé
seco	trocken
semiseco	halbtrocken
viña *f*	Weinberg, Weinfeld

Grammatik und Redemittel

Si-Sätze ▸ *§ 9.3*

Si bedeutet im Bedingungssatz *wenn, falls:*
Si no viene hoy, vendrá mañana. *Wenn er heute nicht kommt, wird er morgen kommen.*
Si tienes algún problema, llámame. *Wenn du irgendein Problem hast, ruf mich an.*
In der Verbindung mit **preguntar** *fragen* oder **saber** *wissen* heißt **si** *ob*:
Quería preguntar **si** hay visitas. *Ich wollte fragen, ob es Führungen gibt.*
Todavía no sabemos **si** podemos ir. *Wir wissen noch nicht, ob wir kommen können.*

Fragewörter ▸ *§ 7*

Hier noch einmal die wichtigsten Fragewörter im Überblick. Sie tragen immer einen Akzent.

¿Cómo?	*Wie?*	¿Cómo está usted? *Wie geht es Ihnen?*
¿Qué?	*Was? / Welche(r, s)?*	¿Qué tomamos? *Was trinken wir?*
¿Quién?	*Wer?*	¿Quién es? *Wer ist das?*
¿Quiénes?	*Wer? (Pl)*	¿Quiénes son estos dos? *Wer sind die beiden?*
¿Dónde?	*Wo?*	¿Dónde está Pablo? *Wo ist Pablo?*
¿De dónde?	*Woher?*	¿De dónde eres? *Woher kommst du?*
¿Adónde?	*Wohin?*	¿Adónde vamos? *Wohin gehen wir?*
¿Cuándo?	*Wann?*	¿Cuándo vienes? *Wann kommst du?*
¿Cuánto (-a, -os, -as)?	*Wie viel(e)?*	¿Para cuántos? *Für wie viele?*
¿Por qué?	*Warum?*	¿Por qué no llamas? *Warum rufst du nicht an?*
¿Cuál?, ¿Cuáles?	*Welche(r, s)?*	¿Cuál es el precio? *Wie viel kostet es?*

Übungen

2/34

1 Hören Sie das Telefonat und notieren Sie die wichtigsten Punkte der Reservierung.

1. ¿Dónde? ....
2. ¿Cuándo? ....
3. ¿Para cuántos? ....
4. ¿A qué hora? ....
5. ¿A qué nombre? ....

2 Lesen Sie diesen Prospekt einer Weinkellerei und ergänzen Sie die Lücken mit den angegebenen Wörtern.

degustación guiadas teléfono incluye e-mail vino tintos histórico

Las visitas
Visitas .... (1.) por la bodega, explicando cada etapa de la elaboración del .... (2.). .... (3.) de diferentes vinos blancos, ... (4.) y rosados.
El restaurante de la guardia
Ideal para terminar su visita a la bodega. Situado en un edificio .... (5.) del siglo XIX. El exclusivo menú .... (6.) los mejores vinos de la bodega.
Situación geográfica
Calle San Martín, 45 – 5507 Mendoza, Argentina
.... (7.): 54 261 4980232
.... (8.): info@laguardia.com.ar

3 Sie möchten eine Sherry-Kellerei in Jerez de la Frontera besuchen. Schreiben Sie eine E-Mail an die Bodega Blanca Conde und fragen Sie, ob Sie für den Montag, 3. August (3 de agosto) eine Führung für 3 Personen buchen können, wann sie beginnt und was sie kostet.

Nuevo mensaje

Estimados señores:
....
....
Muchas gracias de antemano (*im Voraus*).
Atentamente,
....

Kulturtipp Manual de comportamiento

Wenn Sie selbst geschäftlich in Spanien zu tun haben oder spanischsprachige Geschäftspartner hier empfangen, dann sollten Sie sie nicht nur geschäftlich, sondern auch in der Freizeit begleiten und ihnen Gesellschaft leisten, ihnen Stadt und Umgebung zeigen und sie nicht sich selbst überlassen, das würde als sehr negativ empfunden werden.

Auch im Umgang mit Geschäftspartnern dürfen Sie persönliche Fragen stellen, z. B. nach der Familie, und Interesse für die Lebensumstände Ihres Gegenübers zeigen. Strittige Themen wie Politik oder Religion sollten Sie meiden. Auch beim Geschäftsessen wird vorwiegend über Allgemeines und Persönliches gesprochen. Erst bei der Nachspeise darf auch Geschäftliches angesprochen werden.

Was können Sie schon?

	☺	😐	☹	
■ einen Tisch im Restaurant bestellen	■	■	■	▸ Ü1
■ einen Prospekt lesen und verstehen	■	■	■	▸ Ü2
■ eine Reservierung per E-Mail verfassen	■	■	■	▸ Ü3

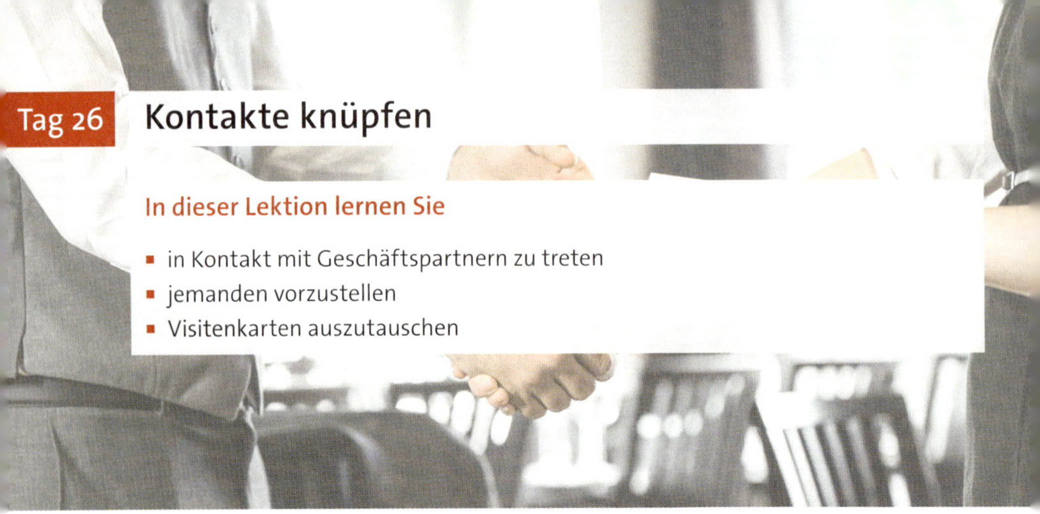

Tag 26 Kontakte knüpfen

In dieser Lektion lernen Sie

- in Kontakt mit Geschäftspartnern zu treten
- jemanden vorzustellen
- Visitenkarten auszutauschen

2/35 ¡Bienvenidos a España!

Carmen y su jefe, Juan Carlos, están en el aeropuerto para recoger a los clientes alemanes. Llevan una pancarta con el logotipo de la agencia.

Señor Berger	Buenas tardes. Soy Rolf Berger de la empresa «Viajes al sur». Y esta es mi colega Anette Reimann.
Juan Carlos	Ah, ¡qué bien habla usted español! ¡Bienvenidos a España! Soy Juan Carlos Lucena y esta es mi asistente, Carmen Renner López.
Señora Reimann	¡Mucho gusto! ¿Es usted alemana?
Carmen	Soy medio alemana, medio española.
Señor Berger	Pues, perfecto. Usted nos ayudará como intérprete, ¿verdad?
Carmen	Con mucho gusto.
Señora Reimann	Tenga, mi tarjeta de visita.
Juan Carlos	Gracias. Aquí tiene la mía.
Señor Berger	Y este es un pequeño regalo para ustedes de Alemania.
Carmen	Ah, muchas gracias. ¡Una caja de bombones de mazapán!
Juan Carlos	Tienen que probar también nuestro mazapán de Toledo.
Señora Reimann	Ah, sí, el mazapán, el turrón: España tiene muchas delicias.
Carmen	Pues claro y para eso vamos esta noche a cenar a un restaurante muy bueno, uno de los mejores de la ciudad. Y mañana, en nuestra excursión, vamos a degustar otra especialidad: el famoso jerez.
Señor Berger	Parece que estamos aquí de vacaciones y no para trabajar.
Juan Carlos	Yo diría: para trabajar y gozar.

Fragen zum Dialog

Ergänzen Sie die Ausdrücke aus dem Text und ordnen Sie ihnen ihre deutsche Entsprechung zu.

1. ...... ete	a) Visitenkarte
2. in .... rete	b) Chef
3. ...... ar ....ta d .... ita	c) Dolmetscherin

Willkommen in Spanien!

Carmen und ihr Chef, Juan Carlos, sind am Flughafen, um ihre deutschen Geschäftspartner abzuholen. Sie haben ein Plakat mit dem Logo des Reisebüros bei sich.

Herr Berger	Guten Tag. Ich bin Rolf Berger von der Firma „Reisen in den Süden“. Und das ist meine Kollegin Anette Reimann.
Juan Carlos	Oh, Sie sprechen aber gut Spanisch! Willkommen in Spanien! Mein Name ist Juan Carlos Lucena und das ist meine Assistentin Carmen Renner López.
Frau Reimann	Sehr erfreut! Sind Sie Deutsche?
Carmen	Ich bin halb Deutsche, halb Spanierin.
Herr Berger	Also das ist ja perfekt. Sie werden uns als Dolmetscherin unterstützen, nicht wahr?
Carmen	Sehr gern.
Frau Reimann	Hier bitte, meine Visitenkarte.
Juan Carlos	Danke. Hier meine.
Herr Berger	Und das ist ein kleines Geschenk für Sie aus Deutschland.
Carmen	Ach, vielen Dank. Eine Schachtel mit Marzipan-Pralinen!
Juan Carlos	Sie müssen auch unser Marzipan aus Toledo probieren.
Frau Reimann	Ach ja, Marzipan, Nougat: Spanien bietet viele Köstlichkeiten.
Carmen	Genau, und deshalb werden wir heute Abend in einem sehr guten Restaurant zu Abend essen, einem der besten in der Stadt. Und morgen, auf unserem Ausflug, werden wir eine andere Spezialität kosten: den berühmten Sherry.
Herrr Berger	Es sieht so aus, als wären wir auf Urlaub hier und nicht zum Arbeiten.
Juan Carlos	Ich würde sagen zum Arbeiten und zum Genießen.

Lernwortschatz

asistente *m/f*	Assistent, Assistentin
bombón *m*	Praline
caja *f*	Schachtel
delicia *f*	Köstlichkeit
gozar	genießen
intérprete *m/f*	Dolmetscher, -in
logotipo *m*	(Firmen-)Logo
mazapán *m*	Marzipan
pancarta *f*	Plakat
para eso	deshalb
parecer (que)	erscheinen, scheinen (als ob)
pues claro	genau
tarjeta *f* de visita	Visitenkarte
turrón *m*	Mandelnougat (Weihnachtsspezialität)
vacaciones *fPl*	Urlaub; Ferien
¿verdad?	nicht wahr?
tenga	hier bitte, hier haben Sie

Business-Wortschatz	
agenda *f*	Terminplan
cargo *m*	Position; Funktion in einer Firma
discusión *f*	Diskussion
diseño *m*	Design
feria *f*	Messe
ficha *f*	Zettel; Formular
jefe *m* / jefa *f* de departamento	Abteilungsleiter, -in
márketing *m*	Marketing
ordenador *m*	Computer
personal *m*	Personal
pedido *m*	Bestellung
ponencia *f*	Vortrag
ponente *m/f*	Vortragende(r)
presentación *f*	Präsentation
presupuesto *m*	Budget
producto *m*	Produkt
reclamación *f*	Reklamation
representante *m/f*	Stellvertreter; Firmenvertreter
reunión *f*	Versammlung, Meeting
Sociedad *f* Anónima (S.A.)	Aktiengesellschaft (AG)
seminario *m*	Seminar, Workshop
servicio *m*	Service
venta *f*	Verkauf
viaje *m* de negocios	Geschäftsreise

Grammatik und Redemittel

Possessivpronomen ▸ *§5.3*

Die Possessivpronomen werden, anders als die Possessivadjektive (**mi**, **tu** *mein*, *dein*; ▸ *Tag 11*), allein verwendet, z. B. um die Wiederholung eines Substantivs zu vermeiden:

Singular		Plural	
el mío, la mía	meine(r, s)	los míos, las mías	meine
el tuyo, la tuya	deine(r, s)	los tuyos, las tuyas	deine
el suyo, la suya	seine(r, s), ihre(r, s) Ihre(r, s)	los suyos, las suyas	seine, ihre, Ihre
el nuestro, la nuestra	unsere(r, s)	los nuestros, las nuestras	unsere
el vuestro, la vuestra	eure(r, s)	los vuestros, las vuestras	eure
el suyo, la suya	ihre(r, s), Ihre(r, s)	los suyos, las suyas	ihre, Ihre

▸ Tenga, mi tarjeta de visita. *Hier bitte, meine Visitenkarte.*
◂ Gracias. Aquí tiene **la mía**. *Danke. Hier ist meine.*
No es mi bolígrafo. ¿Es **el tuyo**? *Das ist nicht mein Kugelschreiber. Ist es deiner?*
¿Esas llaves no son **las vuestras**? *Sind diese Schlüssel nicht eure?*

Para + Infinitiv

Zusammen mit dem Infinitiv eines Verbs bedeutet **para** *um zu*:
Estamos aquí **para** trabajar. *Wir sind hier, um zu arbeiten.*
Ana ha llamado **para** decir adiós. *Ana hat angerufen, um Auf Wiedersehen zu sagen.*

Bombones

Vielleicht haben Sie's gemerkt: **bombones** und *Bonbons* sind falsche Freunde.
El bombón ist die *Praline*, während *das Bonbon* im Spanischen **el caramelo** heißt.

Übungen

1 Erstellen Sie nach dieser spanischen Vorlage Ihre eigene Visitenkarte.

Título/Estudios ....

Nombre ....

Empresa ....

Cargo ....

Calle_Número ....

CP_Localidad ....

Teléfono ....

Dirección_Correo electrónico ....

2 Ergänzen Sie die Possessivadjektive oder -pronomen. Was passt?

tus vuestro nuestro suya tu mi tuyo mío mi

1. ► Hola, Inés. ¿Qué tal? ◄ Bien, ¿y tú? ► Muy bien. ¿Y .... familia?
2. Esta no es mi llave. ¿Es la .... , señora Corsini?
3. ► ¿Estos son .... hijos, Carlos? ◄ Sí, son .... hija Carlota y .... hijo Bernardo.
4. ► ¿Este móvil es el .... , Antonia? ◄ No, no es el ....
5. ► ¿Es .... coche? (Ana y Alba). ◄ Sí, el Seat es el ....

2/36

3 Hören Sie die folgenden kurzen Dialoge. Wer wird hier vorgestellt? Ordnen Sie Name und Firma richtig zu.

nombre	empresa
1.	*Servicios informaticos MR*
....	....
2. *Elena Castro*	
....	

Kulturtipp Relaciones profesionales

Ein wichtiger Schritt zur erfolgreichen Geschäftsbeziehung mit Spanien oder einem lateinamerikanischen Land ist es, Respekt und Interesse für das Gastland und seine Bewohner zu zeigen. Das kann man natürlich besonders gut, wenn man sich bemüht, die Sprache des Gastlandes zu sprechen, und seien es auch nur einige wenige Wendungen und Floskeln, die man beherrscht.

Auch in Geschäftsbeziehungen sind Spanischsprechende meist herzlich und legen Wert auf ein gutes persönliches Verhältnis. Ein Geschäftspartner bzw. eine Geschäftspartnerin, die sprachlich gewandt, unterhaltsam und humorvoll ist, kann besonders punkten.

Viel Wert wird generell auch auf ein gutes Erscheinungsbild gelegt. Das Auftreten sollte würdig, aber dennoch bescheiden sein. Auf keinen Fall aufschneiderisch oder besserwisserisch.

Visitenkarten werden zu Beginn des Zusammentreffens ausgetauscht, oder, wenn man in einem größeren Unternehmen ankommt, bei der Anmeldung an der Rezeption abgegeben.

Was können Sie schon?

	☺	😐	☹	
■ eine eigene Visitenkarte erstellen	■	■	■	▸ Ü1
■ über Besitzverhältnisse sprechen	■	■	■	▸ Ü2
■ bei Vorstellungen die Firmenzugehörigkeit und Position der Personen verstehen und richtig zuordnen	■	■	■	▸ Ü3

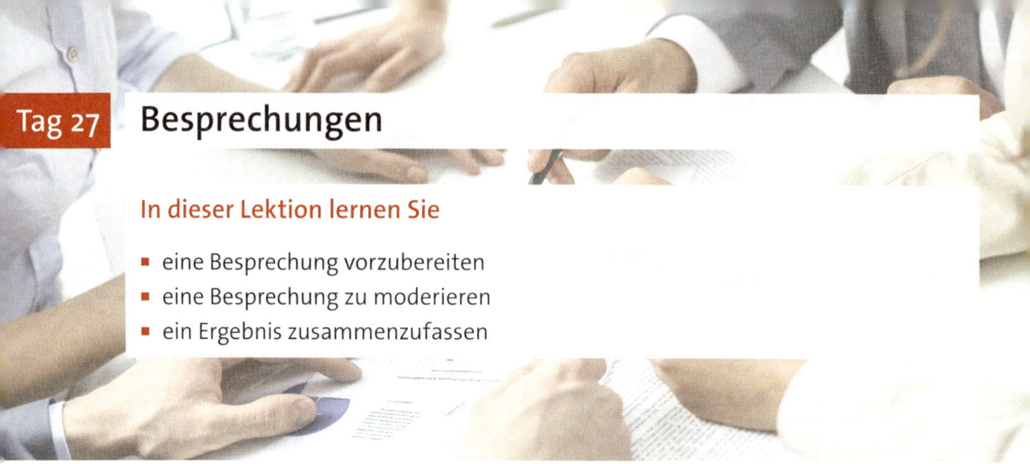

Tag 27 Besprechungen

In dieser Lektion lernen Sie

- eine Besprechung vorzubereiten
- eine Besprechung zu moderieren
- ein Ergebnis zusammenzufassen

2/37 La reunión

Juan Carlos Carmen, ¿está todo listo?

Carmen Sí, está todo preparado: los paneles, los rotuladores, las cartulinas y los alfileres.

Juan Carlos ¿Y las bebidas?

Carmen Hay refrescos, zumos, fruta y café filtrado y té para los clientes alemanes.

Juan Carlos ¿Café filtrado? ¡Qué barbaridad! Ah, ya vienen.

Juan Carlos Señoras y señores, quiero darles la bienvenida a todos ustedes aquí en nuestra agencia. Tengo el placer de presentarles a Paloma González, encargada de turismo del municipio de Ronda.

Paloma González Gracias, Juan Carlos. Muy buenas tardes.

Juan Carlos Con Paloma y nuestros estimados clientes de Berlín vamos a intentar establecer un nuevo programa de excursiones a Ronda y a la Sierra de Grazalema.

Juan Carlos Bueno, estamos llegando al final de nuestra reunión. Déjenme resumir los resultados. Junto con el municipio de Ronda vamos a desarrollar un concepto de márketing para promocionar nuestro plan de establecer un programa de ecoturismo en el Parque Natural de la Sierra de Grazalema y adquirir fondos. Les vamos a informar sobre los progresos de nuestro proyecto común y espero que en la próxima reunión ya tengamos resultados concretos. Gracias por su atención y su contribución.

Fragen zum Dialog

Ordnen Sie passende Satzanfänge und -enden zu.

1. Paneles, rotuladores, cartulinas	a) su atención.
2. Quiero darles	b) y alfileres.
3. Gracias por	c) final de la reunión.
4. Estamos llegando al	d) la bienvenida a todos ustedes.

Die Besprechung

Juan Carlos Carmen, ist alles fertig?

Carmen Ja, es ist alles vorbereitet: Flipcharts, Stifte, Kärtchen und Pins.

Juan Carlos Und die Getränke?

Carmen Es gibt Erfrischungsgetränke, Säfte, Obst und Filterkaffee und Tee für die deutschen Geschäftspartner.

Juan Carlos Filterkaffee? Schrecklich! Ah, da kommen sie.

Juan Carlos Meine Damen und Herren, ich möchte Sie alle hier in unserer Agentur willkommen heißen. Ich habe das Vergnügen, Ihnen Paloma González, die Tourismus-Beauftragte der Stadtverwaltung von Ronda vorzustellen.

Paloma González Danke, Juan Carlos. Schönen guten Tag.

Juan Carlos Mit Paloma und unseren geschätzten Partnern aus Berlin werden wir versuchen, ein neues Ausflugsprogramm nach Ronda und in die Sierra de Grazalema einzuführen.

Juan Carlos Gut, wir kommen zum Ende unserer Besprechung. Lassen Sie mich die Ergebnisse zusammenfassen. Zusammen mit der Stadtverwaltung von Ronda werden wir ein Marketing-Konzept entwickeln, um unseren Plan, ein Ökotourismus-Programm in den Naturpark Sierra de Grazalema zu etablieren, voranzubringen und Geldmittel dafür zu akquirieren. Wir werden Sie über die Fortschritte unseres gemeinsamen Projekts informieren und ich hoffe, wir werden zu unserem nächsten Meeting bereits konkrete Ergebnisse haben. Danke für Ihre Aufmerksamkeit und Ihren Beitrag.

Tag 27 Lernwortschatz

adquirir	akquirieren, bekommen
alfiler *m*	(Steck-)Nadel, Pinnnagel
atención *f*	Aufmerksamkeit
café m filtrado	Filterkaffee
cartulina *f*	Kärtchen (aus Kartonpapier)
común	gemeinsam
concepto *m*	Konzept
concreto, -a	konkret
contribución *f*	Beitrag
dar la bienvenida	willkommen heißen
desarrollar	entwickeln
ecoturismo *m*	Ökotourismus
encargado, -a	beauftragt; Beauftragte(r)
esperar que	hoffen, dass
establecer	einrichten, etablieren
estimado, -a	geschätzt
fondos *mPl*	Geldmittel
informar	informieren
intentar	versuchen
junto con	zusammen mit
municipio *m*	Stadtverwaltung; Gemeinde
parque *m* natural	Naturpark
placer *m*	Vergnügen
preparado, -a	vorbereitet
progreso *m*	Fortschritt
promocionar	fördern; voranbringen
proyecto *m*	Projekt
¡qué barbaridad!	wie schrecklich!
resultado *m*	Ergebnis
resumir	zusammenfassen
sierra *f*	Gebirgszug; Mittelgebirge
sobre	über
té *m*	(schwarzer) Tee
zumo *m*	Saft

Moderation, Präsentation	
beamer *m*	Beamer
moderador, moderadora	Moderator, -in
objetivo *m*	Ziel
orden *m* del día	Tagesordnung
ordenador *m* portátil	Laptop
panel *m*	Flipchart
participante *m/f*	Teilnehmer, -in
pausa *f*	Pause
proyector *m* de diapositivas	Diaprojektor
retroproyector *m*	Overheadprojektor
rotulador *m*	Filzstift; Permanent Marker
workshop *m*	Workshop

Grammatik und Redemittel

Redemittel für das Moderieren von Besprechungen

Apertura	**Anfang**
Señoras y señores,	*Sehr verehrte Damen und Herren,*
Estimado público,	*Verehrtes Publikum,*
Quiero darles la bienvenida.	*Ich möchte Sie herzlich begrüßen.*
Tengo el placer de presentarles ...	*Ich habe das Vergnügen, Ihnen ... vorzustellen.*
Comentarios	**Kommentare**
¿Tienen alguna pregunta?	*Haben Sie (Pl) dazu Fragen?*
¿Cuál es su opinión?	*Wie ist Ihre Meinung dazu?*
¿Están ustedes de acuerdo?	*Sind Sie (Pl) damit einverstanden?*
¿Quiere comentar el asunto?	*Möchten Sie (Sg) dazu etwas sagen?*
Estoy de acuerdo con usted.	*Ich bin ganz Ihrer (Sg) Meinung.*
No estoy de acuerdo.	*In bin anderer Meinung / nicht einverstanden.*
Cierre	**Schluss**
Y para terminar ...	*Um zum Schluss zu kommen ...*
Déjenme resumir.	*Lassen Sie mich zusammenfassen.*
Gracias por su atención.	*Danke für Ihre Aufmerksamkeit.*
Gracias por haber venido.	*Danke, dass Sie gekommen sind.*

Esperar que + Subjuntivo ▸ *§4.6*

Esperar que *hoffen, dass* verlangt ebenso wie **desear que** *wünschen, dass* ein Verb im **Subjuntivo** (Konjunktiv), dessen Formen Sie zum Teil bereits aus dem Imperativ (Befehlsform) der 3. Person Singular kennen (**diga**, **tenga**, **perdone** ... (▸ *Tag 19*). Es reicht, wenn Sie diese Formen verstehen, Sie müssen sie nicht aktiv anwenden können.

Achtung:

Hier die vollständigen Formen des **Subjuntivo** des Verbs **tener**:

(yo)	tenga	(nosotros, nosotras)	tengamos
(tú)	tengas	(vosotros, vosotras)	tengáis
(él, ella, usted)	tenga	(ellos, ellas, ustedes)	tengan

Espero que pronto **tengamos** resultados. *Ich hoffe, wir haben bald Ergebnisse.*
Le **deseamos que tenga** éxito con su proyecto. *Wir wünschen Ihnen, dass Sie Erfolg haben mit Ihrem Projekt.*

Übungen

1 Lesen Sie den Text und ergänzen Sie die fehlenden Begriffe.

Senderismo (*Wandern*) en la Sierra de Grazalema
Ruta I – Al valle de Lifa (*Lifa-Tal*)
Distancia: 24 Kms.
Modalidad: a pie, bicicleta o caballo
Tiempo aproximado: 6 horas
Grado de dificultad: medio. En bicicleta: medio-alto.
Época recomendada: abril, mayo y primera mitad de junio. En bicicleta todo el año, excepto los meses de pleno verano.
Consejos prácticos: llevar zapatos cómodos y agua. Recomendamos los prismáticos y la cámara de fotos. Para la ruta en bicicleta: casco y material de repuesto.

1. .... *Schwierigkeitsgrad*
2. .... *Entfernung*
3. .... *Fernglas*
4. .... *Pferd*
5. .... *Hochsommer*
6. .... *Fahrradhelm*
7. .... *praktische Tipps*
8. .... *Flickzeug*

2 Formulieren Sie die Sätze aus und entscheiden Sie, ob der Satz zum Anfang (A), zur Mitte (M) oder eher zum Ende (E) einer Präsentation gehört. Ergänzen Sie den jeweiligen Buchstaben im Kästchen.

1. por / gracias / atención / muchísimas / su / .
   ☐ ....
2. al / de / reunión / final / llegando / nuestra / estamos / .
   ☐ ....
3. es / ¿ / su / cuál / ? / opinión
   ☐ ....
4. días / público / buenos / estimado / , / .
   ☐ ....
5. estoy / con / de / no / usted / acuerdo
   ☐ ....
6. programa / espero / nuestro / que / éxito / tenga / .
   ☐ ....
7. les / dar / señores / quiero / señoras / la / y / bienvenida / , / .
   ☐ ....

Kulturtipp
Discusiones

Die Kunst des Redens wird in den spanischsprachigen Ländern gepflegt und sehr geschätzt. Spanier improvisieren gut und halten Reden gerne auch aus dem Stegreif, ohne lange Vorbereitung.

Für alle Gespräche und Diskussionen, auch geschäftliche, gilt: Es geht meist lauter und lebhafter zu als bei uns üblich. Spanier und Latinos sind in der Regel temperamentvoll. Das äußert sich u. a. in der Lautstärke und im Einsatz von Gestik und Mimik. Ein Redner oder eine Rednerin wird häufiger unterbrochen, und das gilt nicht als Zeichen von Unhöflichkeit, eher von Interesse und Anteilnahme. Sogar leichte Berührungen, etwa am Arm oder an der Schulter, sind z. B. beim gemeinsamen Essen, erlaubt und nett gemeint, nicht aufdringlich.

Wenn man sich ein wenig besser kennenlernt, ist auch das Duzen im Geschäftsleben möglich und wird in der Regel bald vom spanischen Geschäftspartner angeboten.

Was können Sie schon?

	☺	😐	☹	
■ einen Ausflugs-Prospekt lesen und verstehen	■	■	■	▸ Ü1
■ eine Besprechung moderieren, Zustimmung oder Ablehnung formulieren, jemanden nach seiner Meinung fragen	■	■	■	▸ Ü2

Tag 28 Konferenzen

In dieser Lektion lernen Sie

- eine Anmeldung für einen Kongress auszufüllen
- ein Veranstaltungsprogramm zu verstehen
- Ratschläge zu geben

2/38 Una conferencia

Juan Carlos Carmen, ¿te gustaría hacer un viaje?

Carmen Pues, claro que sí.

Juan Carlos Entonces vas a participar en la primera «Conferencia de turismo y naturaleza, desarrollo sostenible» del 11 al 12 de noviembre, en Las Palmas.

Carmen ¿En serio?

Juan Carlos Claro! Yo no puedo ir porque tengo ya otros compromisos. Rellena ya la inscripción y mándala por email. En internet puedes ver qué ponencias habrá sobre el turismo responsable y cuáles te interesan. Cada jornada termina con una mesa redonda sobre temas actuales.

Carmen ¿Puedo participar también en uno de los talleres prácticos? Ofrecen rutas botánicas y de vulcanología.

Juan Carlos Claro que participarás. Lleva tus nuevas tarjetas de visita y ponte en contacto con los otros participantes. ¡Y disfruta!

Carmen Al final habrá un cóctel de despedida y la entrega de los Certificados de Asistencia. Juan Carlos, ¿sabes qué?

Juan Carlos ¿Qué?

Carmen ¡Eres el mejor jefe que hay en España, y el más simpático y generoso!

Boletin de incripcion
Conferencia Internacional
Turismo de Naturaleza

Apellidos, nombre

Cargo, empresa

Dirección

Ciudad, país

E-mail

Fragen zum Dialog

Welche Wörter aus dem Dialog werden hier umschrieben? Ordnen Sie zu.

1. Información sobre un tema concreto:	a) Certificado de Asistencia
2. Discusión entre expertos sobre un tema:	b) ponencia
3. Confirmación sobre la participación:	c) mesa redonda

Eine Konferenz

Juan Carlos Carmen, würdest du gern eine Reise machen?

Carmen Na klar!

Juan Carlos Dann wirst du an der ersten „Konferenz für Tourismus und Natur, nachhaltige Entwicklung“, vom 11. bis 12. November in Las Palmas teilnehmen.

Carmen Im Ernst?

Juan Carlos Klar! Ich kann nicht fahren, weil ich schon andere Verpflichtungen habe. Füll schon mal die Anmeldung aus und schick sie per E-Mail ab. Im Internet kannst du sehen, welche Vorträge es über verantwortungsbewussten Tourismus geben wird und welche dich interessieren. Jeder Tag endet mit einem Round-Table-Gespräch über aktuelle Themen.

Carmen Kann ich auch an einem der Praxis-Workshops teilnehmen? Sie bieten botanische und vulkanologische Ausflüge an.

Juan Carlos Natürlich wirst du daran teilnehmen. Nimm deine neuen Visitenkarten mit und nimm Kontakt mit den anderen Teilnehmern auf. Und genieße es!

Carmen Am Ende wird es einen Abschiedscocktail geben und die Verteilung der Teilnahmebestätigungen. Juan Carlos, weißt du was?

Juan Carlos Was?

Carmen Du bist der beste Chef, den es in Spanien gibt, und der sympathischste und der großzügigste!

Anmeldeformular

Internationale Konferenz

Naturtourismus

Nachname, Vorname

______

Position, Firma

______

Adresse

______

Stadt, Land

______

E-Mail

______

Tag 28 Lernwortschatz

actual	aktuell
asistencia *f*	Teilnahme; Anwesenheit
boletín *m*	Formular, Zettel
cóctel *m*	Cocktail
compromiso *m*	Verpflichtung
conferencia *f*	Konferenz
desarrollo *m*	Entwicklung
despedida *f*	Abschied
disfrutar	genießen
en serio	im Ernst
entrega *f*	Übergabe
generoso, -a	großzügig
iniciativa *f*	Initiative
inscripción *f*	Anmeldung
interesar	interessieren
internacional	international
jornada *f*	(Arbeits-)Tag
mesa *f* redonda	Round-Table-Gespräch
naturaleza *f*	Natur
país *m*	Land
participar	teilnehmen
ponerse en contacto con	sich in Verbindung setzen mit; Kontakt aufnehmen zu
rellenar	ausfüllen
responsable	verantwortungsbewusst; verantwortlich
ruta *f*	Route
sostenible	nachhaltig
taller *m*	Workshop; Werkstatt
tema *m (!)*	Thema
terminar	enden

Vorträge und Round-Table-Gespräche	
conclusiones *fPl*	Schluss; Schlussfolgerungen
cuerpo *m* central	Hauptteil
introducción *f*	Einführung, Einleitung
material *m* informativo	Handout
ponencia *f*	Vortrag
teleconferencia *f*	Videokonferenz

Grammatik und Redemittel

Wichtige Präpositionen im Überblick

a	nach, zu, um	de ... a	von ... bis
de	von, aus	en	in, an, auf
con	mit	sin	ohne
hasta	bis	sobre	über
desde	seit (Zeitpunkt)	desde hace	seit (Zeitraum)
hace	vor (zeitl.)	entre	zwischen, unter
para	für, um zu	por	pro, für, wegen

Cada jornada termina **con** una mesa redonda **sobre** temas actuales.
Jeder Tag endet mit einem Round Table über aktuelle Themen.
La conferencia es **del** 11 **al** 12 de noviembre **en** Gran Canaria.
Die Konferenz ist vom 11. bis zum 12. November in Gran Canaria

Ratschläge erteilen

Mithilfe des Imperativs können Sie auch Ratschläge erteilen. Erinnern Sie sich an die Formen (▸ *Tag 19*)? Ergänzen Sie die Lücken.

	participar	rellenar	llevar	disfrutar	ponerse en contacto
tú	participa	rellena	....	....	ponte en contacto
usted	participe	....	lleve	....	póngase en contacto

Lleve sus tarjetas de visita y **póngase** en contacto con los clientes.
Nehmen Sie Ihre Visitenkarten mit und setzen Sie sich mit den Kunden in Verbindung.

Sie können auch andere Redemittel verwenden, um Ratschläge zu erteilen, z. B. die Verben **tener que** *müssen* (▸ *Tag 13*) oder **deber** *sollen*:
Usted **tiene que** llamarlo ahora mismo. *Sie müssen ihn gleich anrufen.*
No **debes** trabajar tantas horas. *Du sollst nicht so viele Stunden arbeiten.*
Sie können auch das Konditional verwenden (▸ *Tag 23*):
¿No **podríais** preguntar a Juan? *Könntet ihr nicht Juan fragen?*
Ángela **debería** salir más con amigos. *Ángela sollte mehr mit Freunden ausgehen.*

Übungen

2/39

1 Sehen Sie sich den folgenden Ausschnitt aus einer Tagesordnung für einen Kongress an, hören Sie dann zu und ergänzen Sie die Lücken.

	Programa – orden del día
9:00–9:30	Recepción de ....
9:30–9:45	.... /Introducción
9:45–10:45	CRM: Servicio al .... (ponencia)
10:45–11:00	.... y comentarios
11:00–11:20	....
11:20–12:30	.... directo (ponencia)
12:30–13:00	Conclusiones

2 Finden Sie die passenden Substantive zu diesen Verben.

1. inscribir la ....
2. informar ....
3. confirmar ....
4. discutir ....
5. durar ....
6. presentar ....

3 Formulieren Sie Ratschläge für eine Person, die einen Vortrag halten soll, in der Du-Form.

1 .... (preparar) bien la ponencia.
2. .... (llevar) todos los materiales necesarios.
3. .... (dar) la bienvenida a los participantes.
4. .... (hablar) más despacio.
5. .... (informar) al público sobre las tendencias más actuales.
6. .... (discutir) con el público sobre las preguntas que hay.

Kulturtipp
Turismo en España

Der Tourismus ist ein wichtiger Wirtschaftsfaktor für Spanien, das zweitbeliebteste Urlaubsland der Welt. Etwa 60 Millionen ausländische Touristen kommen jährlich nach Spanien. Die beliebtesten Regionen sind Katalonien im Nordosten, die Kanaren, Andalusien, die Balearen und Valencia. Bei den Städtereisen sind vor allem Madrid, Barcelona und Santiago de Compostela beliebte Ziele.
Unter den Reisenden sind auch jährlich ca. 170 000 Sprachenschüler.

Der sanfte Tourismus, **el turismo ecológico**, **el ecoturismo** oder el **turismo sostenible** gewinnt dabei angesichts von Wasserknappheit und Versteppung weiter Teile Südspaniens immer mehr an Bedeutung.

Was können Sie schon?

	☺	😐	☹	
■ eine Tagesordnung hören und verstehen	■	■	■	▸ Ü1
■ Ratschläge formulieren	■	■	■	▸ Ü3

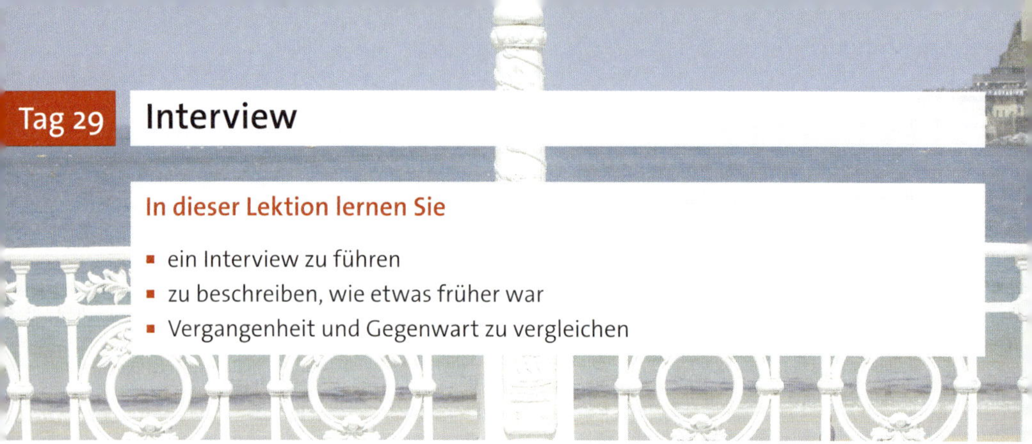

Tag 29

Interview

In dieser Lektion lernen Sie

- ein Interview zu führen
- zu beschreiben, wie etwas früher war
- Vergangenheit und Gegenwart zu vergleichen

2/40 Una entrevista

Para una revista Carmen hace una entrevista a Ana María Rosales que trabaja en la oficina de turismo de San Sebastián (Donostia) desde 1970.*

Ana María, ¿en qué ha cambiado el turismo?
Desde los años 70 ha cambiado todo. Antes iba de vacaciones la clase privilegiada, ahora va todo el mundo.

El turismo se ha democratizado.
Por suerte, sí. Los hoteles antiguos se edificaron en los años 20. Esas casas las compraron industriales que pasaban todo el verano aquí. Donostia se convirtió en una segunda residencia, pero hoy ya no es así.

¿Qué tipo de turistas suele venir?
Un poco de todo. Vienen muchas familias con hijos y los jóvenes por el surf y la marcha.

¿Cómo era Donostia antes y cómo es hoy?
Antes era un sitio bonito, tranquilo, no había mucho tráfico. Hoy está bien conectado mediante la autopista, el tren y los autobuses. La situación geográfica con el mar y el monte, el paseo marítimo y las playas atraían siempre a mucha gente. Hoy además gusta por sus rutas de senderismo. Lo importante es el conjunto, la variedad.

¿Se nota alguna crisis turística o económica?
De momento, se nota más el efecto del clima. Si hace buen tiempo, todo el mundo sale a la calle y consume. Pero es muy pronto para hacer un balance. Aún queda todo el verano por delante y somos optimistas.

* Die Stadt San Sebastián liegt im Baskenland. Sie heißt auf Baskisch Donostia.

Fragen zum Dialog

Ordnen Sie den Fragen die passenden Antworten zu.

1. ¿Cuándo se edificaron los hoteles antiguos?
2. ¿Desde cuándo trabaja Ana María en Donostia?
3. ¿Se nota la crisis?
4. ¿Cómo ha cambiado el turismo?
5. ¿Cómo era Donostia antes?

a) Se ha democratizado.
b) En los años 20.
c) Antes era tranquilo.
d) Desde 1970.
e) De momento no.

Ein Interview

Für eine Zeitschrift macht Carmen ein Interview mit Ana María Rosales, die seit 1970 im Fremdenverkehrsamt von San Sebastián (Donostia) arbeitet.

Ana María, wie hat der Tourismus sich verändert?
Seit den 70er-Jahren hat sich alles verändert. Früher machte nur die privilegierte Klasse Urlaub, heutzutage jedermann.

Der Tourismus ist demokratisch geworden.
Zum Glück, ja. Die antiken Hotels wurden in den 20er-Jahren erbaut. Diese Häuser kauften die Industriellen, die den ganzen Sommer hier verbrachten. Donostia verwandelte sich in einen Zweitwohnsitz, aber heute ist es nicht mehr so.

Welcher Typ von Tourist kommt hierher?
Ein bisschen von allem. Es kommen viele Familien mit Kindern, und die jungen Leute zum Surfen und wegen des Nachtlebens.

Wie war Donostia früher, wie ist es heute?
Früher war es ein hübscher Ort, ruhig, es gab nicht viel Verkehr. Heute ist es über die Autobahn, den Zug und die Busse gut erschlossen. Die geographische Lage mit Meer und Bergen, die Strandpromenade und die Strände haben immer viele Menschen angezogen. Heute gefällt der Ort auch wegen seinen Wanderwegen. Das Wichtige ist das Ensemble, die Abwechslung.

Merkt man irgendeine touristische oder wirtschaftliche Krise?
Im Moment merkt man mehr die Auswirkungen des Klimas. Wenn schönes Wetter ist, geht jeder raus und konsumiert. Aber es ist zu früh, um Bilanz zu ziehen. Wir haben noch den ganzen Sommer vor uns und wir sind optimistisch.

Tag 29 Lernwortschatz

antes	früher
antiguo, -a	antik, alt
así	so
atraer	anziehen
aún	noch
autopista *f*	Autobahn
bien conectado, -a	verkehrstechnisch gut gelegen, gut erreichbar
cambiar	wechseln, (sich) ändern
clima *m (!)*	Klima
conjunto *m*	Ensemble, Gesamtheit
consumir	konsumieren
convertirse en	sich verwandeln in
democratizarse	demokratisch werden
económico	wirtschaftlich; Wirtschafts- ...
edificarse	gebaut werden
efecto *m*	Effekt, Auswirkung
familia *f*	Familie
geográfico, -a	geographisch
hacer un balance	Bilanz ziehen
industrial *m/f*	Industrielle(r)
joven	jung; Jugendliche(r)
jóvenes *mPl*	junge Leute
marcha *f*	Nachtleben
mediante	mittels, über
monte *m*	Berg, Berge
optimista *m/f*	optimistisch; Optimist(in)
paseo *m* marítimo	Strandpromenade
por delante	vor uns
por suerte	zum Glück
privilegiado, -a	privilegiert
pronto	bald; früh
revista *f*	Zeitschrift
ruta *f*	Route; Weg
segunda residencia *f*	Zweitwohnsitz
senderismo *m*	Wandern
sitio *m*	Ort, Stelle
situación *f*	Situation, Lage
soler + *Inf*	pflegen zu
surf *m*	Surfen
tipo *m*	Typ
todo el mundo	jeder(mann), alle
tráfico *m*	Verkehr
turista *m/f*	Tourist(in)
variedad *f*	Abwechslung

Grammatik und Redemittel

Das Imperfekt ▸ *§4.2.3*

Das Imperfekt verwenden Sie für Beschreibungen von Personen oder Dingen in der Vergangenheit oder für häufig wiederholte Handlungen. Typische Zeitangaben, die mit dem Imperfekt stehen, sind z. B.:

antes	*früher*
siempre	*immer*
cada año	*jedes Jahr*
todos los veranos	*jeden Sommer*
los sábados	*(immer) samstags*

Antes no **había** mucho tráfico. *Früher gab es nicht viel Verkehr.*

	regelmäßig			unregelmäßig	
	pas**ar**	ten**er**	viv**ir**	ir	ser
(yo)	pas**aba**	ten**ía**	viv**ía**	iba	era
(tú)	pas**abas**	ten**ías**	viv**ías**	ibas	eras
(él, ella, usted)	pas**aba**	ten**ía**	viv**ía**	iba	era
(nosotros, nosotras)	pas**ábamos**	ten**íamos**	viv**íamos**	íbamos	éramos
(vosotros, vosotras)	pas**abais**	ten**íais**	viv**íais**	ibais	erais
(ellos, ellas, ustedes)	pas**aban**	ten**ían**	viv**ían**	iban	eran

Antes solo la gente rica **iba** de vacaciones. *Früher machten nur reiche Leute Urlaub.*

Unterscheidung der Vergangenheitszeiten *§4.2*

Das Imperfekt beschreibt eine gewohnheitsmäßige, das Indefinido (▸ *Tag 24*) dagegen eine einmalige Handlung:

Los industriales que **pasaban** (Imperfekt) todo el verano aquí **compraron** (Indefinido) las casas.

Die Industriellen, die den ganzen Sommer hier verbrachten, kauften die Häuser.

Cada año íbamos (Imperfekt) a Málaga, pero **el año pasado estuvimos** (Indefinido) en Galicia.

Jedes Jahr reisten wir nach Málaga, aber letztes Jahr waren wir in Galicien.

Übungen

2/41 **1 Lesen Sie den Bericht des 70-jährigen Don Alonso aus der Extremadura. Ergänzen Sie die Imperfektformen der Verben. Hören Sie dann seine Erzählung und überprüfen Sie Ihre Ergebnisse.**

Cuando .... (1. ser, yo) pequeño, ... (2. vivir, nosotros) en un pueblo (*Dorf*), en una casa muy antigua. .... (3. querer, yo) ir a la escuela, estudiar. Pero .... (4. tener, yo) que trabajar en el campo (*Feld*), con mis padres.
Cuando .... (5. tener, yo) 20 años, me casé con mi mujer. Llevamos ya 50 años casados. Cuando los niños .... (6. ser) pequeños .... (7. ser, nosotros) felices. En el pueblo no .... (8. hay) coches y no .... (9. hay) teléfono. La escuela para los niños .... (10. estar) lejos. Pero .... (11. vivir, nosotros) bien, ... (12. comer, nosotros) bien, todo fresco de la huerta (*Garten*), «ecológico» como dicen hoy. En nuestra familia, ... (13. ser, nosotros) muy modernos. Mi mujer .... (14. trabajar) en un banco en la ciudad y yo les .... (15. preparar) la comida a los niños y .... (16. jugar) al fútbol con ellos. Así pasaron los años. Hoy tenemos 5 nietos y 2 bisnietos (*Urenkel*). Estamos muy contentos con nuestra vida.

2 Wie war es normalerweise (Imperfekt) und wie zu einem bestimmten Zeitpunkt (Indefinido)? Setzen Sie die Verbformen jeweils richtig ein.

1. Vero siempre .... mucho, pero para el examen de matemáticas .... muy poco. (*estudió* | *estudiaba*)
2. En las vacaciones .... siempre al mar, pero el agosto pasado .... a la sierra. (*íbamos* | *fuimos*)
3. Antes Ana .... siempre café con leche y azúcar. Ayer lo .... solo y sin azúcar. Creo que está haciendo una dieta. (*tomó* | *tomaba*)
4. El sábado pasado ella .... la comida. Antes, todos los sábados él .... la compra y ella .... la comida. (*preparaba* | *preparó* | *hacía*)
5. Cada año mi marido me .... un perfume (*Parfum*), pero el año pasado me .... un viaje en crucero (*Kreuzfahrt*). (*regaló* | *regalaba*)

Kulturtipp
España ha cambiado

In den letzten Jahrzehnten hat sich ein rasanter gesellschaftlicher, politischer und wirtschaftlicher Wandel in Spanien vollzogen, von der geographischen und politischen Isoliertheit eines Agrarstaates hin zu einem modernen europäischen Industriestaat. Der Wertewandel umfasst alle Bereiche des gesellschaftlichen und individuellen Lebens: Religion, Demokratie, Bildung, Toleranz, Chancengleichheit von Mann und Frau und Vieles mehr.

Warb die Tourismuswerbung früher mit dem Slogan „Spain is different" gerade für die Eigenheiten und das „Andere", so ist im Zuge der Europäisierung eine starke Tendenz zur Anpassung und Angleichung zu beobachten. Dennoch gibt es noch eine Menge zu entdecken in diesem Land mit seinen jahrhundertealten Traditionen und der Lebendigkeit des Wandels in der Gegenwart. **¡Descúbralo!** *Entdecken Sie es!*

Was können Sie schon?

	☺	😐	☹	
■ berichten, wie es früher war	■	■	■	▸ *Ü1*
■ gewöhnliche und besondere Geschehnisse in der Vergangenheit vergleichen	■	■	■	▸ *Ü2*

Tag 30

Wiederholen und üben Sie

Hier wiederholen Sie

- wichtigen Wortschatz und Redemittel für den Beruf (Telefon, E-Mail, Moderation)
- Vergangenheitszeiten: Indefinido und Imperfekt
- Fragewörter, Präpositionen
- Redemittel zur Tischreservierung und für Interviews
- Aussprache [x]

Übungen

1 Welche Wörter passen jeweils nicht in die Reihe? Streichen Sie sie.

1. cartulina, rotulador, surf, moderador, panel
2. vacaciones, playa, ponencia, mar, monte
3. empresa, informática, jefe, metro, director
4. nombre, apellidos, dirección, senderismo, teléfono
5. invitación, secretaria, intérprete, médico, informático
6. conferencia, congreso, ponencia, autopista, entrevista

2 Welche Wörter können Sie mithilfe dieser Silben bilden?

en✔ crip tre ción fe vis ta ins✔ con✔ ren cia
cer✔ u fi ca do po✔ nen cia re✔ ti nión

1. en ....
2. ins ....
3. cer ....
4. con ....
5. po ....
6. re ....

3 Wie heißen die Substantive zu diesen Verben bzw. die Verben zu den Substantiven? Ergänzen Sie. Wir geben Ihnen ein Beispiel.

1. introducir *introducción*
2. informar ....
3. presentar ....
4. confirmar ....
5. durar ....
6. reclamar ....
7. inscribir ....
8. .... invitación

4 Sehen Sie sich diese Auszüge aus einem Lebenslauf an und ordnen Sie den Abschnitten die passenden Oberbegriffe zu. Übersetzen Sie sie.

Experiencia laboral   Formación recibida   Información personal   Competencias personales

Currículum vitae

1. ______	______
Apellido(s) / Nombre(s)	Santos López, Verónica
Dirección(es)	Pº de la Constitución, 400, 3ª, E-50008 Zaragoza
Teléfono(s)	(34-1) 976 23 23 33
Correo(s) electrónico(s)	vsantos@arrakis.es
Nacionalidad(es)	Española
Fecha de nacimiento	12 de agosto de 1981
2. ______	______
Fechas	De septiembre de 2007 a enero de 2009
Puesto o cargo ocupados	Intérprete
Nombre de la empresa	Empresa Trans_net, Huesca
Fechas	De enero de 2008 hasta hoy
Puesto o cargo ocupados	Profesora, entrenadora
Nombre de la empresa	eAcad, Huesca
3. ______	______
Fechas	De octubre a diciembre de 2008 (80 horas)
Capacidades profesionales	Curso de Informática, Software para intérpretes
Nombre del centro	Centro de Formación para Aplicaciones Informáticas. Huesca
4. ______	______
Lengua(s) materna(s)	Español
Otro(s) idioma(s)	Inglés (Nivel europeo C1), francés (A2)
Competencias informáticas	Buen manejo de ordenadores, tratamiento de textos, Internet, correo electrónico.

5 Welche Ergänzung passt zu welcher Zeitangabe? Nur eine Ergänzung ist jeweils richtig. Kreuzen Sie an.

1. Ayer	☐ comimos en el nuevo restaurante «Fénix».
	☐ comíamos tapas.
2. Antes	☐ Andrés no trabajaba tanto.
	☐ trabajó muchísimo.
3. En 2008	☐ comprábamos una casa en Mallorca.
	☐ compramos una finca (*Landhaus*).
4. Los fines de semana	☐ siempre iban al cine o al teatro.
	☐ fueron a un concierto.
5. La semana pasada	☐ iba a Ronda con Manolo.
	☐ fui a Ronda a visitar a Manolo.
6. El año pasado	☐ tenían mucho éxito con sus productos.
	☐ tuvieron mucho éxito con sus productos.

6 Vergleichen Sie *hoy* (heute) und *antes* (früher). Ergänzen Sie die richtigen Formen des Imperfekts.

1. Hoy vamos al supermercado. Antes .... solo al mercado.
2. Hoy hay mucho tráfico en el centro de la ciudad. Antes .... muy poco.
3. Hoy tenemos un coche. Antes no ....
4. Hoy escribo en el ordenador. Antes .... a máquina (*Schreibmaschine*).
5. Hoy los trenes son muy rápidos. Antes .... bastante lentos (*langsam*).
6. Hoy la gente va de vacaciones en avión. Antes .... en tren o en autobús.

7 Wie war Ricardos Leben, als er 10 war? Bilden Sie Sätze im Imperfekt, in der Ich-Form.

1. cuando tener 10 años	Cuando .... 10 años,
2. vivir en Barcelona	....
3. ir todos los días a pie al colegio	....
4. comer al mediodía en la cantina	....
5. por la tarde jugar con los amigos	....
6. no estudiar mucho	....
7. los sábados ir todos a la playa	....

8 Juan Carlos ist vor Ankunft seiner deutschen Geschäftspartner etwas nervös und bombardiert Carmen mit Fragen. Ergänzen Sie das fehlende Fragewort.

1. Carmen, ¿ .... estás haciendo?
2. ¿ .... prepara los paneles y las cartulinas?
3. ¿ .... se llaman nuestros clientes de Berlín?
4. ¿ .... llegan al aeropuerto?
5. ¿ .... vienen por la tarde y no por la mañana?
6. ¿ .... van a tomar: café o té?
7. ¿ .... personas son?
8. ¿ .... de ellos es el jefe o la jefa?

9 Ergänzen Sie in diesen Sätzen die fehlenden Präpositionen.

a (4x) de (2x) en para (2x) por desde

1. Primero vamos .... la ponencia, después .... casa.
2. La oficina está abierta .... 8 .... 14 horas.
3. Francisca es .... Valencia, pero vive .... Madrid.
4. El restaurante «Rosa María» es famoso .... sus postres.
5. ¿ .... qué hora abre el banco?
6. Llamo .... preguntar si venís a mi fiesta de despedida.
7. .... 2008 trabajo .... esta empresa.

10 Hören Sie ein Radio-Interview und beantworten Sie anschließend die Fragen dazu. Kreuzen Sie die richtige Antwort an oder ergänzen Sie.

2/42

1. ¿Qué tipo de programa es? ☐ De música. ☐ De moda. ☐ De entrevistas.
2. ¿Cómo se llama el programa? «Jefes .... »
3. ¿Cómo se llama la persona entrevistada? .... (Paco) Ayala.
4. ¿Cuántos años tiene? ☐ 23 ☐ 25 ☐ 27
5. Tiene una empresa ☐ grande. ☐ mediana. ☐ pequeña.
6. La empresa hace ... para internet. ☐ textos ☐ diseño
7. Paco tiene ... empleados. ☐ tres ☐ dos
8. El contacto con los clientes es por ☐ teléfono. ☐ e-mail.

11 Wiederholen Sie die wichtigsten Redemittel zur Reservierung eines Tisches in einem Lokal. Was sagen Sie am Telefon?

1. Sie sagen, dass Sie einen Tisch für 6 Personen reservieren möchten.
   ....
2. Für Dienstag, den 3. Januar um 21 Uhr.
   ....
3. Sie möchten auf den Namen Schmidt reservieren.
   ....
4. Sie möchten wissen, ob es in dem Lokal auch Paella gibt.
   ....
5. Sie bedanken und verabschieden sich.
   ....

12 Sie werden in einem Interview gefragt, wo Sie Ihren letzten Urlaub verbracht haben. Denken Sie an eine Ihrer letzten Reisen und antworten Sie auf die Fragen. Dafür brauchen Sie – mit Ausnahme der letzten Frage – die Verbformen des Indefinidos.

1. ¿Dónde estuvo usted? ....
2. ¿Cómo viajó? (medio de transporte) ....
3. ¿Cuándo viajó? (mes o estación del año) ....
4. ¿Viajó solo/sola? ....
5. ¿Visitó una ciudad, un monumento? ....
6. ¿Le gustó el hotel, el sitio? ....
7. ¿Le gustó la comida? ....
8. ¿Le gustaría viajar otro año allí? ....

13 Drücken Sie alles höflich aus. Ergänzen Sie Verben in der entsprechenden Person im Konditional.

1. Juan Carlos, ¿me .... (poder, tú) ayudar con la inscripción?
2. Ana María, ¿nos .... (poder, usted) decir cómo era antes?
3. Nos .... (gustar) participar en la conferencia sobre el ecoturismo.
4. Nos .... (interesar) informaciones sobre un turismo sostenible.
5. Carmen, ¿te .... (gustar) viajar a Gran Canaria?
6. Ellos .... (poder) viajar en tren. Es rápido y cómodo.

14 Zum typischen Klang des Spanischen trägt der Laut [x] bei. Im europäischen Spanisch klingt er wie *ch* im deutschen Wort *ach*, im lateinamerikanischen Spanisch klingt er weicher, etwa wie im deutschen Wort *ich*. Hören Sie zunächst einfach zu und achten Sie auf die Aussprache der fett gedruckten Buchstaben. 2/43

Javier traba**j**a en una a**g**encia. **J**ulia **J**iménez tiene dos hi**j**as.
¡Esto es **g**enial! En **j**ulio vamos **j**untos a **G**i**j**ón.
Gerardo lleva un **j**ersey negro. La **G**iralda no está le**j**os.

Was fällt Ihnen auf? Kreuzen Sie an, was richtig ist.

☐ Der Laut [x] wird entweder als **j** oder als **g** geschrieben.
☐ Der Laut [x] wird als **j** geschrieben oder als **g** vor **e** oder **i**.

Machen Sie einen Kreis um die Silben, in denen ein *ch* gesprochen wird.

ja je ji jo ju ga ge gi go gu

15 Hören Sie noch einmal und sprechen Sie in den Pausen nach. Versuchen Sie bei der Aussprache des *j* bzw. *ge*, *gi* ruhig ein wenig zu übertreiben. Im europäischen Spanisch ist es ein „kratziger“ Laut, der weit hinten im Rachen gebildet wird. Am schwierigsten ist das übrigens für uns, wenn ein heller Vokal folgt oder derselbe Laut zweimal erscheint, wie in *Gijón*, einer Stadt in Nordspanien. Achtung: Hustengefahr! 2/44

16 Und zum Schluss noch ein *trabalenguas* (Zungenbrecher) mit dem Laut ch. Lesen Sie ihn zunächst mit der Übersetzung. Hören Sie ihn dann und sprechen Sie ihn nach. Versuchen Sie dabei immer schneller zu werden. *¡Que se divierta!* Viel Spaß! 2/45

La perdiz le di**j**o al cone**j**o: ¿qué haces, gran vie**j**o? ¿Qué haces, perdiz?
le di**j**o el cone**j**o.
Das Rebhuhn sagte zum Hasen: Was machst du, großer Alter?
Was machst du, Rebhuhn?, sagte der Hase zu ihm.

Abschlusstest

1 Welche Sprachen werden in diesen Ländern gesprochen? Ordnen Sie die Buchstaben und ergänzen Sie.

soñaple málaen gislén niatoali cérfasn xeminaco

País	Lengua	País	Lengua
1. Italia	....	4. Francia	....
2. Alemania	....	5. España	....
__/6 3. México	....	6. Inglaterra	....

2 Wer arbeitet wo? Ergänzen Sie die passende Berufsbezeichnung zum jeweiligen Arbeitsplatz.

1. oficina	....	4. hospital	....
2. farmacia	....	5. colegio	....
__/6 3. banco	....	6. tienda de moda	....

3 Sortieren sie die Wörter nach Speisen, Getränken und anderen Dingen.

vino de la casa arroz botella huevos bolso cerveza
alergia tortilla española leche

1. Comidas:	....	....	....
2. Bebidas:	....	....	....
__/9 3. Otras cosas:	....	....	....

4 Unterstreichen Sie das jeweils passende Wort.

1. Por favor, *otra* | *una otra* cerveza.
2. ¿Qué desean *en* | *de* postre?
3. *El billete* | *La cuenta*, por favor.
4. De *número uno* | *primero* quería gazpacho.
5. ¿Los señores *van* | *vais* a tomar café?

__/6 6. ¿Algo más? No, gracias, *no más* | *nada más*.

5 Ergänzen Sie das passende Subjektpronomen (*yo*, *tú* ...) und übersetzen Sie die Verbformen.

1. …………	tenemos	…………	5. …………	te llamas	…………
2 …………	viven	…………	6. …………	habláis	…………
3. …………	abro	…………	7. …………	quiere	…………
4. …………	están	…………	8. …………	hago	…………

__/8

6 Wie schmeckt es? Verbinden Sie Satzanfang und passendes Satzende.

1. Las sardinas	a) está buenísima.
2. ¿Qué tal	b) están muy ricos.
3. La paella	c) la tortilla española?
4. Los calamares fritos	d) están muy ricas.
5. ¿Nos puede traer	e) está buenísimo.
6. El flan	f) otro vino?

__/6

7 Ergänzen Sie die richtige Präposition: *de*, *a*, *al*, *por* oder *en*.

1. ………… las ocho y media ………… la mañana Lola y Carlos van ………… trabajo.
2. Carlos trabaja ………… la mañana y ………… la tarde en un colegio.
3. ………… la noche da clases ………… español ………… una academia de idiomas.
4. Lola trabaja ………… una tienda de moda infantil.
5. ………… mediodía ella tiene una pausa larga ………… dos horas.
6. Empieza otra vez a trabajar ………… las cuatro y media ………… la tarde.

__/13

8 Welche von diesen Aktivitäten und Unternehmungen sind Freizeitbeschäftigungen, welche gehören zum beruflichen Umfeld? Ordnen Sie zu.

un paseo en el parque   un viaje de negocios   hacer footing
un curso de informática   un partido de fútbol   una noche en el cine
una comida de trabajo   un curso de inglés comercial

1. Actividades personales: …………………………………………
…………………………………………
2. Actividades profesionales: …………………………………………
…………………………………………

__/8

9 **In welcher Abteilung eines großen Kaufhauses wie dem Corte Inglés in Spanien können Sie folgende Dinge kaufen? Ordnen Sie zu.**

1. Librería	a) guitarra clásica española
2. Música	b) perfume «La oscuridad» de Paloma X.
3. Instrumentos musicales	c) «La sombra del viento», novela de Carlos Ruiz Zafón
4. Deportes	d) «Grandes éxitos», CD de Shakira
5. Moda señoras	e) pantalones de footing
6. Moda señores	f) blusas de lino
7. Zapatería	g) zapatos de piel marrones
__/8 8. Perfumería	h) corbatas italianas de seda

2/46 **10** **Hören Sie sich den folgenden Werbespot an und ergänzen Sie.**

1. ¿ .... trabajado mucho esta semana?
2. ¿ .... un día estresante?
3. ¿Ha .... una semana difícil?
4. ¿Has tomado té .... ?
5. ¿Has .... tiempo para los hijos?
6. ¿Has disfrutado del .... tiempo? ¿Por qué no haces algo por ti? ¡Relájate! El Instituto Isabel te ofrece: Masaje, Meditación, Sauna, Yoga y Aromaterapia. Ven y siéntete bien en Instituto Isabel, Calle Maldonado, La Latina, Madrid

__/6

11 **Ergänzen Sie die Futurformen in der folgenden E-Mail.**

Nuevo mensaje

Hola Ricarda:
El próximo mes .... (1. ir, yo) a Cuba. Somos un grupo de tres amigos. .... (2. ir, nosotros) de Madrid a La Habana en vuelo directo.
El 6 de marzo .... (3. cumplir, yo) 28 años. Ese día .... (4. estar, nosotros) en Varadero. Te .... (5. escribir, yo)
Besos, Carmen

__/5

12 Schreiben Sie die Zahlen von der niedrigsten bis zur höchsten. Schreiben Sie die Zahlen als Ziffern.

setecientos treinta y dos   quinientos tres   setenta y cuatro   quince
cincuenta y ocho   novecientos noventa y uno

....

.... __/6

13 Lesen Sie den Info-Flyer des Museums und beantworten Sie die Fragen.

Fundació Joan Miró, Barcelona

Joan Miró: pintor y artista catalán y universal (1893–1983)

Horarios:
De martes a sábado
De 10 a 19h (de octubre a junio)
De 10 a 20h (de julio a septiembre)
Jueves de 10 a 21.30h
Domingos y festivos de 10 a 14.30h
Lunes no festivos cerrado

Tarifas:

Entrada general:
- Adultos 8 €
- Reducida 6 €

Exposiciones temporales:
- Adultos 4 €
- Reducida 3 €

Servicio de audioguía: 4 €
Lenguas: catalán, español, inglés, francés, alemán

Visitas guiadas de fin de semana
Nivel: adultos
Precio: gratuito (con el ticket de entrada a la Fundació)
Duración: 1 h aproximadamente

- Biblioteca
- Librería
- Tienda
- Restaurante
- Cafetería

1. ¿De dónde es el pintor Joan Miró? ....
2. ¿Qué día abre el museo hasta las 21:30? ....
3. ¿Cuándo está cerrado? ....
4. ¿Cuánto tiempo dura la visita guiada? ....
5. ¿Cuánto cuesta la entrada general normal? ....
6. ¿Hay una audioguía en alemán? ....
7. ¿Se puede tomar café en el museo? ....
8. ¿El horario de invierno es otro que el de verano? .... __/8

14 Ergänzen Sie die fehlenden Wörter an den markierten Stellen und füllen Sie das Anmeldeformular für einen Kurs an dieser Sprachenschule aus. Für welchen Kurs melden Sie sich an? Unser Vorschlag: *avanzados* (Fortgeschrittene)!

Curso   Ciudad   Lenguas   francés   Apellidos

Escuela de Idiomas «La Pantera Rosa»	
Nombre:	________ :
Fecha de nacimiento:	Estado civil:
Sexo: ☐ Masc. ☐ Fem.	Nacionalidad:
Profesión:	Nº del móvil:
Calle:	________ :
País:	
________ : ☐ inglés	☐ ________ ☐ alemáin
Español: ☐ principiantes	☐ avanzados
________ : ☐ general	☐ intensivo ☐ de conversación
Talleres: ☐ teatro	☐ flamenco ☐ tapas
Firma:	

_/5

15 Entscheiden Sie: Welche der folgenden Anreden und Grußformeln gehören eher zur förmlichen, geschäftlichen Kommunikation, welche sind eher persönlich? Kreuzen Sie an.

	formell	persönlich
1. Estimado público:	☐	☐
2. Querido Luis:	☐	☐
3. Atentamente,	☐	☐
4. Un abrazo,	☐	☐
5. Señoras y señores:	☐	☐
6. Hola Carla:	☐	☐

_/6

16 Sehen Sie sich die Stellenanzeigen an. Welche könnte für die folgenden Personen interessant sein? Ergänzen Sie die Ziffer der Stellenanzeige.

www.trabajar.com

¡Hay un trabajo mejor, también para ti!

❶ Profesor/a de inglés

Centro educativo, Calatayud, Zaragoza

Experiencia mínima: 1 año
Duración: 12 meses
Jornada: parcial, mañana

❷ Profesores a domicilio

Profesores para clases privadas de Matemáticas, Física, Inglés

Centro de estudios XP, Sevilla
Experiencia mínima: 1 año
Requisitos deseados: residente en Sevilla, coche propio
Tipo de contrato: freelance / autónomo
Jornada: parcial, tarde

❸ Diseñador Web

Persona con una fuerte iniciativa, creatividad, organización

Experiencia mínima: 2 años.
Requisitos deseados: experiencia en programación HTML, XML, Javascript
Duración: 6 meses de prueba
Jornada: completa

❹ Intérprete alemán-español

Empresa Biligüe RS, Murcia

Requisitos: experiencia probada en cabinas
Jornada: variable

❺ Médico/-a general

Grupo MGA seguridad y salud, Almería
Sin experiencia

Requisitos: licenciado en Medicina, residencia en Almería
Jornada de mañana en horario flexible

a) ☐ Alejandra es diseñadora web y tiene tres años de experiencia profesional. Es muy creativa. Le gustaría trabajar de jornada completa.
b) ☐ Carlos es intérprete de inglés, alemán y español. Ya tiene alguna experiencia en cabinas. Le gustaría tener una jornada variable.
c) ☐ Helen es inglesa. Vive en Zaragoza. Da clases de inglés en la Universidad Popular (VHS) por las noches. Busca un trabajo por la mañana.
d) ☐ Ricardo es estudiante de Física en la universidad de Sevilla. Da clases privadas en su casa. Le gustaría trabajar más. No tiene coche.
e) ☐ Marco Antonio es médico. No tiene mucha experiencia. Podría trabajar 40 horas por semana, pero le gustaría trabajar menos.

__/5

17 **Sie sollen einen Vortrag halten, ein Meeting leiten oder ein Produkt präsentieren. Wie drücken Sie Folgendes aus?**

1. Guten Tag, meine Damen und Herren.

....

2. Herzlich willkommen in unserer Firma!

....

3. Ich habe das Vergnügen, Ihnen Herrn Rivera aus Mexiko vorzustellen.

....

4. Haben Sie Fragen (eine Frage)?

¿ .... ?

5. Wir kommen zum Ende unseres Treffens.

....

6. Danke für Ihre Aufmerksamkeit.

__/6 ....

18 **Welches Verb passt zu welcher Ergänzung? Ordnen Sie zu.**

1. Es tiempo para hacer	a) es un sitio bonito.
2. El hotel está	b) mucho tráfico.
3. Este año pasamos	c) un balance.
4. Las Palmas	d) muy buen tiempo.
5. Hoy hace	e) bien conectado.
__/6 6. En Madrid hay	f) las vacaciones en Ibiza.

19 **Lesen Sie den folgenden Reisebericht. Setzen Sie die Verben in Klammern ins Indefinido.**

El año pasado .... (1. viajar, yo) a Santander para hacer un curso de español. La ciudad me .... (2. gustar) mucho y el curso .... (3. ser) muy interesante. .... (4. participar, yo) también en un taller de cultura: cine español. .... (5. ir, nosotros) con nuestra profesora al cine para ver las películas más actuales. Después .... (6. discutir) los argumentos de los filmes en un bar y .... (7. tomar, nosotros) una cerveza juntos. .... (8. ser) tres semanas muy intensas y productivas. .... (9. conocer,
__/10 yo) un poco el país y .... (10. encontrar, yo) amigos en Santander.

20 Lesen Sie die Postkarte von Carmen aus Gran Canaria. Beim eiligen Schreiben sind ihr einige Fehler unterlaufen. Diese Wörter haben wir kursiv markiert. Korrigieren Sie sie.

Querido Juan Carlos, queridos *colegos*:
¿Qué tal estáis? Yo *soy* muy bien aquí en Gran Canaria. La conferencia es super-interesante y ya *ha* conocido a varias personas muy simpáticas. Hay gente de toda Europa, *alemanos*, ingleses, franceses, polacos …
En el tiempo *libro* participo en los talleres *prácticas*.
Hacemos excursiones al interior *del* isla, a los montes que hay aquí. El más alto es el Roque Nublo. *Hacéis* senderismo.
Y tenemos unos guías *buenísimas* que son expertos en cosas de botánica y volcanología. ¡Hay muchas cosas para ver!
Nos hotel es fantástico. ¡Tiene cuatro ****! La comida es *excelenta* y cada día hace *bueno* tiempo.
Muchos *saludas* y ¡hasta pronto en Sevilla!
Carmen
PD: Aquí *mi* llaman «La alemañola» por ser medio alemana, medio española.

__/14

21 Lesen Sie die Fragen. Hören Sie dann das folgende geschäftliche Telefonat und beantworten Sie die Fragen. Wenn Sie beim ersten Hören nicht alles auf Anhieb verstehen, hören Sie ein zweites Mal zu und vervollständigen Sie Ihre Antworten. 2/47

1. ¿Quién llama? ……………………
2. ¿Con quién quiere hablar? ……………………
3. ¿Está esta persona? ……………………
4. ¿Deja un mensaje? ¿Cuál? …………………… __/4

__/151

Grammatische Fachausdrücke

Fachausdruck	Deutsche Bezeichnung	Beispiel
absoluter Superlativ	Vergleichsform (2. Steigerungsstufe)	grandísimo, carísima
Adjektiv	Eigenschaftswort	un coche azul
Adverb	Umstandswort	Normalmente voy en coche.
bestimmter Artikel	bestimmtes Geschlechtswort	el mar, la playa
Demonstrativpronomen	hinweisendes Fürwort	esta casa, estos amigos
Diminutiv	Verkleinerungsform	vinito, casita
Diphthong	Doppellaut	au, ei, eu
direktes Objektpronomen	persönliches Fürwort, 4. Fall	¿Lo llevamos?
doppelte Verneinung		No veo nada.
feminin	weiblich	la buena amiga
Fragewort		¿cómo?, ¿dónde?
Futur	Zukunft	En marzo vendrá Andrés.
Gerund	Verlaufsform	Estamos tomando café.
Grundzahl		uno, dos, tres usw.
Imperativ	Befehlsform	Toma mucha agua. Perdone.
Imperfekt	Vergangenheit	Antes vivíamos en Madrid.
Indefinido	historische Vergangenheit	Ayer estuve en el cine.
Indefinitpronomen	unbestimmtes Fürwort	He trabajado todo el día.
indirektes Objektpronomen	persönliches Fürwort, 3. Fall	¿Te gusta el tango?
Infinitiv	Grundform des Tätigkeitsworts	trabajar, comer, dormir
Komparativ	Vergleichsform (1. Steigerungsstufe)	más caro que
Konditional	Bedingungsform	Me gustaría viajar más.
Konjugation	Beugung	hablamos, comen
Konjunktion	Bindewort	y, pero, o
Konsonant	Mitlaut	b, c, d, f
maskulin	männlich	el año nuevo
Modalverb	Tätigkeitswort der Art und Weise	poder, querer, tener que
nahes Futur	nahe Zukunft	Voy a escribir pronto.
Nationalitätsadjektiv		alemán, española

Fachausdruck	Deutsche Bezeichnung	Beispiel
Ordnungszahl		primero, segundo usw.
Partizip Perfekt	Mittelwort der Vergangenheit	estado, comido, abierto
Perfekt		he estudiado, ha vivido
Plural	Mehrzahl	los tíos, las amigas
Possessivadjektiv	besitzanzeigendes Fürwort, Adjektiv	mis padres, su novia
Possessivpronomen	besitzanzeigendes Fürwort, Pronomen	¿Esta mochila es tuya?
Präposition	Verhältniswort	a las cinco, en el cine
Präsens	Gegenwart	Tengo dos hermanos.
reflexives Verb	rückbezügliches Tätigkeitswort	llamarse, sentirse
relativer Superlativ	Vergleichsform (2. Steigerungsstufe)	el más grande, la más cara
Relativpronomen	bezügliches Fürwort	el CD que le regalamos
Singular	Einzahl	un banco, la oficina
Subjekt	Satzgegenstand	Laura está en Alicante.
Subjektpronomen	persönliche Fürwörter	yo, tú, él, ella, usted usw.
Subjuntivo	Konjunktiv, Möglichkeitsform	¡Que se mejore!
Substantiv	Hauptwort	la casa, el tiempo
Teilungsartikel		un kilo de patatas
unbestimmter Artikel	unbestimmtes Geschlechtswort	un primo, una agencia
unpersönliche Form		se habla, hay que estudiar
Verb	Tätigkeitswort	tomar, comer, abrir
Vokal	Selbstlaut	a, e, i, o, u
Verneinung		No puedo venir.

Kurzgrammatik

§1 Das Substantiv ▸ *Tag 2, Tag 5*

Im Spanischen gibt es nur männliche und weibliche Substantive. Die Endungen weisen oft auf das Geschlecht hin.

Maskulinum		Femininum	
-o	tío, vuelo, tiempo	**-a**	maleta, mochila
-r	profesor, señor	**-ión**	pensión, información
-l	sol, hotel, hospital	**-ad, -ud**	verdad, salud

Substantive auf **-e** können männlich oder weiblich sein:

-e coche, nombre, tomate	**-e** madre, noche, tarde

Achtung:
(**el**) día, mapa, clima, idioma, problema (**la**) radio, mano

§1.1 Berufsbezeichnungen

Maskulinum		Femininum	
-o	médico, mecánico	**-a**	médica, mecánica
-ero	camarero, panadero	**-era**	camarera, panadera
-or	profesor, vendedor	**-ora**	profesora, vendedora
-ista	dentista, taxista	**-ista**	dentista, taxista
-nte	estudiante	**-nte**	estudiante

§1.2 Pluralbildung

Singular		Plural	
Endung auf Vokal	casa, coche, chico	**+ s**	casas, coches, chicos
Endung auf Konsonant	profesor, hospital, tren	**+ es**	profesores, hospitales, trenes

una vez **ein Mal** – dos veces **zwei Mal**
el alemán **der Deutsche** – los alemanes **die Deutschen**

Achtung:
Der männliche Plural gilt für Gruppen aus Frauen und Männern:
los padres *die Eltern* – los hermanos *die Geschwister*

§2 Der Artikel ▸ *Tag 2, Tag 5, Tag 7*

§2.1 Der bestimmte Artikel

	Singular	Plural
Maskulinum	**el** tío der Onkel	**los** tíos die Onkel
Femininum	**la** tía die Tante	**las** tías die Tanten

§2.2 Der unbestimmte Artikel

	Singular	Plural
Maskulinum	**un** primo ein Cousin	**unos** primos einige Cousins
Femininum	**una** prima eine Cousine	**unas** primas einige Cousinen

§3 Das Adjektiv ▸ *Tag 3, Tag 7, Tag 8, Tag 12, Tag 15, Tag 16*

Maskulinum			Femininum		
-o	alto, bajo	Luis es bajo.	-a	alta, baja	Laura es alta.
	groß, klein	Luis ist klein.		groß, klein	Laura ist groß.
-e	verde, grande	El coche es grande.	-e	verde, grande	La casa es grande.
	grün, groß	Das Auto ist groß.		grün, groß	Das Haus ist groß.
-Konsonant	azul, feliz	Es un coche azul.	-Konsonant	azul, feliz	Es una casa azul.
	blau, glücklich	Es ist ein blaues Auto.		blau, glücklich	Es ist ein blaues Haus.

Achtung:

Die Adjektive **otro** *ein anderer, noch ein* und **medio** *halb* werden ohne den unbestimmten Artikel verwendet:

Otra cerveza, por favor. *Noch ein Bier, bitte.*

Quería **medio litro** de aceite. *Ich möchte einen halben Liter Öl.*

Die Adjektive **buen(o)**, **primer(o)** und **tercer(o)** verlieren die Endung **-o** vor männlichen Substantiven, das Adjektiv **gran(de)** verliert die Endung **-de** vor männlichen und weiblichen Substantiven:

Les deseo un **buen** día. *Ich wünsche Ihnen einen schönen Tag.*

Evelio es un **gran** amigo mío. *Evelio ist ein groß(artig)er Freund.*

§3.1 Nationalitätsadjektive

Maskulinum		Femininum	
-o	italiano	**-a**	italiana
-Konsonant	alemán	-Konsonant + **a**	alemana

Die männliche Form der Nationalitätsadjektive wird zur Angabe der Sprache verwendet:

▸ ¿Hablas italiano? *Sprichst du Italienisch?*

◂ No, hablo solo alemán. *Nein, ich spreche nur Deutsch.*

§3.2 Pluralbildung

Singular		Plural	
Endung auf Vokal	verde, alto, chilena	**+ s**	verdes, altos, chilenas
Endung auf Konsonant	internacional, azul, feliz	**+ es**	internacionales, azules, felices

feliz *glücklich* felices
marrón *braun* marrones
joven *jung* jóvenes

§3.3 Position des Adjektivs

Im Spanischen steht das Adjektiv normalerweise hinter dem Nomen:
Carmen lleva una maleta negra. *Carmen hat einen schwarzen Koffer bei sich.*

Vor dem Substantiv stehen z. B. die Adjektive in Grußformeln und Wünschen:
Buenos días *guten Tag* – buenas tardes *guten Tag*
buenas noches *gute Nacht* – ¡Buen viaje! *Gute Reise!*

§3.4 Steigerung: Komparativ und Superlativ

§3.4.1 Der relative Superlativ

caro, -a	más caro, -a	el más caro, la más cara
teuer	teurer	am teuersten, der/die teuerste
interesante	más interesante	el/la más interesante
interessant	interessanter	der/die interessanteste

La blusa azul es **más cara** que la roja. **La más cara** es la blanca. *Die blaue Bluse ist teurer als die rote. Die teuerste ist die weiße.*
Die Substantivierung wird mit dem neutralen Artikel **lo** gebildet:

Lo más práctico es reservar los billetes por teléfono. *Das Praktischste ist, die Tickets per Telefon zu reservieren.*

Achtung:

Manche Adjektive bilden eigene Komparativformen:

bueno gut	mejor besser
malo schlecht	peor schlechter
grande groß	mayor älter
pequeño klein	menor jünger

Este vino es **mejor** que el otro. *Dieser Wein ist besser als der andere.*
Carla es la hermana **menor** de Jorge. *Carla ist die jüngere Schwester von Jorge.*

§3.4.2 Der absolute Superlativ

Der absolute Superlativ wird gebildet mit der Endung **-ísimo**, **ísima**:

grande	grandísimo, -a	sehr groß
rápido	rapidísimo, -a	sehr schnell
poco	poquísimo, -a	sehr wenig
rico	riquísimo, -a	sehr lecker, sehr reich

§4 Das Verb

Es gibt 3 Konjugationen: 1. Verben auf **-ar**: hablar, trabajar, ..., 2. Verben auf **-er**: aprender, beber, comer ..., 3. Verben auf **-ir**: vivir, escribir, abrir ...

§4.1 Das Präsens (Gegenwart)

§4.1.1. Regelmäßige und unregelmäßige Verben ▸ *Tag 2, Tag 3, Tag 4, Tag 8*

§4.1.1.1. Regelmäßige Verben

	Verben auf **-ar**	Verben auf **-er**	Verben auf **-ir**
	hablar	**comer**	**vivir**
(yo)	habl**o**	com**o**	viv**o**
(tú)	habl**as**	com**es**	viv**es**
(él, ella, usted)	habl**a**	com**e**	viv**e**
(nosotros, -as)	habl**amos**	com**emos**	viv**imos**
(vosotros, -as)	habl**áis**	com**éis**	viv**ís**
(ellos, ellas, ustedes)	habl**an**	com**en**	viv**en**

§4.1.1.2 Unregelmäßige Verben

	ser	**ir**	**estar**
(yo)	soy	voy	estoy
(tú)	eres	vas	estás
(él, ella, usted)	es	va	está
(nosotros, -as)	somos	vamos	estamos
(vosotros, -as)	sois	vais	estáis
(ellos, ellas, ustedes)	son	van	están

§4.1.1.3 Gruppen unregelmäßiger Verben

	e → ie	**o → ue**	**e → i**
	querer	**poder**	**pedir**
(yo)	qu**ie**ro	pu**e**do	**pid**o
(tu)	qu**ie**res	pu**e**des	**pid**es
(él, ella, usted)	qu**ie**re	pu**e**de	**pid**e
(nosotros, -as)	queremos	podemos	pedimos
(vosotros, -as)	queréis	podéis	pedís
(ellos, ellas, ustedes)	qu**ie**ren	pu**e**den	**pid**en

Diese Verben sind nur in der ersten Person Singular (**yo**) unregelmäßig:

	Infinitiv	1. Pers. Sg Präsens
-g	hacer	hago
	poner	pongo
	salir	salgo
	traer	traigo
-y	dar	doy
-zc	conocer	conozco
	saber	sé
	ver	veo

Diese Verben sind in der 1. Person Singular unregelmäßig und gehören einer der Gruppen unregelmäßiger Verben an:

	decir	tener	venir
	-g- + e → i	-g- + e → ie	
(yo)	digo	tengo	vengo
(tú)	dices	tienes	vienes
(él, ella, usted)	dice	tiene	viene
(nosotros, -as)	decimos	tenemos	venimos
(vosotros, -as)	decís	tenéis	venís
(ellos, ellas, ustedes)	dicen	tienen	vienen

§4.1.2 Die reflexiven Verben ▸ *Tag 3*

Die reflexiven Verben setzen sich zusammen aus Verbform und Reflexivpronomen (*mich, dich* ...).

	alegrarse		
(yo)	me	alegro	ich freue mich
(tú)	te	alegras	du freust dich
(él, ella, usted)	se	alegra	er/sie freut sich / Sie freuen sich
(nosotros, -as)	nos	alegramos	wir freuen uns
(vosotros, -as)	os	alegráis	ihr freut euch
(ellos, ellas, ustedes)	se	alegran	sie freuen sich

Achtung:

Manche Verben, die im Spanischen reflexiv sind, sind es im Deutschen nicht:
despertarse *aufwachen*
acostarse *zu Bett gehen*
casarse *heiraten*
levantarse *aufstehen*
llamarse *heißen*
¿Cuándo **se casan** Lola y Ricardo? *Wann heiraten Lola und Ricardo?*
Normalmente **nos levantamos** a las siete. *Normalerweise stehen wir um sieben Uhr auf.*

§4.1.3 Die Unterscheidung *ser, estar* und *hay* ▸ *Tag 7, Tag 12, Tag 17, Tag 19, Tag 21*

ser	estar
wird verwendet für die Angabe von	wird verwendet für die Angabe von
Name, Identität: **Soy Juan Varela.** Ich bin Juan Varela.	**gesundheitlichem Befinden:** **¿Cómo está usted?** Wie geht es Ihnen?
Herkunft, Nationalität: **Álex es argentino.** Alex ist Argentinier.	**örtlichem Befinden:** **Roma está en Italia.** Rom ist (liegt) in Italien.
Beruf, Stellung: **Ellos son profesores.** Sie sind Lehrer.	**Familienstand:** **¿Está usted casada?** Sind Sie verheiratet?
Aussehen, Charakter: **El viaje fue interesante.** Die Reise war interessant.	**Geschmack von Essen oder Getränken:** **¡La paella está muy rica!** Die Paella ist sehr lecker.
charakteristische Eigenschaft: **El vino es excelente.** Der Wein ist hervorragend.	**Zustand:** **La farmacia está cerrada.** Die Apotheke ist geschlossen.
Uhrzeit: **Son las dos y media.** Es ist halb drei Uhr.	**Estamos cansados.** Wir sind müde.

hay	estar
Nach **hay** steht:	**Estar** wird benutzt mit:
ein Substantiv ohne Artikel:	**bestimmtem Artikel:**
No hay tráfico. Es ist kein Verkehr.	**La farmacia está en la plaza.** Die Apotheke ist auf dem Platz.
ein unbestimmter Artikel + Substantiv: **¿Hay un banco por aquí ?** Gibt es hier eine Bank?	**Eigennamen im Singular:** **Andrés está en el colegio.** Andrés ist in der Schule.
ein Substantiv im Plural, ohne Artikel: **Aquí no hay restaurantes.** Hier gibt es keine Restaurants.	**bestimmtem Artikel mit Substantiv im Plural:** **Los estudiantes están en la biblioteca.** Die Studenten sind in der Bibliothek.
ein Zahlwort + Substantiv: **Hay muchos bares en esta zona.** In diesem Viertel gibt es viele Cafés.	**Eigennamen im Plural:** **Trini y Vero están en Valencia.** Trini und Vero sind in Valencia.

§4.1.4 Die Modalverben *poder, querer* und *tener que* ▸ *Tag 8, Tag 13*

Die Modalverben werden zusammen mit einem Hauptverb im Infinitiv verwendet:
¿**Quieres tomar** otro café? *Möchtest du noch einen Kaffee trinken?*
¿**Puedo ver** las fotos? *Kann ich die Fotos sehen?*
¿**Puede repetir**, por favor? *Können Sie bitte wiederholen?*
Tenemos que ir a Madrid. *Wir müssen nach Madrid fahren.*

Quería heißt *ich möchte/würde/hätte gern:*
Quería reservar una mesa. *Ich möchte einen Tisch reservieren.*

§4.1.5 Die Verben *gustar, encantar* und *doler* ▸ *Tag 10, Tag 19*

Die Verben **gustar** und **encantar** drücken Gefallen oder Missfallen aus.
Sie werden in der 3. Person Singular oder Plural verwendet:
El vino **me gusta** mucho. *Der Wein schmeckt mir sehr gut.*
¡Las ciudades andaluzas **nos encantan**! *Die andalusischen Städte gefallen uns sehr!*
Doler bedeutet *wehtun*:
Me duele la espalda. *Mir tut der Rücken weh.*
Nos duelen las piernas. *Uns tun die Beine weh.*

§4.1.6 Die unpersönlichen Formen ▸ *Tag 15, Tag 18*

Die 3. Person der reflexiven Verben wird oft unpersönlich gebraucht und entspricht dann dem deutschen *man*:
¿Cómo **se dice** «Guten Tag» en español? *Wie heißt (sagt man) „Guten Tag" auf Spanisch?*
En el mercado **se pueden** comprar melocotones. *Auf dem Markt kann man Pfirsiche kaufen.*

Hay que ist unpersönlich und bedeutet *man muss*:
Hay que estudiar mucho para aprender una lengua perfectamente.
Man muss viel lernen, um eine Sprache perfekt zu lernen.

§4.1.7 Das Gerund (die Verlaufsform) ▸ *Tag 10*

Das Gerund beschreibt, was jemand gerade tut oder was gerade geschieht:
Roberto, ¿qué **estás haciendo**? *Roberto, was machst du gerade?*

Sie bilden die Formen des Gerunds, indem Sie die Infinitivendung durch die Gerundendung ersetzen: -ar → **-ando** -er → **-iendo** -ir → **-iendo**

	estar	**+ Gerund**
(yo)	estoy	estudi**ando**, tom**ando**, trabaj**ando**, llam**ando** …
(tú)	estás	v**iendo**, com**iendo**, beb**iendo**, vend**iendo**, hac**iendo** …
(él, ella, usted)	está	viv**iendo**, abr**iendo**, escrib**iendo** …
(nosotros, -as)	estamos	
(vosotros, -as)	estáis	
(ellos, ellas, ustedes)	están	

Achtung:

-y-: leer → estoy le**y**endo

e → i: s**e**ntir → estoy s**i**ntiendo, venir → estoy v**i**niendo, decir → estoy d**i**ciendo

§4.2 Die Vergangenheit

§4.2.1 Das Perfekt ▸ *Tag 12, Tag 13*

Das Perfekt wird mit den Präsensformen von **haber** und dem Partizip des Verbs gebildet.
Sie bilden das Partizip, indem Sie die Infinitivendung durch die Partizipendung ersetzen: -ar → **-ado** -er → **-ido** -ir → **-ido**

	haber	**+ Partizip**
(yo)	he	habl**ado** gesprochen
(tú)	has	com**ido** gegessen
(él, ella, usted)	ha	viv**ido** gelebt
(nosotros, -as)	hemos	
(vosotros, -as)	habéis	
(ellos, ellas, ustedes)	han	

Unregelmäßige Partizipien:			
abrir	→ abierto geöffnet	ver	→ visto gesehen
escribir	→ escrito geschrieben	hacer	→ hecho gemacht

¿Qué **has hecho** esta mañana? ¿**Has hablado** con Carmen?
Was hast du heute Morgen gemacht? Hast du mit Carmen gesprochen?

Das Perfekt wird zusammen mit Zeitangaben, die auf die Gegenwart bzw. auf einen noch gegenwärtigen Zeitraum hinweisen, verwendet:
hoy *heute*
esta mañana *heute Morgen/Vormittag*
esta semana *diese Woche*
este año *dieses Jahr*
Esta mañana me ha llamado Inés. *Heute Morgen hat Inés mich angerufen.*
Este año hemos estado en Cuba. *Dieses Jahr waren wir auf Cuba.*
Auch die Konjunktionen **ya** und **todavía no** sind Indikatoren für den Gebrauch des Perfekts:
▸ ¿Has llamado **ya**? ◂ No, **todavía no** he llamado.
▸ *Hast du schon angerufen?* ◂ *Nein, ich habe noch nicht angerufen.*

§4.2.2 Das Indefinido (historische Vergangenheit) ▸ *Tag 24*

Das Indefinido verwenden Sie für Ereignisse in der Vergangenheit, die zeitlich abgeschlossen sind.

	regelmäßig		
	habl**ar**	vend**er**	abr**ir**
(yo)	habl**é**	vend**í**	abr**í**
(tú)	habl**aste**	vend**iste**	abr**iste**
(él, ella, usted)	habl**ó**	vend**ió**	abr**ió**
(nosotros, nosotras)	habl**amos**	vend**imos**	abr**imos**
(vosotros, vosotras)	habl**asteis**	vend**isteis**	abr**isteis**
(ellos, ellas, ustedes)	habl**aron**	vend**ieron**	abr**ieron**

	unregelmäßig		
	estar	**tener**	**ser / ir**
(yo)	estuve	tuve	fui
(tú)	estuviste	tuviste	fuiste
(él, ella, usted)	estuvo	tuvo	fue
(nosotros, nosotras)	estuvimos	tuvimos	fuimos
(vosotros, vosotras)	estuvisteis	tuvisteis	fuisteis
(ellos, ellas, ustedes)	estuvieron	tuvieron	fueron

Fui a casa y preparé la comida. *Ich ging nach Hause und bereitete das Essen zu.*
Perdona, pero no **tuvimos** tiempo para llamar. *Entschuldige, aber wir hatten keine Zeit anzurufen.*

Typische Zeitangaben für das Indefinido sind z. B.:
ayer *gestern*
el mes pasado *letzten Monat*
anoche *gestern Abend*
hace dos años *vor zwei Jahren*
la semana pasada *letzte Woche*
en 2006 *(im Jahr) 2006*
Hace un año conocí a Pedro en Nerja. *Vor einem Jahr lernte ich Pedro in Nerja kennen.*
Ayer fuimos a Barcelona. *Gestern fuhren wir nach Barcelona.*

§4.2.3 Das Imperfekt ▸ *Tag 29*

Das Imperfekt wird für Beschreibungen oder in der Vergangenheit häufig wiederholte Handlungen verwendet.

	regelmäßig			**unregelmäßig**	
	pas**ar**	ten**er**	viv**ir**	ir	ser
(yo)	pas**aba**	ten**ía**	viv**ía**	iba	era
(tú)	pas**abas**	ten**ías**	viv**ías**	ibas	eras
(él, ella, usted)	pas**aba**	ten**ía**	viv**ía**	iba	era
(nosotros, nosotras)	pas**ábamos**	ten**íamos**	viv**íamos**	íbamos	éramos
(vosotros, vosotras)	pas**abais**	ten**íais**	viv**íais**	ibais	erais
(ellos, ellas, ustedes)	pas**aban**	ten**ían**	viv**ían**	iban	eran

Typische Zeitangaben, die mit dem Imperfekt stehen, sind:
antes *früher*
siempre *immer*
los sábados *(immer) samstags*
todos los años *jedes Jahr*
todos los veranos *jeden Sommer*
Antes no íbamos al cine. *Früher gingen wir nicht ins Kino.*
Mi madre me **llamaba todos los domingos**. *Jeden Sonntag rief meine Mutter mich an.*
Nos visitaba **todos los veranos**. *Er besuchte uns jeden Sommer.*

§4.3 Das Futur (Zukunft)

§4.3.1 Die nahe Zukunft (ir a + Infinitiv) ‣ *Tag 28*

	ir	+ a + Infinitiv
(yo)	voy	a estudiar
(tú)	vas	
(él, ella, usted)	va	
(nosotros, -as)	vamos	
(vosotros, -as)	vais	
(ellos, ellas, ustedes)	van	

Typische Zeitangaben für das nahe Futur sind:
esta tarde *heute Nachmittag*
el próximo año *nächstes Jahr*
este año *dieses Jahr*
la semana que viene *nächste Woche*
El próximo mes voy a empezar con los estudios. *Nächsten Monat werde ich mit dem Studium anfangen.*

§4.3.2 Das Futur ‣ *Tag 15*

Die Futur-Endungen werden an die Grundform des Verbs angehängt. Sie sind für alle drei Konjugationen gleich:

	visitar	comer	cumplir
(yo)	visitar**é**	comer**é**	cumplir**é**
(tú)	visitar**ás**	comer**ás**	cumplir**ás**
(él, ella, usted)	visitar**á**	comer**á**	cumplir**á**
(nosotros, -as)	visitar**emos**	comer**emos**	cumplir**emos**
(vosotros, -as)	visitar**éis**	comer**éis**	cumplir**éis**
(ellos, ellas, ustedes)	visitar**án**	comer**án**	cumplir**án**

En México **comeremos** mucha fruta. *In Mexiko werden wir viel Obst essen.*
Mi abuela **cumplirá** 80 años en marzo. *Meine Oma wird im März 80.*

§4.4 Der bejahte Imperativ (Befehlsform) ▸ *Tag 19*

Sie haben bisher den bejahten Imperativ in der 2. und 3. Person Singular (*du, Sie*) kennengelernt.

	tom**ar**	com**er**	escrib**ir**
(tú)	tom**a**	com**e**	escrib**e**
(usted)	tom**e**	com**a**	escrib**a**

Toma, esto es para ti. *Nimm, das ist für dich.*
Pase, **pase**. *Kommen Sie herein!*
Tome mucha agua. *Trinken Sie viel Wasser.*

Bei den reflexiven Verben hängen Sie das Pronomen direkt an die Verbform an. Das Verb bekommt einen Akzent, damit die Betonung unverändert bleibt:

	sent**arse**	qued**arse**
(tú)	siént**ate**	quéd**ate**
(usted)	siént**ese**	quéd**ese**

Siéntese, por favor. *Setzen Sie sich bitte.*
Quédate en casa con este fiebre. *Bleib zu Hause mit diesem Fieber.*

§4.5 Der Konditional (Möglichkeitsform) ▸ *Tag 15, Tag 23*

Wenn Sie eine Bitte, die eigene Meinung oder einen Wunsch höflich formulieren wollen, verwenden Sie den Konditional. Wie die Futurendungen werden auch die Konditionalendungen an die Grundform des Verbs angehängt. Sie sind, wie diese, für alle drei Konjugationen gleich:

	gustar	**ser**	**abrir**
(yo)	gustar**ía**	ser**ía**	abrir**ía**
(tú)	gustar**ías**	ser**ías**	abrir**ías**
(él, ella, usted)	gustar**ía**	ser**ía**	abrir**ía**
(nosotros, -as)	gustar**íamos**	ser**íamos**	abrir**íamos**
(vosotros, -as)	gustar**íais**	ser**íais**	abrir**íais**
(ellos, ellas, ustedes)	gustar**ían**	ser**ían**	abrir**ían**

Me **gustaría** trabajar a media jornada. *Es würde mir gefallen, halbtags zu arbeiten.*
El horario **sería** de tres a ocho. *Die Arbeitszeit wäre von drei bis acht.*

Achtung:

Einige Verben haben bei der Bildung des Konditionals Unregelmäßigkeiten:
poder *können:* podría, podrías, podría ...
saber *wissen:* sabría, sabrías, sabría ...
tener *haben:* tendría, tendrías, tendría ...
venir *kommen:* vendría, vendrías, vendría ...
Podrías llamar ahora mismo. *Du könntest jetzt gleich anrufen.*
Esto me **vendría** muy bien. *Das würde mir sehr gut passen.*
¿Tendríais tiempo? *Hättet ihr Zeit?*

§4.6 Der Subjuntivo (Konjunktiv) ▸ *Tag 19, Tag 27*

Sie haben den Subjuntivo in einigen Wendungen kennengelernt, die einen Wunsch ausdrücken:
¡Que se mejore! / ¡Que te mejores! *Gute Besserung! (Sie / du-Anrede)*
¡Que se divierta! / ¡Que te diviertas! *Viel Spaß! (Sie / du-Anrede)*
¡Que lo pase bien! / ¡Que lo pases bien! *Viel Vergnügen! (Sie / du-Anrede)*

Die Verben **desear que** *wünschen dass* und **esperar que** *hoffen dass* verlangen, dass das nachfolgende Verb im Subjuntivo steht.

Hier die vollständigen Formen des **Subjuntivo** des Verbs **tener**:

	tener
(yo)	tenga
(tú)	tengas
(él, ella, usted)	tenga
(nosotros, nosotras)	tengamos
(vosotros, vosotras)	tengáis
(ellos, ellas, ustedes)	tengan

Esperamos que tengáis suerte. *Wir hoffen, ihr habt Glück.*
Les deseo que tengan buen tiempo. *Ich wünsche Ihnen, dass Sie gutes Wetter haben.*

§5 Die Pronomen

§5.1 Die Subjektpronomen ▸ *Tag 2*

	Singular		Plural	
1. Person	yo	ich	nosotros	wir
			nosotras	wir (*f*)
2. Person	tú	du	vosotros	ihr
			vosotras	ihr (*f*)
3. Person	él	er	ellos	sie
	ella	sie	ellas	sie (*f*)
	usted	Sie	ustedes	Sie

Achtung:
Beachten Sie, dass es im Spanischen auch für die Pluralformen *wir* und *ihr* jeweils eine männliche und eine weibliche Form gibt: nosotr**os**/nosotr**as**, vosotr**os**/vosotr**as**.

Die Subjektpronomen werden nur dann verwendet, wenn die Person hervorgehoben werden soll oder wenn in einem Teilsatz kein Verb vorhanden ist:
▸ Hola, soy Pablo, ¿y **tú**? ◂ **Yo** me llamo Penélope.
▸ *Hallo, ich bin Pablo, und du?* ◂ *Ich heiße Penélope.*
Nosotros vamos al cine, ¿y **vosotras**? *Wir gehen ins Kino, und ihr?*

Usted und **ustedes** (*Sie*) werden mit den Verbformen der dritten Person verwendet. Dabei gibt es einen Singular (1. Person) und einen Plural (mehrere Personen) bei der höflichen Anrede:
¿**Usted** es la señora Blanco? *Sind Sie Frau Blanco?*
¿**Ustedes** son de Cuba, señores Castro? *Sind Sie aus Cuba, Herr und Frau Castro?*

Achtung:
In Lateinamerika wird **ustedes** anstelle von **vosotros** (*ihr*) verwendet:
¿Cómo están **ustedes**? *Wie geht es euch?*

§5.2 Die Objektpronomen ▸ *Tag 10, Tag 16*

§5.2.1 Die direkten Objektpronomen (*wen* oder *was*?)

me	mich	**nos**	uns
te	dich	**os**	euch
lo	ihn, es	**los**	sie (*m*)
la	sie, es	**las**	sie (*f*)
lo/la	Sie (*m, f*)	**los/las**	Sie (*m, f*)

Me llevo estos zapatos. Me los llevo. *Ich nehme diese Schuhe. Ich nehme sie.*
¿La has visto ya? *Hast du sie schon gesehen?*

§5.2.2 Die indirekten Objektpronomen (*wem* oder *was*?)

me	mir	**nos**	uns
te	dir	**os**	euch
le	ihm ihr Ihnen (*Sg*)	**les**	ihnen (*m*) ihnen (*f*) Ihnen (*Pl*)

¿**Me** trae un poco más de agua, por favor? *Bringen Sie mir noch etwas Wasser, bitte?*
Les gusta mucho el tango. *Tango gefällt ihnen sehr.*
¿**Le** das tu libro? *Gibst du ihm / ihr dein Buch?*

Achtung:
Beachten Sie, dass die direkten wie indirekten Pronomen immer vor dem Verb stehen. Vergleichen Sie die Satzstellung im deutschen und im spanischen Satz:
Me llaman esta noche. **Nos** ayudan mucho.
Sie rufen mich heute Abend an. Sie helfen uns sehr.

§5.3 Die Possessivadjektive und -pronomen ▸ Tag 11, Tag 26

§5.3.1 Die Possessivadjektive

Singular		Plural	
mi	mein, meine	mis	meine
tu	dein, deine	tus	deine
su	sein(e), ihr(e), Ihr(e)	sus	seine, ihre, Ihre
nuestro, nuestra	unser, unsere	nuestros, nuestras	unsere
vuestro, vuestra	euer, eure	vuestros, vuestras	eure
su	ihr(e), Ihr(e)	sus	ihre, Ihre

Estos son **mis** colegas de trabajo. *Das sind meine Arbeitskollegen.*
Nuestra hija se llama Ángeles. *Unsere Tochter heißt Ángeles.*

Achtung:
Die Possessivadjektive für die dritte Person sind im Singular wie im Plural gleich.
Su coche kann also heißen: *sein Auto, ihr Auto (von ihr, von ihnen)* oder *Ihr Auto.*

§5.3.2 Die Possessivpronomen

Die Possessivpronomen werden allein, ohne Substantiv, verwendet, z. B. um die Wiederholung eines Substantivs zu vermeiden:

Singular		Plural	
el mío, la mía	meine(r, s)	los míos, las mías	meine
el tuyo, la tuya	deine(r, s)	los tuyos, las tuyas	deine
el suyo, la suya	seine(r, s), ihre(r, s) Ihre(r, s)	los suyos, las suyas	seine, ihre, Ihre
el nuestro, la nuestra	unsere(r, s)	los nuestros, las nuestras	unsere
el vuestro, la vuestra	eure(r, s)	los vuestros, las vuestras	eure
el suyo, la suya	ihre(r, s), Ihre(r, s)	los suyos, las suyas	ihre, Ihre

Mi tarjeta no funciona. ¿Puedo usar **la tuya**? *Meine Karte funktioniert nicht. Kann ich deine benutzen?*
No son mis llaves. ¿Son **vuestras**? *Das sind nicht meine Schlüssel. Sind es eure?*
¿Es mi maleta o **la suya**? *Ist das mein Koffer oder Ihrer?*

§5.4 Die Demonstrativpronomen ▸ *Tag 11*

Die Demonstrativpronomen können allein oder zusammen mit einem Substantiv stehen.

	Singular		Plural	
Maskulinum	**este** amigo	dieser Freund	**estos** amigos	diese Freunde
Femininum	**esta** amiga	diese Freundin	**estas** amigas	diese Freundinnen

Esta es mi amiga Irene. *Das (wörtl. diese hier) ist meine Freundin Irene.*
Esta maleta es mía. *Dieser Koffer ist meiner.*

§5.5 Die Indefinitpronomen ▸ *Tag 21*
todo, -a el/la + Substantiv, todos, -as los/las + Substantiv

Todo kann entweder allein stehen oder zusammen mit einem Artikel und Substantiv. Dann wird es an das Substantiv angeglichen.

Achtung:
Beachten Sie die unterschiedliche Bedeutung:
Esto es **todo**. *Das ist alles.*
Te he llamado **todo el** día. *Ich habe dich den ganzen Tag (über) angerufen.*
Han jugado al tenis **toda la** tarde. *Sie haben den ganzen Nachmittag Tennis gespielt.*
Todos los domingo vamos al parque. *Jeden Sonntag gehen wir in den Park.*

§6 Die Konjunktionen

§6.1 Nebenordnende Konjunktionen

Nebenordnende Konjunktionen verbinden Sätze oder Satzteile miteinander:

y	und
o	oder
pero	aber
o ... o	entweder ... oder
ni ... ni	weder ... noch

Yo hablo inglés **y** francés. *Ich spreche Englisch und Französisch.*
¿Quieres café **o** té? *Möchtest du Kaffee oder Tee?*

No sé bailar, **pero** me gusta la música. *Ich kann nicht tanzen, aber die Musik gefällt mir.*
Antonio no sabe **ni** bailar **ni** cantar. *Antonio kann weder tanzen noch singen.*

§6.2 Unterordnende Konjunktionen

Unterordnende Konjunktionen leiten Nebensätze ein:

que	dass
cuando	wenn, als
porque	weil, denn
como	da, weil
si	wenn, falls

Creo **que** nos va a llamar. *Ich glaube, dass er uns anrufen wird.*
Juan es una persona **que** siempre trabaja. *Juan ist ein Mensch, der immer arbeitet.*
No voy **porque** no tengo tiempo. *Ich gehe nicht mit, weil ich keine Zeit habe.*

§7 Die Fragewörter ▸ *Tag 25*

Im Spanischen gibt es bei einer Frage zwei Fragezeichen: eines am Anfang, das andere am Ende des Fragesatzes. Fragewörter tragen außerdem immer einen Akzent.

¿Cómo?	*Wie?*	¿Cómo te llamas? *Wie heißt du?*
¿Cuál?	*Welche/r/s?*	¿Cuál es tu colega Ana? *Welche ist deine Kollegin Ana?*
¿Quién?	*Wer?*	¿Quién es este chico? *Wer ist dieser junge Mann?*
¿Quiénes?	*Wer? (Pl)*	¿Quiénes son estos dos? *Wer sind diese beiden?*
¿Dónde?	*Wo?*	¿Dónde está Nerja? *Wo liegt Nerja?*
¿De dónde?	*Woher?*	¿De dónde es usted? *Woher kommen / sind Sie?*
¿Adónde?	*Wohin?*	¿Adónde queréis ir? *Wohin wollt ihr gehen?*
¿Cuánto, -a?	*Wie viel?*	¿Cuánto cuesta el billete? *Wie viel kostet die Fahrkarte?*
¿Cuántos, -as?	*Wie viele?*	¿Cuántos años tienes tú? *Wie alt bist du?*
¿Por qué?	*Warum?*	¿Por qué no llamaste? *Warum hast du nicht angerufen?*
¿Qué + Verb?	*Was?*	¿Qué hacemos? *Was machen wir?*
¿Qué + Nomen?	*Welche(r, s)?*	¿Qué lenguas habla usted? *Welche Sprachen sprechen Sie?*
¿Cuándo?	Wann?	¿Cuándo os vais a París? *Wann fahrt ihr nach Paris?*

§8 Die Adverbien ▸ *Tag 10, Tag 17, Tag 18*

Einige Adverbien werden gebildet, indem man an das weibliche Adjektiv die Endung **-mente** anhängt:

normal	normalmente	normalerweise
perfecto	perfectamente	perfekt

Achtung:
Manche Adverbien haben eigene Formen:

bueno	bien	gut
malo	mal	schlecht

Normalmente me quedo en casa si estoy mal. *Normalerweise bleibe ich zu Hause, wenn es mir schlecht geht.*

§8.1 Adverbien der Art und Weise

muy bien	sehr gut
bien	gut
regular	so lala
así	so
mal	schlecht

¡Hablas **muy bien** español! *Du sprichst sehr gut Spanisch!*
¿Está **bien** así? *Ist es gut so?*

§8.2 Adverbien der Menge

mucho	viel, sehr	un poco (de)	ein bisschen, ein wenig
bastante	ziemlich (viel)	más o menos	mehr oder weniger
poco	wenig	aproximadamente	ungefähr
muy	sehr	casi	fast

Muy *sehr* steht vor Adjektiven oder Adverben:
La película fue **muy interesante**. *Der Film war sehr interessant.*
Estoy **muy bien**. *Es geht mir sehr gut.*

Mucho steht entweder in der Bedeutung *viel* vor Substantiven oder, in der Bedeutung *sehr*, bei Verben:
Carmen tiene **mucha experiencia**. *Carmen hat viel Erfahrung.*
El hotel me **gusta mucho**. *Das Hotel gefällt mir sehr.*

§8.3 Adverbien des Ortes

cerca (de)	in der Nähe (von)	**aquí**	hier
lejos (de)	weit weg (von)	**ahí**	da
a la izquierda	links	**allí**	dort
a la derecha	rechts	**al lado de**	neben
todo recto	geradeaus	**enfrente de**	gegenüber
al final de	am Ende von		

Está muy **cerca de** aquí. *Es ist ganz in der Nähe.*
Usted va **todo recto** y toma la tercera a la derecha. *Sie gehen (immer) geradeaus und nehmen die dritte (Straße) rechts.*

§8.4 Adverbien der Zeit

primero	zuerst	**después**	danach
entonces	dann	**luego**	dann, danach
ya	schon	**hoy**	heute
mañana	morgen	**tarde**	spät

Primero usted cruza la plaza. *Zuerst überqueren Sie den Platz.*
Luego gire a la izquierda. *Dann biegen Sie nach links ab.*

§8.5 Häufigkeitsangaben

siempre	immer	**a veces**	manchmal
casi siempre	fast immer	**casi nunca**	fast nie
normalmente	normalerweise	**nunca**	nie

Normalmente voy en metro al trabajo. **A veces** voy en autobús.
Normalerweise fahre ich mit der U-Bahn zur Arbeit. Manchmal fahre ich mit dem Bus.

§9 Der Satz

§9.1 Die Verneinung ▸ *Tag 7, Tag 17*

Die Verneinung **no** heißt *nein* und *nicht*. Sie steht immer vor dem Verb:
No, no soy Marta. *Nein, ich bin nicht Marta.*
No quieren. *Sie wollen nicht.*
No tiene tiempo. *Sie hat keine Zeit.*

§9.2 Die doppelte Verneinung ▸ *Tag 13*

Bei **nada** *nichts*, **ninguno**, **-a** *keiner*, **nadie** *niemand* und **ni ... ni ...** *weder ... noch ...* ist im Spanischen eine doppelte Verneinung mit **no** erforderlich:
No hemos visto a **nadie**. *Wir haben niemanden gesehen.*
Perdone, pero no entiendo **nada**. *Entschuldigen Sie, aber ich verstehe nichts.*
No hablo **ni** francés **ni** italiano. Solo hablo inglés. *Ich spreche weder Französisch noch Italienisch. Ich spreche nur Englisch.*

§9.3 Der Bedingungssatz ▸ *Tag 25*

Si bedeutet im Bedingungssatz *wenn, falls*:
Si no vienen ahora mismo, nos iremos. *Wenn sie nicht gleich kommen, werden wir gehen.*
Si hay algún problema, le ayudamos. *Wenn es irgendein Problem gibt, helfen wir Ihnen.*

In der Verbindung mit **preguntar** *fragen* oder **saber** *wissen* heißt **si** *ob*:
Pregunta **si** hay entradas para el concierto. *Frag, ob es Karten für das Konzert gibt.*
Todavía no sé **si** podré ir a tu fiesta. *Ich weiß noch nicht, ob ich zu deiner Party kommen kann.*

§9.4 Der Vergleichssatz ▸ *Tag 20*

más ... que	mehr ... als
menos ... que	weniger ... als
tan ... como	so (viel) ... wie

El jersey negro es **más** ancho **que** el marrón. *Der schwarze Pulli ist weiter als der braune.*
Tu piso es **casi tan** caro **como** el mío. *Deine Wohnung ist fast so teuer wie meine.*
El té me gusta **menos que** el café. *Ich mag Tee weniger als Kaffee.*

Verbtabellen

Regelmäßige Verben

Konjugationsgruppe 1: -ar					
hablar sprechen					
Präsens	Imperfekt	Indefinido	Futur	Konditional	Subjuntivo
hablo	hablaba	hablé	hablaré	hablaría	hable
hablas	hablabas	hablaste	hablarás	hablarías	hables
habla	hablaba	habló	hablará	hablaría	hable
hablamos	hablábamos	hablamos	hablaremos	hablaríamos	hablemos
habláis	hablabais	hablasteis	hablaréis	hablaríais	habléis
hablan	hablaban	hablaron	hablarán	hablarían	hablen

Partizip: hablado *Gerund*: hablando *Imperativ*: habla (tú), hable (usted)

Konjugationsgruppe 2: -er					
comer essen					
Präsens	Imperfekt	Indefinido	Futur	Konditional	Subjuntivo
como	comía	comí	comeré	comería	coma
comes	comías	comiste	comerás	comerías	comas
come	comía	comió	comerá	comería	coma
comemos	comíamos	comimos	comeremos	comeríamos	comamos
coméis	comíais	comisteis	comeréis	comeríais	comáis
comen	comían	comieron	comerán	comerían	coman

Partizip: comido *Gerund*: comiendo *Imperativ*: come (tú), coma (usted)

Konjugationsgruppe 3: -ir					
vivir leben, wohnen					
Präsens	Imperfekt	Indefinido	Futur	Konditional	Subjuntivo
vivo	vivía	viví	viviré	viviría	viva
vives	vivías	viviste	vivirás	vivirías	vivas
vive	vivía	vivió	vivirá	viviría	viva
vivimos	vivíamos	vivimos	viviremos	viviríamos	vivamos
vivís	vivíais	vivisteis	viviréis	viviríais	viváis
viven	vivían	vivieron	vivirán	vivirían	vivan

Partizip: vivido *Gerund*: viviendo *Imperativ*: vive (tú), viva (usted)

Reflexive Verben

lavarse sich waschen					
Präsens	**Imperfekt**	**Indefinido**	**Futur**	**Konditional**	**Subjuntivo**
me lavo	me lavaba	me lavé	me lavaré	me lavaría	me lave
te lavas	te lavabas	te lavaste	te lavarás	te lavarías	te laves
se lava	se lavaba	se lavó	se lavará	se lavaría	se lave
nos lavamos	nos lavábamos	nos lavamos	nos lavaremos	nos lavaríamos	nos lavemos
os laváis	os lavabais	os lavasteis	os lavaréis	os lavaríais	os lavéis
se lavan	se lavaban	se lavaron	se lavarán	se lavarían	se laven

Partizip: me he lavado *Gerund*: me estoy lavando *Imperativ*: lávate (tú), lávese (usted)

Unregelmäßige Verben

Gruppe e → ie					
querer wollen, mögen					
Präsens	**Imperfekt**	**Indefinido**	**Futur**	**Konditional**	**Subjuntivo**
quiero	quería	quise	querré	querría	quiera
quieres	querías	quisiste	querrás	querrías	quieras
quiere	quería	quiso	querrá	querría	quiera
queremos	queríamos	quisimos	querremos	querríamos	queramos
queréis	queríais	quisisteis	querréis	querríais	queráis
quieren	querían	quisieron	querrán	querrían	quieran

ebenso: cerrar *schließen*, empezar *anfangen*, entender *verstehen*, pensar *denken*, sentarse *sich setzen*, sentir(se) *(sich) fühlen*

Gruppe o → ue					
poder können					
Präsens	**Imperfekt**	**Indefinido**	**Futur**	**Konditional**	**Subjuntivo**
puedo	podía	pude	podré	podría	pueda
puedes	podías	pudiste	podrás	podrías	puedas
puede	podía	pudo	podrá	podría	pueda
podemos	podíamos	pudimos	podremos	podríamos	podamos
podéis	podíais	pudisteis	podréis	podríais	podáis
pueden	podían	pudieron	podrán	podrían	puedan

ebenso: doler *wehtun*, dormir *schlafen*, encontrar(se) *finden; sich treffen*, jugar *spielen*, probar(se) *(an)probieren*, volver *zurückkehren*

Gruppe e → i					
pedir bitten, bestellen					
Präsens	**Imperfekt**	**Indefinido**	**Futur**	**Konditional**	**Subjuntivo**
pido	pedía	pedí	pediré	pediría	pida
pides	pedías	pediste	pedirás	pedirías	pidas
pide	pedía	pidió	pedirá	pediría	pida
pedimos	pedíamos	pedimos	pediremos	pediríamos	pidamos
pedís	pedíais	pedisteis	pediréis	pediríais	pidáis
piden	pedían	pidieron	pedirán	pedirían	pidan

ebenso: despedirse *sich verabschieden*, seguir *folgen, weitergehen*, servir *dienen; servieren*, vestirse *sich anziehen*

Wichtige unregelmäßige Verben

ser sein					
Präsens	**Imperfekt**	**Indefinido**	**Futur**	**Konditional**	**Subjuntivo**
soy	era	fui	seré	sería	sea
eres	eras	fuiste	serás	serías	seas
es	era	fue	será	sería	sea
somos	éramos	fuimos	seremos	seríamos	seamos
sois	erais	fuisteis	seréis	seríais	seáis
son	eran	fueron	serán	serían	sean

Partizip: sido *Gerund*: siendo *Imperativ*: sé (tú), sea (usted)

estar sein, sich befinden					
Präsens	**Imperfekt**	**Indefinido**	**Futur**	**Konditional**	**Subjuntivo**
estoy	estaba	estuve	estaré	estaría	esté
estás	estabas	estuviste	estarás	estarías	estés
está	estaba	estuvo	estará	estaría	esté
estamos	estábamos	estuvimos	estaremos	estaríamos	estemos
estáis	estabais	estuvisteis	estaréis	estaríais	estéis
están	estaban	estuvieron	estarán	estarían	estén

Partizip: estado *Imperativ*: está (tú), esté (usted)

ir gehen, fahren					
Präsens	**Imperfekt**	**Indefinido**	**Futur**	**Konditional**	**Subjuntivo**
voy	iba	fui	iré	iría	vaya
vas	ibas	fuiste	irás	irías	vayas
va	iba	fue	irá	iría	vaya
vamos	íbamos	fuimos	iremos	iríamos	vayamos
vais	ibais	fuisteis	iréis	iríais	vayáis
van	iban	fueron	irán	irían	vayan

Partizip: ido *Gerund*: yendo *Imperativ*: ve (tú), vaya (usted)

tener haben					
Präsens	**Imperfekt**	**Indefinido**	**Futur**	**Konditional**	**Subjuntivo**
tengo	tenía	tuve	tendré	tendría	tenga
tienes	tenías	tuviste	tendrás	tendrías	tengas
tiene	tenía	tuvo	tendrá	tendría	tenga
tenemos	teníamos	tuvimos	tendremos	tendríamos	tengamos
tenéis	teníais	tuvisteis	tendréis	tendríais	tengáis
tienen	tenían	tuvieron	tendrán	tendrían	tengan

Partizip: tenido *Gerund*: teniendo *Imperativ*: ten (tú), tenga (usted)

haber haben (Hilfsverb)					
Präsens	**Imperfekt**	**Indefinido**	**Futur**	**Konditional**	**Subjuntivo**
he	había	hube	habré	habría	haya
has	habías	hubiste	habrás	habrías	hayas
ha	había	hubo	habrá	habría	haya
hemos	habíamos	hubimos	habremos	habríamos	hayamos
habéis	habíais	hubisteis	habréis	habríais	hayáis
han	habían	hubieron	habrán	habrían	hayan

Partizip: habido *Gerund*: habiendo *Imperativ*: he (tú), haya (usted)

Lösungen und Hörtexte

Tag 2

Fragen zum Dialog

1. tres – **2**. la prima – **3**. española – **4**. el tío – **5**. la maleta

1 **1**. Son – **2**. es – **3**. es, es – **4**. somos, soy – **5**. Eres, soy

2 **1**. ¡Hola, Alba! – **2**. Buenos días. – **3**. ¿Qué tal? – **4**. Bien, bien, ¿y tú? – **5**.¿Cómo? ¿Puedes repetir, por favor? – **6**. ¡Bienvenida!

3 Hörtext

1. Buenos días. – Buenos días. / ¡Hola!
2. ¿Qué tal? – Bien, bien. / Muy bien.
3. ¿Cómo está? – Bien, ¿y usted?
4. ¿Qué tal el viaje? – Muy bien. / Bien.
5. ¿Vale? – Vale.
6. ¡Bienvenidos! – Gracias. / Muchas gracias.

4 **1**. soy – **2**. tal – **3**. alemana – **4**. madre – **5**. es – **6**. casa – **7**. es – **8**. mi – **9**. muy

Tag 3

Fragen zum Dialog

1. Renner López. – **2**. por la mañana. – **3**. estudiante.

1 **1**. Hablas – **2**. llamas, llamo – **3**. hablo – **4**. hablamos – **5**. llamáis, **6**. llamamos

2 **1**. d) – **2**. e) – **3**. b) – **4**. a) – **5**. c)

3 Hörtext

1. ¿Cómo se llama usted? – Me llamo ...
2. ¿Es usted español? – No, (yo) soy alemán.
3. ¿Su profesión? – Soy ...
4. ¿Dónde vive? – Vivo en ...
5. ¿Qué calle? – En la calle ...
6. ¿Tiene teléfono? – Sí, el número es ...
7. Muchas gracias. Adiós. – Adiós./¡Hasta luego!

Tag 4

Fragen zum Dialog

1. soltera – **2**. no tiene – **3**. dos

1 **1**. la hermana – **2**. el primo – **3**. la hija – **4**. el profesor – **5**. la empleada – **6**. el secretario

2 **1**. c) – **2**. a) – **3**. d) – **4**. e) – **5**. b)

3 **1**. Vive – **2**. Es – **3**. es – **4**. Tiene – **5**. es – **6**. es – **7**. está – **8**. tienen

4 Hörtext

▸ ¿Usted vive solo?
◂ Sí, vivo solo. / No, no vivo solo.
▸ ¿Está usted casado,-a?
◂ Sí, estoy casado. / No, estoy soltero.

- ► ¿Usted tiene hermanos?
- ◄ Sí, tengo x hermanos. / No, no tengo hermanos.
- ► ¿Qué hace usted? ¿Qué profesión tiene?
- ◄ Yo soy ...
- ► Encantado.
- ◄ Mucho gusto. / Encantado.

Tag 5

2 el: hotel – sol – mar – banco – centro – autobús – mercado – hospital – turismo – quiosco – restaurante
la: pensión – farmacia – policía – oficina – sardina – bodega – playa – avenida – palma – cruz –calle

3 **1**. -o – -a – **2**. männlich – **3**. weiblich – **4**. -e.

5, 6 el español, los españoles – el destino, los destinos – el amor, los amores – el producto, los productos – el médico, los médicos – el éxito, los éxitos
la fruta, las frutas – la frontera, las fronteras – la verdura, las verduras – la marca, las marcas

7 **1**. s – **2**. es

8 Hörtext
el hotel / los hoteles – las playas / la playa – la avenida / las avenidas – los bancos / el banco – el hospital / los hospitales – los millones / el millón – el amor / los amores

Tag 6

1 **1**. buenas tardes – **2**. buenas noches – **3**. buenos días – **4**. ¡hola!

2 **1**. qué – **2**. Cómo – **3**. Cómo – **4**. Qué – **5**. Dónde – **6**. Qué

3 **1**. a), b) – **2**. a), c) – **3**. a), b) – **4**. c) – **5**. a), c) – **6**. b), c)

4 **1**. Me llamo – **2**. qué haces – **3**. Tomas – **4**. vive – **5**. Tiene – **6**. estudiáis – **7**. hablan – **8**. está

5 **1**. vive – **2**. es – **3**. es – **4**. tiene – **5**. estudia – **6**. come – **7**. come – **8**. comen

6 **1**. Carmen y Ramón toman café en la «Casa Paco». – **2**. Ana estudia Informática en Valencia. – **3**. Lucía es secretaria, está separada. – **4**. António está soltero, pero tiene novia.

7 Hörtext
- ► Buenas tardes.
- ◄ Buenas tardes. Quería un café solo y un café con leche.
- ► Muy bien. Ya voy.
- ► ¿Quieren algo más?
- ◄ Sí, otro café con leche, por favor, y un agua mineral.
- ► ¿Con o sin gas?
- ◄ Con gas/sin gas.

8 nueve cinco cuatro seis dos cero siete uno tres – 954620713

9 **1**. un aeropuerto – **2**. dos escuelas – **3**. tres cursos – **4**. cinco hermanos – **5**. siete calles – **6**. cuatro idiomas – **7**. doce números – **8**. veinte hoteles – **9**. seis maletas – **10**. quince días

10 **1**. «Giralda»: 954 334 242 – **2**. Luis García: 0664 783 692
Hörtext
1. ◄ ¿El número de teléfono de la escuela de idiomas «Giralda», por favor?
► Un momento. El número es el 954 334 242.
◄ Gracias.

2. ▸ ¡Hola! Le habla el contestador automático de Luis García. No estoy en casa, pero podéis llamarme a mi número de móvil.
El número es 0664 783 692.

11 **Hörtext**

▸ ¿Tiene usted hijos?
◂ No, no tengo hijos. / Sí, tengo hijos.
▸ ¿Cuántos hijos tiene?
◂ Tengo dos hijos. Una hija y un hijo.
▸ ¿Y tiene hermanos?
▸ ¿Cuántos?
▸ ¿Cuántos coches tienen en la familia?
▸ ¿Cuántos huevos son una docena?
◂ Doce.
▸ ¿Y media docena?
◂ Seis.
▸ ¡Muy bien!

12 **1**. el – **2**. la – **3**. los – **4**. el – **5**. los – **6**. el – **7**. las – **8**. los – **9**. la – **10**. el – **11**. los – **12**. el

13 **1**. nuevos – **2**. geniales – **3**. profesores – **4**. hospitales – **5**. padres – **6**. hoteles – **7**. cafés – **8**. mayores

14 **1**. italiana – **2**. primo – **3**. hermanas – **4**. casado – **5**. francesa – **6**. padre – **7**. profesoras – **8**. chicos

15 [k]: Carmen – poco – calle – curso – mercado – perfecto
[θ]: gracias – farmacia – quince – despacio – ¡felicidades! – aceite
Regel:
1. Vor a – **2**. Vor e, i

16 [g]: gracias – lengua – mucho gusto – agua mineral – segundo – Granada
[x]: genial – Giralda
Regel:
1. Vor a, o, u – **2**. Vor e, i

17 vorletzte Silbe: Sevilla – Barcelona – Lima – Palma – Hamburgo – Caracas
letzte Silbe: Jerez – Madrid – Valladolid
Silbe mit Akzent: Berlín – Cádiz – Bogotá

18 **1**. Mallorca – **2**. España – **3**. noche – **4**. apellido – **5**. mañana – **6**. derecha
Regel:
1. b) – **2**. a) – **3**. b)

19 **Regel:**
b)

20 **Regel:**
b)

Zwischentest 1

1 **1**. calle – **2**. arroba – **3**. Avenida – **4**. 2. rechts – **5**. Parkplätze – **6**. Meeresfrüchte
▸ *Tag 3*

2 **Es passen nicht:**
1. gracias – **2**. tiempo –**3**. minuto – **4**. lunes –**5**. café – **6**. secretaria
▸ *Tag 4*

3 **1**. minuto – **2**. padre – **3**. profesor – **4**. estudiante – **5**. mañana – **6**. pensión
▸ *Tag 4*
4 **1**. nuevo – **2**. perfecto – **3**. solo – **4**. nueva – **5**. española – **6**. francés
▸ *Tag 3*
5 **1**. nuevos – **2**. perfectos – **3**. solos – **4**. nuevas – **5**. españolas – **6**. franceses
▸ *Tag 5*
6 betont wird die vorletzte Silbe: **1**. – **2**. – **5**.
die letzte Silbe: **3**. – **6**.
die vorvorletzte Silbe: **4**.
▸ *Tag 5*
7 **1**. Está soltero. – **2**. portugués – **3**. Medicina – **4**. sola –**5**. inglés – **6**. tres
▸ *Tag 4*

Hörtext

1. Luis es argentino, de Buenos Aires. Es taxista en Sevilla. Está soltero. Vive con dos estudiantes en la calle Santa Cruz, número doce. Habla español, claro, y un poco de portugués.

2. Silvana es italiana. Estudia Medicina en Bolonia. De momento está en Sevilla de prácticas, en un hospital. Está separada. Vive sola en un apartamento. Habla italiano y español.

3. Robin es inglés, de Oxford. Es profesor de inglés en la escuela «La Giralda». Está casado con Sharon. Tienen una hija de tres años. Viven en la plaza de Cuba.

8 **1**. Buenas tardes. – **2**. ¡Hola!, ¿qué tal? *oder* ¡Hola!, ¿cómo estás? – **3**. ¿Cómo? – **4**. Más despacio, por favor. – **5**. Gracias. / Muchas gracias. – **6**. ¿Cómo se llama (usted)?
▸ *Tag 2, Tag 3*

Maximale Punktezahl: 48
Bewertung:
muy bien: 45–48
bien: 35–44
regular: bis 34

Tag 7

Fragen zum Dialog

1. un kilo – **2**. no le gustan – **3**. un melón
1 **1**. Cuánto – **2**. Cuántos – **3**. Cuánta – **4**. Cuántas – **5**. Cuánto – **6**. Cuántos
2 **1**. Quería un kilo de patatas. **– 2**. Quería medio kilo de cebollas. – **3**. Quería dos melones. – **4**. Quería una sandía. – **5**. Quería un paquete de arroz. – **6**. Quería una docena de huevos. – **7**. Quería dos barras de pan. **– 8**. Quería un litro de leche.
3 **1**. media docena de huevos – **2**. un litro de leche – **3**. medio kilo de melocotones

Hörtext

▸ Hola, buenos días.
◂ Buenos días. / Hola.
▸ ¿Qué quería?
◂ Quería media docena de huevos, por favor.
▸ Muy bien. ¿Qué más?
◂ Un litro de leche.
▸ ¿Qué más?

◂ Medio kilo de melocotones.
▸ Vale. ¿Algo más?
◂ No, nada más, gracias. ¿Cuánto es?
▸ Son 5 euros con 20. Gracias. Adiós.
◂ Adiós. / ¡Hasta luego!

4 **1**. Buenas tardes. / Hola. – **2**. Quería tomates. – **3**. No, nada más, gracias. – **4**. ¿Cuánto es? – **5**. Adiós. / ¡Hasta luego! / Buenas tardes.

Tag 8

Fragen zum Dialog

1. de sangría – **2**. no toma postre

1 **1**. bueno – **2**. grande – **3**. otra – **4**. fría – **5**. excelente – **6**. solos

2 Camarero: **2**. Vale, muy bien. – **4**. ¿Café? – **6**. ¿Qué van a tomar? – **9**. ¿Ya saben qué van a comer? – **10**. Enseguida.
Cliente: **1**. Una botella de agua, por favor. – **3**. Para mí, una ensalada. – **5**. La cuenta, por favor. – **7**. Yo, las sardinas. – **8**. Quería otra cerveza, por favor.

3 Hörtext
▸ Buenas tardes. ¿Qué va a tomar?
◂ De primero, melón con jamón serrano.
▸ Muy bien. ¿Y de segundo?
◂ (De segundo) Sardinas con ensalada.
▸ Vale. ¿Toma postre?
◂ Sí. Fresas con nata, por favor.
▸ ¿Café?
◂ Un café solo, por favor.

Tag 9

Fragen zum Dialog

1. Catedral – **2**. terraza

1 ▸ ¿Diga?
◂ ¿Está Roberto?
▸ Soy yo.
◂ Soy Ana, ¡hola, Roberto!
▸ ¡Hola, Ana! ¿Qué tal?
◂ Bien, ¿y tú?

2 **1**. ¿Diga? – **2**. soy – **3**. está – **4**. por

3 **1**. Ramón – **2**. Antonio – **3**. A tomar una cerveza. – **4**. En el bar de Paco. – **5**. A las siete y media.
Hörtext
▸ ¿Diga?
◂ Hola, soy Ramón. ¿Está Antonio?
▸ Sí, soy yo. ¡Hola, Ramón!
◂ Hola, ¿qué tal?
▸ Bien, ¿y tú?
◂ Bien. Oye, ¿vamos a tomar una cerveza?

▸ Sí, muy bien. ¿Dónde?
◂ En el bar de Paco.
▸ Vale. ¿Y a qué hora?
◂ ¿A las siete?
▸ Mejor a las siete y media.
◂ Vale. ¡Hasta luego!
▸ Chao.

4 Hörtext

▸ ¿Diga?
▸ (*Grüßen Sie und fragen Sie nach Laura.*)
◂ Hola, ¿está Laura?
▸ Sí, soy yo.
▪ (*Nennen Sie Ihren Namen.*)
◂ Soy Carlos.
▸ Hola, Carlos. ¿Qué tal?
▪ (*Antworten Sie und schlagen Sie vor, einen Wein zusammen zu trinken.*)
◂ Muy bien. Oye, ¿vamos a tomar un vino?
▸ De acuerdo. ¿Dónde?
▪ (*Ab hier schaffen Sie es nun alleine. Nur Mut!*)
◂ En la Bodega Central, en la calle Santa Cruz.
▸ Vale, y ¿a qué hora?
◂ ¿A las nueve?
▸ Mejor a las nueve y media.
◂ Vale. ¡Hasta luego!
▸ Chao, ¡nos vemos!

Tag 10

Fragen zum Dialog

1. haciendo footing. – **2**. está esperando a un amigo – **3**. van a ir al cine

1 **1**. haciendo footing – **2**. esperando – **3**. visitando – **4**. bebiendo – **5**. viendo

2 **1**.Te gusta – me encanta – A mí también – Os gustan – No nos gustan – a mí tampoco.

3 Hörtext

▸ ¿Le gustan los parques?
◂ Sí, me gustan mucho. / Sí, me encantan. / No, no me gustan.
▸ ¿Le gusta hacer footing?
◂ Sí, me gusta. / Me encanta. / No, no me gusta.
▸ A mí me gustan los patos y los pavos reales.
◂ A mi también. / A mí no.
▸ A mí no me gustan los jardines botánicos.
◂ A mí tampoco. / A mí sí.

4 **1**. Ana está esperando a una amiga. – **2**. Penélope está viendo la televisión. – **3**. Mamá está hablando por teléfono. – **4**. David y Papá están jugando al fútbol. – **5**. Luisa está tomando café. – **6**. Evelio está jugando al ping-pong.

Hörtext

Son las cuatro de la tarde. Yo soy Ana. De momento estoy esperando a una amiga. Mi hermano David y papá están jugando al fútbol, en el parque. Mamá está hablando por teléfono con la abuela. Mi hermana Penélope está viendo la televisión: una película de amor, claro. La tía Luisa está tomando café en la cocina. El primo Evelio y su amigo Daniel están jugando al ping-pong en la terraza. Y yo estoy esperando.

Tag 11

Fragen zum Dialog

1. el sábado – **2**. también está – **3**. un amigo – **4**. un CD

1 **1**. a – **2**. a – **3**. – – **4**. a

2 **1**. mi – **2**. su – **3**. mis – **4**. Mi – **5**. mi – **6**. mi – **7**. su – **8**. Andrés – **9**. su madre – **10**. la novia de Andrés – **11**. Roberto – **12**. Santiago – su viejo amigo – **13**. hijo de Santiago

3 su amigo Raúl, su primo José y Victoria, la hija de José

Hörtext

▸ ¿Quiénes son los de la foto, Julio?
◂ ¿Estos? Este es mi amigo Raúl, y el otro es mi primo José. Son mis compañeros de fútbol.
▸ ¿Y esta?
◂ Esta es Victoria, la hija de José. Juega en un equipo femenino de fútbol. Es muy buena.
▸ ¿Ah, sí? ¡Qué interesante! ¿Cuál es vuestro equipo favorito?
◂ El Real Madrid, claro.

4 Hola Carlos:
Hay una pequeña fiesta el viernes. Es mi cumpleaños. ¿Vienes también? Empieza a las siete.
Un beso, Natalia

Tag 12

Fragen zum Dialog

1. artículos – **2**. entrevistas – **3**. cansada – **4**. aparcamiento

1 **1**. Lola ha escrito un e-mail. – **2**. León ha hecho la compra. – **3**. Ramón ha abierto un regalo. – **4**. Clara ha estudiado mucho.

2 **1**. ha – **2**. hecho – **3**. empezado – **4**. Han – **5**. ha – **6**. cantado – **7**. ha – **8**. tomado

3 sí: Ha llegado a las ocho. Ha encontrado a Pedro en la calle. Ha tomado un café con él.
no: No ha hecho la compra. No ha tenido tiempo.

Hörtext

▸ Ay, Nicolás, estoy tan cansada.
◂ Hola, querida. ¿Has trabajado tanto?
▸ Sí, muchísimo. Y tú, ¿qué has hecho?
◂ Pues yo, he llegado a las ocho. He encontrado a Pedro en la calle y he tomado un café con él.
▸ Ah, ¡qué bien! ¿Has hecho la compra?
◂ No, perdona, no he tenido tiempo.
▸ Ah, no has tenido tiempo, claro, porque has estado en el café con Pedro.
◂ Sí.

▸ ¿Y qué vamos a comer ahora?
◂ Pues, eh, ¿una pizza?
▸ ¡Arrgh!

4 **Lösungsvorschlag**
Hola Karin:
¿Qué tal? Hoy he hablado por teléfono con Roberto. El viernes es su cumpleaños. He escrito un sms a Thomas. No he hecho deporte, pero he estudiado español. He tomado dos cervezas con Bernhard. No he comido fruta y no he comido paella. He hablado inglés con un colega americano.
Un beso, Uli

Tag 13

Fragen zum Dialog

1. en un bar – **2**. de Silvana – **3**. de cañas – **4**. Alameda – **5**. una comedia americana

1 **1**. tiene – Es – es – Tiene – es – lleva – Es – **2**. es – Es – lleva – lleva – Tiene – Tiene

2 **1**. El catorce de febrero – **2** El uno / El primero de mayo – **3**. El uno / El primero de enero – **4**. El veintinueve de agosto – **5**. El seis de diciembre

3 **1**. Isabel López – **2**. Es rubia, guapa, alta, delgada, de ojos azules. – **3**. Medicina – **4**. Roberto no tiene novia, está soltero. – **5**. Van a tomar un café juntos.

Hörtext

▸ Hola, Andrés, ¡cuánto tiempo que no nos hemos visto!
◂ Sí, es verdad. ¿Cómo estás?
▸ Bien, bien, ¿y tú?
◂ Muy bien. Oye, ¿estás casado?
▸ No, todavía no, pero tengo novia.
◂ ¿Ah, sí? ¿Quién es?
▸ Es Isabel López.
◂ ¿Isabel?, ¿la chica rubia, guapa, alta, delgada, de ojos azules?
▸ Sí, esa. ¿La conoces?
◂ Claro, la conozco de la universidad. Estudia Medicina, ¿no?
▸ Sí, exacto. Bueno, ¿y tú?
◂ ¿Yo? Estoy soltero y no tengo novia. Amigos y amigas sí, novia no.
▸ Oye, ¿tomamos un café juntos?
◂ Sí, muy bien. ¿Vamos a este bar?
▸ Vale. ¡Vamos!

4 **Lösungsvorschlag**
Mi hija Teresa tiene veinte años. Es alta y muy guapa. Tiene el pelo largo y los ojos marrones. Es morena. Trabaja en un banco. Está soltera, pero tiene novio. Su novio se llama Daniel. Los dos viven en Berlín. No tienen hijos.

Tag 14

1 **Lösungsvorschlag**
1. Medio kilo de patatas, tomates, melocotones ... – **2**. Un paquete de arroz ... –
3. Una lata de tomates, sardinas ... – **4**. Un litro de vino, leche, sangría, aceite, agua mineral ...

2 **1**. Quería un agua mineral sin gas. – **2**. ¿Me / Nos puede traer un poco más de pan? / Un poco más de pan, por favor. – **3**. Los calamares están muy ricos. – **4**. La cuenta, por favor.

3 **1**. b) – **2**. d) – **3**. a) – **4**. f) – **5**. c) – **6**. e)

4 Para beber: agua mineral sin/con gas, cerveza, vino, sangría ...
De primero: gazpacho, ensalada mixta, entremeses variados ...
De segundo: sardinas asadas, calamares fritos, paella ...
De postre: fruta, flan ...

5 **1**. quieres, quiero/puedo – **2**. puede – **3**. queremos – **4**. quieren – **5**. podemos

6 **1**. nos, Nos – **2**. se, Se – **3**. Nos – **4**. os – **5**. Me, Me

7 Lea está haciendo footing. – Luz está haciendo la compra. – Loli está paseando.
Hörtext
▸ Hola, soy Julia. ¿Está Lea?
◂ Hola. No, no está. Está haciendo footing.
▸ Ah, vale. ¿Y Luz?
◂ Luz tampoco está.
▸ ¿También está haciendo footing?
◂ No, está haciendo la compra.
▸ Ah, vale, entonces, ¿puedo hablar con Loli?
◂ ¿Loli? Está paseando.
▸ ¡No puede ser!
◂ ¿Quieres llamar más tarde?
▸ No, más tarde no puedo. Gracias. Saludos a las tres «eles»!
◂ Gracias. Adiós.

8 Ernesto ya ha estudiado español, ha visitado a la abuela Juana y ha escrito un e-mail a Félix.
Todavía no ha buscado el móvil, no ha jugado al fútbol con Pepito y no ha comprado un regalo para Silvia.

9 **1**. Son las diecisiete horas y treinta minutos. – **2**. Son las veintidós horas y veinte minutos. – **3**. Son las ocho horas y treinta y cinco minutos. – **4**. Son las catorce horas y cincuenta y seis minutos. – **5**. Son las veintitrés horas y diecinueve minutos.

10 **1**. A las siete y media. – **2**. A las ocho y cuarto. – **3**. A la una. – **4**. A las nueve. – **5**. A las tres menos cuarto.

11 **1**. once – **2**. veintidós – **3**. treinta y tres – **4**. cuarenta y cuatro – **5**. cincuenta y cinco –
6. sesenta y seis – **7**. setenta y siete – **8**. ochenta y ocho – **9**. noventa y nueve – **10**. ciento uno

12 **1.** No es no muy grande, es muy buena.– **2**. 59 (cincuenta y nueve) € (euros)
Hörtext
▸ Buenas tardes.
◂ Hola. Quería una mochila.
▸ Sí, mire. Estos son nuestros últimos modelos.
¿La quiere para todos los días?
◂ Sí, para hacer la compra, llevar cosas, para ir en bicicleta ...
▸ ¿Grande o pequeña?
◂ No muy grande, pero tampoco muy pequeña.
▸ Mire esta, es muy buena. ¿Le gusta?

◂ Sí, me gusta. ¿Cuánto cuesta?
▸ Cincuenta y nueve euros.
◂ Muy bien. Me la llevo.

13 **1**. un – **2**. La, una – **3**. una, el – **4**. La, una – **5**. un, el
14 **1**. Otra – **2**. medio – **3**. buena – **4**. grande – **5**. pequeñas
15 **1**. buenísima – **2**. interesantísima – **3**. altísimo – **4**. riquísimas – **5**. cansadísima
16 **1**. tu, Mi – **2**. sus, Mi, mi – **3**. vuestros, Nuestros, su – **4**. su, Mi
17 b)
18 **1**. stärker gerollt – **2**. normal gerollt – **3**. wird nie verschluckt
19 **1**. bleibt das **u** stumm – **2**. [ge] / [gi] – **3**. [ke] / [ki]
20 Frage: **1**. ¿Carmen es española? – **4**. ¿El cine empieza a las nueve o a las diez? – **5**. ¿A qué hora empieza el cine?
Aussage: **2**. Carmen es española. – **3**. El cine empieza a las nueve. – **6**. A las nueve y media.
22 ▸ ¿Vamos a visitar la‿Alhambra?
◂ Sí, buena‿idea. ¿Dónde nos encontramos?
▸ En la‿Avenida‿Ernesto‿Ibáñez.
◂ Vale. ¿Y‿a qué‿hora?
▸ ¿A las cinco‿y media?

Zwischentest 2

1 **1**. Sevilla – **2**. Asia – **3**. folklóricos – **4**. cubana – **5**. «Sabor de Cuba» – **6**. «Casa Ana»
▸ *Tag 8*
2 **1**. un – **2**. unas – **3**. unos – **4**. un – **5**. una – **6**. unos – **7**. unas – **8**. Un – **9**. una – **10**. una
▸ *Tag 7*
3 **1**. noche – **2**. buscar – **3**. ver la televisión – **4**. cerveza – **5**. grande – **6**. trabajado
▸ *Tag 10*
4 **1**. es – **2**. e Está – **3**. Es – **4**. son – **5**. es – **6**. está
▸ *Tag 12*
5 Präsens: **1**. – **6**. – Perfekt: **2**. – **4**. Futur: **3**. – **5**.
▸ *Tag 12*
6 **1**. Juan – **2**. 39 – **3**. Alto y moreno. – **4**. bailar y salir – **5.** inteligente y guapa – **6**. le encantan

Hörtext

Tengo 39 años, soy alto y moreno. Soy empleado de banco y estoy separado. Me encanta bailar y salir por las noches, pero también pasear, hablar, ir al cine, jugar al tenis, ir en bicicleta. Soy bastante deportista. Busco mujer de 30 a 35 años, guapa, inteligente y simpática. Y, ¡me encantan los niños! Me llamo Juan y vivo en Madrid.
▸ *Tag 12*
7 **1**. ¡Por favor! – **2**. Una cerveza y un agua mineral, por favor. – **3**. De primero una ensalada y de segundo sardinas. – **4**. Otra cerveza, por favor, y un poco más de pan./ ¿Me/Nos puede traer otra cerveza y un poco más de pan, por favor? – **5**. No quiero postre. – **6**. Dos cafés (solos), por favor. – **7**. La cuenta, por favor. – **8**. Buenas noches. / Adiós.
▸ *Tag 8*

Maximale Punktezahl: 46
Bewertung:
muy bien: 43–46
bien: 35–42
regular: bis 34

Tag 15

Fragen zum Dialog

1. a Madrid – **2**. su primer viaje – **3**. no irá – **4**. no le gustan – **5**. de disc-jockey

1 El próximo año *iremos* a Barcelona. Yo *participaré* en un congreso, mi mujer *visitará* el Museo de Picasso, la Catedral Santa Eulalia y otros monumentos. Por la tarde *iremos* a un buen restaurante con cocina típica. Por la noche *estaremos* en el Teatro Romea y *veremos* un musical.

2 **1**. Tienes que hacer la maleta./ Hay que hacer la maleta. – **2**. Tienes que reservar los billetes./ Hay que reservar los billetes. – **3**. Tienes que llevar la mochila./ Hay que- llevar la mochila. – **4**. Tienes que llevar la cámara digital./ Hay que llevar la cámara digital. – **5**. Tienes que hacer muchas fotos./ Hay que hacer muchas fotos.

3 **1**. Dos. – **2**. Silvana y Ángel. – **3**. A Silvana le gustaría ir el fin de semana a Madrid, con Carmen. – **4**. Su hermana Marilena se casa. Habrá una gran fiesta . Y ella ya ha reservado el vuelo.

Hörtext

▸ Hola, Silvana, ¿cómo estás?
◂ Hola, Ángel. Pues, regular.
▸ ¿Por qué?
◂ Ah, me gustaría ir el fin de semana a Madrid, con Carmen.
▸ ¿Y? ¿Cuál es el problema?
◂ No puedo, porque mi hermana Marilena se casa. Habrá una gran fiesta.
▸ Ah, y tú tienes que ir a Italia.
◂ Sí. Ya he reservado el vuelo.
▸ Pues ya habrá otros viajes.

4 **Lösungsvorschläge**

Me gustaría hacer un viaje a Sudamérica. – Me gustaría viajar a España. – Me gustaría hacer un curso de español. – Me gustaría ir al cine. – Me gustaría ir a bailar.

Tag 16

Fragen zum Dialog

1. autobús – **2**. andén – **3**. asiento

1 **1**.¿Cómo va usted al trabajo? – **2**. Normalmente voy en metro. – **3**. ¿Cómo vas al centro? – **4**. Voy siempre a pie. / Siempre voy a pie. – **5**. Y vosotras, ¿vais en taxi? – **6**. No, nosotras vamos en bicicleta.

2 Hörtext

▸ Hola, buenos días.
◂ Buenos días.
▸ ¿Cómo va usted normalmente al trabajo?
◂ Normalmente voy en autobús.
▸ ¿Cómo va al mercado o supermercado para hacer la compra?
◂ Al supermercado voy siempre en coche.
▸ ¿Cómo va usted de vacaciones (*in den Urlaub*)?
◂ Normalmente en avión.
▸ ¿Y cómo va al centro de la ciudad?
◂ Al centro voy en autobús, pero hoy voy a pie.
▸ Gracias.

3 Hörtext
► Buenos días.
◄ Buenos días.
▪ (*Sie möchten eine Fahrkarte für den AVE nach Madrid.*)
◄ Quería un billete para el AVE a Madrid.
► ¿Ida y vuelta?
▪ (*Ja, bitte.*)
◄ Sí, por favor.
► Son ochenta euros.
▪ (*Fragen Sie, wann der Zug abfährt.*)
◄ ¿A qué hora sale el tren?
► A las dos y treinta.
▪ (*Fragen Sie, von welchem Gleis er abfährt.*)
◄ ¿De qué andén sale el tren?
► Del andén número trece.
▪ (*Sie bedanken sich.*)
◄ Gracias.

4 **1**. Lo – **2**. más – **3**. la – elegante – **4**. más delgada – **5**. El – rápido
Hörtext
1. ► Ernesto, ¿el trabajo, la carrera, son importantes para ti?
◄ Sí, son importantes, pero lo más importante es la familia.
2. ► ¿La película es interesante?
◄ Sí, pero la nueva película de Almodóvar es la más interesante.
3. ► Sandra siempre es muy elegante.
◄ Sí, pero Carla es la más elegante.
4. ► Eva y Verónica están delgadas, pero la más delgada es Ana.
5. ◄ El AVE es lo más rápido que hay entre Barcelona y Madrid.

Tag 17

Fragen zum Dialog

1. metro – **2**. a pie – **3**. calle

1 **1**. estación – **2**. izquierda – **3**. primera – **4**. recto – **5**. cruzas – **6**. Giras – **7**. derecha – **8**. Enfrente – **9**. número

2 Hörtext

Usted (*Fragen Sie, wo das Museum Reina Sofía ist.*) Perdone, ¿dónde está el Museo Reina Sofía?
Chico ¿El Museo Reina Sofía? Mmm, un momento. Ah sí, es fácil. Usted va hasta el final de esta calle y después tiene que girar a la izquierda. Sigue todo recto ...
Usted (*Das geht Ihnen zu schnell. Sie bitten den jungen Mann langsamer zu sprechen.*) Más despacio, por favor.
Chico Ah, perdone. Bueno, usted sigue recto por la calle y luego tiene que cruzar el puente y entonces ...
Usted (*Sie möchten wissen, ob es weit ist.*) ¿Está lejos?
Chico Bueno, unos veinte minutos a pie.
Usted (*Sie bedanken und verabschieden sich.*) Muchas gracias. ¡Adiós! / ¡Hasta luego!
Chico De nada, ¡adiós!

3 Hörtext

- *(Fragen Sie also die Dame nach der Puerta del Sol.)*
- ◂ Perdone, ¿dónde está la Puerta del Sol, por favor?
- ▸ ¿La Puerta del Sol? A ver ... no es difícil, estamos muy cerca. Usted va por esta calle, la calle Atocha, ¿comprende?
- *(Jetzt sind Sie dran. Wiederholen Sie, wie Sie gehen müssen.)*
- ◂ Sí, voy por la calle Atocha.
- ▸ Usted sigue todo recto y luego toma la tercera calle a la derecha. ¿Comprende?
- ◂ Sí, voy todo recto y tomo la tercera calle a la derecha.
- ▸ Eso. Entonces llega a una pequeña plaza, cruza la plaza y está en la calle Mayor que va directamente a la Puerta de Sol. ¿Vale?
- *(Sie haben alles verstanden und bedanken sich bei der Dame.)*
- ◂ Vale, muchas gracias.
- ▸ De nada, adiós.

4 **Lösungsvorschläge**

1. ... es una ciudad muy antigua, no es muy grande. Es tranquila. Tiene casas muy bonitas y plazas históricas. Tenemos un museo interesante.
2. ... está en el norte de Alemania. No está muy lejos de Hamburgo.

Tag 18

Fragen zum Dialog

1. individual – **2**. baño – **3**. desayuno – **4**. tranquila

1 Angestellter: ¿Para cuántas personas? – ¿Para cuántos días? – Todas las habitaciones tienen baño o ducha. Gast: Para dos personas. – Para quince días. – ¿Las habitaciones tienen aire acondicionado? –¿Cuánto cuesta la habitación? – ¿Tienen habitaciones libres? – ¿Podemos ver la habitación? – La habitación me gusta.

2 Hörtext

- ▸ Buenas tardes.
- *(Sie grüßen und fragen, ob noch Zimmer frei sind.)*
- ◂ Buenas tardes. ¿Tiene una habitación libre?
- ▸ ¿Una habitación doble?
- *(Sie sagen ja, und dass Sie ein ruhiges Zimmer möchten.)*
- ◂ Sí, para dos personas. Quería una habitación tranquila.
- ▸ Todas las habitaciones son tranquilas. ¿Para cuántos días?
- *(Sie möchten das Zimmer für zwei Tage und fragen nach dem Preis.)*
- ◂ Para dos días. ¿Cuánto cuesta la habitación?
- ▸ Cuarenta y nueve euros. ¿Está bien?
- *(Ja, das ist okay.)*
- ◂ Sí, está bien.
- ▸ Muy bien. ¿Su pasaporte, por favor?

3 **Lösungsvorschlag**

Estimados Señores:
Quería tres habitaciones dobles, para 6 personas, del 12 al 13 de agosto.
Queríamos habitaciones con baño o ducha y con desayuno.
¿Tienen habitaciones libres para una noche? ¿Cuánto cuestan?
Saludos cordiales

Tag 19

Fragen zum Dialog

1. un poco mal – **2**. de estómago – **3**. al doctor

1 **1**. Tengo dolor de cabeza. – **2**. Me duele el estómago. – **3**. Tengo fiebre. – **4**. Me duelen las muelas. – **5**. Tengo dolor de espalda.

2 **1**. Llamo para pedir cita. / Quería pedir cita. – **2**. Me duele la garganta y tengo fiebre. – **3**. Me siento muy mal. – **4**. ¿Puedo ir ahora mismo?

Hörtext

▸ Consulta de la doctora Lucena, buenos días.
▪ *(Sie sagen guten Tag und bitten um einen Termin.)*
◂ Buenos días. Quería pedir cita.
▸ ¿Qué le pasa?
▪ *(Sie haben Halsweh und Fieber.)*
◂ Me duele la garganta y tengo fiebre.
▸ Puede venir hoy por la tarde, a las cinco.
▪ *(Sie fühlen sich sehr schlecht und fragen, ob Sie jetzt gleich kommen können.)*
◂ Me siento muy mal. ¿Puedo ir ahora mismo?
▸ Bueno, entonces a las once y media. ¿De acuerdo?
▪ *(Sie sagen, dass Sie einverstanden sind und bedanken sich.)*
◂ Sí, de acuerdo, muchas gracias.
▸ ¿Su nombre?
▪ *(Sie nennen Ihren Namen.)*
◂ Schmidt, Andrea Schmidt.
▸ Adiós, señora Schmidt, hasta las once y media.
▪ *(Sie bedanken und verabschieden sich.)*
◂ Gracias, adiós.

3 **1**. b) – **2**. e) – **3**. a) – **4**. c) – **5**. d)

4 **1**. quédese – **2**. tome – **3**. beba – **4**. naranja – **5**. Tome – **6**. coma – **7**. Tome – **8**. gotas

Hörtext

▸ Buenas tardes.
◂ Buenas tardes, doctor.
▸ ¿Qué problema tiene?
◂ Ay, doctor, me duele todo: la cabeza, la garganta, el estómago, la espalda ...
▸ ¿Tiene también fiebre?
◂ Sí, creo que sí.
▸ Tiene usted una gripe. Primero, quédese en casa, tome un baño caliente, beba mucho: agua, infusiones, zumo de naranja natural... Tome vitaminas, coma fruta. Tome una aspirina y cada dos horas diez gotas de esta medicina. Pronto se va a sentir mucho mejor.
◂ Gracias, doctor.
▸ De nada. ¡Que se mejore!

Tag 20

Fragen zum Dialog

1. jersey – **2**. talla – **3**. negro o marrón oscuro

1 señoras: blusa, falda, vestido – señores: traje, camisa, corbata – los dos: abrigo, jersey, pantalones, zapatos, chaqueta, gorra, sombrero, bufanda

2 **1**. menos cara – **2**. más estrechos que – **3**. más larga que – **4**. tan bonito como

3 **1**. En una tienda de modas para señores. – **2**. En una zapatería. – **3**. En una tienda de modas para señoras.

Hörtext

1. ▸ Buenas tardes
◂ Hola, ¿qué desea?
▸ Quería una corbata.
◂ ¿Para usted?
▸ No, para mi padre.
◂ ¿Moderna o elegante?
▸ Elegante.
◂ Mire. Aquí tiene la colección actual.

2. ▸ Perdone, ¿tiene estos zapatos marrones también en el número 40? Son un poco estrechos.
◂ No, lo siento. Sólo en el 39 y el 41. ¿Quiere ver otros modelos?
▸ Pues, sí.
◂ ¿Tienen que ser marrones?
▸ Marrones o negros.
◂ Vale. Voy a ver qué tengo.

3. ◂ Buenos días. Quería una blusa para mi prima.
▸ ¿Qué talla tiene?
◂ La 44.
▸ ¿De qué color?
◂ No sé, blanca o azul claro.

4 **1**. Quería zapatos marrones, de piel. – **2**. ¿Qué número calza? – **3**. El cuarenta. – **4**. ¿Puedo probarme estos zapatos? – **5**. Me los llevo.

Hörtext

▸ Buenas tardes.
◂ *(Sie grüßen.)*
▪ Hola, buenas tardes.
▸ ¿Qué desea?
◂ *(Sie möchten braune Lederschuhe.)*
▪ Quería zapatos marrones, de piel.
▸ ¿Qué número calza?
◂ *(Sie tragen Nummer 40.)*
▪ El cuarenta.
▸ Pues, mire. Tenemos estos modelos. ¿Le gusta alguno?
◂ *(Sie möchten diese hier probieren.)*
▪ ¿Puedo probarme estos?
▸ Por supuesto. ¿Cómo le quedan?
◂ *(Sie passen Ihnen sehr gut. Sie sagen, dass Sie sie nehmen.)*
▪ Muy bien. Me los llevo.
▸ Bien. Puede pagar en la caja. Adiós.
◂ Adiós.

Tag 21

Fragen zum Dialog

1. está sentada en un banco, está leyendo en una guía – **2**. sus museos, su vida nocturna – **3**. de diez a dos y media – **4**. es gratuita

1 **1**. en – **2**. para – **3**. por – **4**. por – **5**. para –**6**. de – **7**. Por

2 **1**. abierto – **2**. domingo – **3**. dos – **4**. ocho – **5**. media – **6**. está cerrado – **7**. de quince – **8**. sesenta – **9**. diez

Hörtext

Buenos días. Le habla el contestador automático del Museo de Cera en Madrid. El museo está abierto de martes a domingo, de diez a dos y media y de cuatro y media a ocho y media. Los lunes está cerrado. La tarifa para adultos es de 15 euros, para niños y mayores de 60 años es de 10 euros. La tienda y el bar-restaurante tienen el mismo horario del museo.

3 horario: mañana: de 8:30 a 14:00 – tarde: de 14:00 a 20:00
tarifa: adultos: 12 euros – jubilados: 7 euros

Hörtext

▸ La Alhambra, Granada. Buenas tardes.
◂ Hola, buenas tardes.
▪ *(Fragen Sie, wann Sie die Alhambra besuchen können)*
◂ ¿Cuándo puedo visitar la Alhambra?
▸ Puede visitar la Alhambra por la mañana, de 8:30 a 14:00 horas. O por la tarde, de 14:00 a 20:00 horas. Hay también una visita nocturna, de 22.00 a 23:30 horas.
▪ *(Fragen Sie, wie viel die Eintrittskarten kosten.)*
◂ ¿Cuánto cuestan las entradas?
▸ La tarifa normal, para adultos, es de 12 euros.
▪ *(Fragen Sie, ob es eine Ermäßigung für Senioren gibt.)*
◂ ¿Hay un descuento para jubilados?
▸ Sí. Los pensionistas pagan solo 7 euros.
▪ *(Bedanken Sie sich für die Informationen.)*
◂ Muchas gracias por la información.
▸ De nada. Adiós.
◂ Adiós.

Tag 22

1 **1**. restaurante – **2**. tienda (de moda) – **3**. zapatería – **4**. capital – **5**. doctor o a la doctora – **6**. desayuno

2 **1**. c) – **2**. a) – **3**. b) – **4**. d)

3 **1**. los ojos – **2**. los dientes (o las muelas) – **3**. la boca (y la lengua) – **4**. la mano – **5**. los pies (y las piernas)

4 **Lösungsvorschläge**
1. metro, avión, barco, coche, moto, bicicleta, taxi – **2**. habitación doble, media pensión, pensión completa, baño, ducha – **3**. camisa, vestido, corbata, abrigo, chaqueta, jersey

5 individuales – ducha – aire – terraza – televisor – media

6 **1**. Calle Cervantes, treinta y uno, cuarto A – **2**. Plaza de España, número cincuenta y dos – **3**. Avenida Américas, noventa y ocho, quinto izquierda – **4**. Calle Morales, cinco, primero derecha – **5**. Avenida Cuzco, quince, tercero B – **6**. El rey de España Juan Carlos primero – **7**. La reina de Inglaterra Isabel segunda

7 **Hörtext**

1. ▸ Buenos días. ¿Cuánto cuestan las blusas de seda?
   ◂ Noventa y ocho euros con noventa.
   ▸ Ah, ¡qué caras! ¿Las hay también en azul oscuro?
   ◂ Sí, en azul oscuro y en blanco.
   ▸ Gracias.
   ◂ De nada.
2. ▸ Por favor, ¿cuánto cuestan estas corbatas?
   ◂ Cuarenta y nueve euros con noventa.
3. ▸ Las gorras, ¿cuánto cuestan?
   ◂ Doce euros con noventa y cinco.
   ▸ ¿Las tiene también en otros colores?
   ◂ Sí, las tenemos en muchos colores.
   ▸ Gracias.
   ◂ De nada.

8 **Hörtext**

▸ ¿La tienda está abierta los sábados?
◂ Sí, de nueve a siete.
▸ ¿A qué hora abre los viernes?
◂ A las nueve.
▸ ¿A que hora cierra el jueves?
◂ El jueves cierra a las ocho de la tarde.
▸ ¿Está abierta a mediodía?
◂ El viernes y el sábado sí. De lunes a jueves no.

9 **1**. es – **2**. está – **3**. es, Está – **4**. está – **5**. es – **6**. está

10 **1**. está, Está – **2**. Hay, hay – **3**. Hay, hay – **4**. está, está, está – **5**. Hay

11 *En el Año Nuevo Juana estudiará* chino – comprará un coche nuevo – jugará más con Juanita – irá más al cine – visitará a sus amigos en Valencia – leerá más y verá menos la televisión
Ich-Form: estudiaré – compraré – jugaré – iré – visitaré – leeré – veré

12 Habla con tu profesor si hay problemas. – Come bien. – Toma menos cerveza. – Bebe agua y limonada.
Hörtext
Adiós, hijo, y estudia mucho, ¿vale? Que los estudios son lo más importante. Si hay problemas, habla con tu profesor. Él te va a ayudar, seguro. Y come bien, hijo, no solo hamburguesas, pizzas y estas cosas rápidas. Y, oye, toma menos cerveza. Bebe agua y limonada yyy ...

13 **1**. Quería una habitación doble. – **2**. ¿La habitación es con baño? – **3**. ¿El desayuno está incluido? – **4**. Quería la habitación para tres días. – **5**. ¿Dónde está el ascensor, por favor?

14 **1**. gripe – **2**. fiebre – **3**. duele – **4**. espalda – **5**. tome – **6**. veinte – **7**. manzanilla – **8**. mejora – **9**. doctor – **10**. mejore

15 Im Spanischen wird das *s* mehr „gezischelt". Nicht wie „sch", aber doch so ähnlich. Das spanische *s* wird immer wie *ss* oder *ß* im Deutschen gesprochen; *casa* klingt eigentlich wie „cassa", *pasaporte* wie „passaporte"

16 **Hörtext**
el Museo de Cera – ¿Estás bien? – Dos cafés, por favor. – ¡Hasta el sábado! – Vamos a casa. – ¡Pase, pase! – ¿Su pasaporte, por favor? – Vive en el sexto piso. – No pasa nada.

Zwischentest 3

1 **1**. está abierto de nueve a catorce horas – **2**. FC Barcelona – **3**. 10:00–20:00 – **4**. 3,25 euros – **5**. biblioteca
▸ *Tag 21*

2 **1**. estás – **2**. Estoy – **3**. Estás – **4**. Soy – **5**. está – **6**. es
▸ *Tag 17, Tag 21*

3 **1**. es – **2**. está – **3**. está – **4**. es – **5**. está – **6**. hay – **7**. está – **8**. hay – **9**. está – **10**. hay
▸ *Tag 17*

4 **1**. por – **2**. por – **3**. por, por – **4**. para – **5**. Por – **6**. para – **7**. por – **8**. por
▸ *Tag 21*

5 **1**. ha trabajado – **2**. viajaremos – **3**. va – **4**. tome – **5**. quédate – **6**. te visitaremos
▸ *Tag 15, Tag 19*

6 **1**. Va en autobús. – **2**. Va a pie. – **3**. El fin de semana (para excursiones y pequeños viajes). – **4**. No, no va nunca. – **5**. Una vez por año. – **6**. ir a pie o en bicicleta.

Hörtext

▸ Perdona, ¿tienes un momento?
◂ ¿Qué quieres saber?
▸ Hacemos una encuesta sobre los medios de transporte que las personas usan.
◂ Ajá.
▸ Primera pregunta: ¿Cómo vas al trabajo?
◂ Pues normalmente voy en autobús.
▸ ¿Está lejos de tu casa?
◂ Sí, está un poco lejos.
▸ ¿Y para hacer la compra?
◂ Para la compra voy a pie, porque todas las tiendas están cerca de mi casa.
▸ ¿Tienes coche?
◂ Sí. Voy en coche el fin de semana, para hacer excursiones, pequeños viajes, visitar amigos en otras ciudades ...
▸ ¿Nunca vas en tren?
◂ No, no voy practicamente nunca en tren.
▸ ¿Y en avión?
◂ Bueno, una vez por año, no más.
▸ ¿Cuál es el medio de transporte más práctico para usted?
◂ Lo más práctico es ir a pie o en bicicleta. Es sano y no cuesta nada.
▸ Ah sí, es verdad. Muchas gracias.
◂ De nada. Adiós.

▸ *Tag 16*

7 **1**. Quería un billete a Alicante. – **2**. Ida y vuelta. – **3**. ¿Cuánto cuesta el billete? – **4**. ¿Cuándo sale el tren? / ¿A qué hora sale el tren? – **5**. ¿De qué andén sale el tren? – **6**. ¿Puedo pagar con tarjeta? – **7**. Gracias por las informaciones.
▸ *Tag 16*

Maximale Punktezahl: 49
Bewertung:
muy bien: 45–49
bien: 35–44
regular: bis 34

Tag 23

Fragen zum Dialog

1. una oferta de empleo en el periódico – **2**. agencia de viajes – **3**. media jornada – **4**. prácticas

1 **1**. Perdone, ¿me podría ayudar? – **2**. ¿Podrías pasar por mi casa? – **3**. La hora nos vendría muy bien. – **4**. Me gustaría tomar un café. – **5**. Los chicos tendrían que estudiar más.

2 **1**. ¿Hay una farmacia por aquí? – **2**. Perdona por llegar tarde. – **3**. Gracias por el regalo. – **4**. Podríamos pasar por el banco. – **5**. Ha llamado por el anuncio.

3 Empresa: Ingeniería Martínez Castro
Horario de atención al público: de lunes a viernes de 9:30 a 19:00 h
Pausa al mediodía de 14:00 a 15:30 h

Hörtext

Este es el contestador automático de la empresa Ingeniería Martínez Castro. Nuestro horario de atención al público es de lunes a viernes, de 9:30 h a 14:00 h y de 15:30 h a 19:00 h. Si quiere, puede dejar un mensaje después de la señal. Diga su nombre y su número de teléfono, por favor.

4 **Hörtext**

▸ «Moda Mari Cristina», buenos días.
▪ *(Grüßen Sie und nennen Sie Ihren Namen. Sagen Sie, dass Sie wegen der Anzeige anrufen.)*
◂ Hola, buenos días, soy Robert Burger. Llamo por el anuncio.
▸ Ah, sí. ¿Tiene usted experiencia?
▪ *(Sagen Sie, dass Sie bereits in einem Modegeschäft in Deutschland gearbeitet haben.)*
◂ Sí, ya he trabajado en una tienda de moda en Alemania.
▸ ¿Qué lenguas habla?
▪ *(Geben Sie Ihre Fremdsprachenkenntnisse an. Sagen Sie, dass Sie Deutsch, Englisch und Spanisch sprechen.)*
◂ Hablo alemán, inglés y español.
▸ Muy bien. El horario sería por las tardes, de cuatro y media a ocho y media. ¿Le viene bien?
▪ *(Sagen Sie, dass das sehr gut passen würde. Verwenden Sie das Konditional.)*
◂ Sí, me vendría muy bien.
▸ ¿Podría pasar para presentarse?
▪ *(Sagen Sie ja und fragen Sie, ob heute oder morgen.)*
◂ Sí, ¿hoy o mañana?
▸ ¿Le vendría bien hoy a las cinco?
▪ *(Sie sind einverstanden und verabschieden sich.)*
◂ Sí, de acuerdo. Adiós. / Hasta las cinco.

Tag 24

Fragen zum Dialog

1. jueves – **2**. despedida – **3**. México – **4**. trabajo

1 **1**. Hace un mes Carla visitó Cancún. – **2**. Ayer John escribió un e-mail a su novia. – **3**. La semana pasada Carmen empezó a trabajar en la agencia. – **4**. Ramón y Gloria prepararon las clases de español anoche.

2 Ayer trabajé – llamé – llegó – hablamos – Estuve – comí – gustó – estuvimos – tomé – hablamos

3 **Lösungsvorschläge**

1. Hola Vicente:
Gracias por la invitación. Claro que voy a ir a tu fiesta de cumpleaños para tomar unas tapas y copas contigo y cantar el «Cumpleaños feliz».
¡Hasta el viernes entonces!

2. Querido Vicente:
Lo siento mucho, pero no puedo ir al bar «Cocodrilo verde», porque el viernes tengo que acompañar a mi novio a un concierto. Te llamo y nos encontramos otro día, ¿vale?
Un abrazo

Tag 25

Fragen zum Dialog

1. seis – **2.** clientes – **3.** visita – **4.** confirmación

1 **1.** En el restaurante vegetariano «La patata» – **2.** Mañana, martes. – **3.** Para dos personas. – **4.** A las veintiuna y treinta (nueve y media). – **5.** A nombre de Kaufmann.

Hörtext

▸ Restaurante vegetariano «La patata», ¿diga?
◂ Hola, buenos días. Quería reservar una mesa.
▸ ¿Para cuándo?
◂ Para mañana a las nueve y media.
▸ Mañana, martes, veintiuna y treinta. Sí. ¿Cuántos son?
◂ Dos.
▸ Para dos personas. Muy bien. ¿A nombre de quién?
◂ Kaufmann. Ka-a-u-efe-eme-a-ene-ene.
▸ Gracias, señora Kaufmann.
◂ A usted. Adiós.
▸ Hasta el martes, adiós.

2 **1.** guiadas – **2.** vino – **3.** Degustación – **4.** tintos – **5.** histórico – **6.** incluye – **7.** Teléfono – **8.** E-mail

3 Estimados señores:
Queríamos hacer una visita guiada y una degustación en la Bodega Blanca Conde. ¿Puedo hacer una reserva para tres personas para el lunes, 3 de agosto? ¿A qué hora empieza la visita y cuál es el precio por persona?
Muchas gracias de antemano.
Atentamente,

Tag 26

Fragen zum Dialog

1. b) jefe – **2.** c) intérprete – **3.** a) tarjeta de visita

1 **Lösungsvorschlag**
Título/Estudios : Licenciada (*Person mit Universitätsabschluss*)
Nombre: Carmen Renner López
Empresa: Agencia Trotamundos
Cargo: Asistente

Calle_Número: Calle Méndez Núñez 101
CP_Localidad: 41001 Sevilla
Teléfono: +34 95 421 0248
Dirección_Correo_electrónico: CarmenLopez@agencia-trotamundos.es

2 **1**. tu – **2**. suya – **3**. tus, mi, mi – **4**. tuyo, mío – **5**. vuestro, nuestro

3 nombre: **1**. señora Blanco – Rafael Sánchez – **2**. Ángel Cruz
empresa: **1**. Ingenieros Sánchez y Franco – **2**. Grupo SL

Hörtext

1. ▸ Buenos días. ¿Es usted la señora Blanco de la empresa «Servicios informáticos MR»?
◂ Sí, soy yo.
▸ Soy Rafael Sánchez, de «Ingenieros Sánchez y Franco». Mucho gusto.
◂ Encantada.

2. ▸ Señor Cruz, le presento a la señora Elena Castro, directora de márketing del «Grupo SL» .
◂ Hola, encantado. Soy Ángel Cruz.
▸ Mucho gusto.

Tag 27

Fragen zum Dialog

1. b) – **2**. d) – **3**. a) – **4**. c)

1 **1**.grado de dificultad – **2**. distancia – **3**. prismáticos – **4**. caballo – **5**. pleno verano – **6**. casco – **7**. consejos prácticos – **8**. material de repuesto

2 **1**. Muchísimas gracias por su atención. (E) – **2**. Estamos llegando al final de nuestra reunión. (E) – **3**. ¿Cuál es su opinión? (M) – **4**. Buenos días, estimado público. (A) – **5**. No estoy de acuerdo con usted. (M) – **6**. Espero que nuestro programa tenga éxito. (E) – **7**. Señoras y señores, les quiero dar la bienvenida. (A)

Tag 28

Fragen zum Dialog

1. b) – **2**. c) – **3**. a)

1 los participantes – Bienvenida – cliente – Preguntas – Pausa – Marketing

Hörtext

Señoras y señores, este es el orden del día para esta mañana:
De nueve a nueve y treinta: Recepción de los participantes.
De nueve y treinta a nueve y cuarenta y cinco: Bienvenida y la introducción.
De nueve y cuarenta y cinco a diez y cuerenta y cinco: Nuestra primera ponencia de hoy: «CRM. Servicio al cliente».
De diez y cuarenta y cinco a once: Preguntas y comentarios.
De once a once y veinte: Pausa. Tiempo para tomar un café o un refresco.
De once y veinte a doce y treinta: Nuestra segunda ponencia: «Marketing directo».
De doce y treinta a trece: Conclusiones.
Muchas gracias.

2 **1**. la inscripción – **2**. la información – **3**. la confirmación – **4**. la discusión – **5**. la duración – **6**. la presentación

3 **1**. Prepara – **2**. Lleva – **3**. Da – **4**. Habla – **5**. Informa – **6**. Discute

Tag 29

Fragen zum Dialog

1. b) – **2.** d) – **3.** e) – **4.** a) – **5.** c)

1 **1.** era – **2.** vivíamos – **3.** Quería – **4.** tenía –**5.** tenía – **6.** eran – **7.** éramos – **8.** habia – **9.** había – **10.** estaba **11.** vivíamos – **12.** comíamos – **13.** éramos – **14.** trabajaba –**15.** preparaba – **16.** jugaba

2 **1.** estudiaba, estudió – **2.** íbamos, fuimos – **3.** tomaba, tomó – **4.** preparó, hacía, preparaba – **5.** regalaba, regaló

Tag 30

1 **1.** surf – **2.** ponencia – **3.** metro – **4.** senderismo – **5.** invitación – **6.** autopista

2 **1.** entrevista – **2.** inscripción – **3.** certificado – **4.** conferencia – **5.** ponencia – **6.** reunión

3 **2.** información – **3.** presentación – **4.** confirmación – **5.** duración – **6.** reclamación – **7.** inscripción – **8.** invitar

4 **1.** Información personal: Persönliche Daten / Angaben zur Person – **2.** Experiencia laboral: Berufserfahrung – **3.** Formación recibida: Schul- und Berufsausbildung – **4.** Competencias personales: Persönliche / Andere Fähigkeiten und Kompetenzen

5 **1.** Ayer comimos en el nuevo restaurante «Fénix». – **2.** Antes Andrés no trabajaba tanto. – **3.** En 2008 compramos una finca. – **4.** Los fines de semana siempre iban al cine o al teatro. – **5.** La semana pasada fui a Ronda a visitar a Manolo. – **6.** El año pasado tuvieron mucho éxito con sus productos.

6 **1.** íbamos – **2.** había – **3.** teníamos – **4.** escribía – **5.** eran – **6.** iba

7 **1.** Cuando tenía 10 años – **2.** vivía – **3.** iba – **4.** comía – **5.** jugaba **–** **6.** estudiaba – **7.** íbamos

8 **1.** qué – **2.** Quién – **3.** Cómo – **4.** Cuándo **–** **5.** Por qué – **6.** Qué – **7.** Cuántas – **8.** Quién

9 **1.** a, a – **2.** de, a – **3.** de, en – **4.** por – **5.** A – **6.** para – **7.** Desde, para

10 **1.** De entrevistas. – **2.** «Jefes jóvenes». – **3.** Francisco (Paco) Ayala. – **4.** 25 – **5.** pequeña – **6.** diseño – **7.** dos – **8.** por teléfono **y** por e-mail

Hörtext

◂ Buenos días y bienvenidos a nuestro programa de hoy: «Jefes jóvenes». Van a escuchar una entrevista con Francisco Ayala, empresario de 25 años. Hola, Francisco.
▸ Hola. Soy Paco.
◂ Bueno, Paco. Tú tienes 25 años y ya tienes tu propia empresa.
▸ Sí.
◂ ¿Qué hacéis en la empresa?
▸ Hacemos diseño de páginas de internet.
◂ Ah, sí. ¿Y cuántos sois?
▸ Somos tres, dos chicos y una chica.
◂ ¿Y tú eres el jefe, ¿no?
▸ Sí, soy el gerente.
◂ ¿Cómo se llama la empresa?
▸ «Interdis».
◂ ¿Y funciona bien, tenéis éxito?
▸ Sí, tenemos mucho trabajo de momento.
◂ ¿Vuestros clientes son empresas o personas particulares?
▸ Empresas pequeñas y medianas.
◂ ¿Cómo funciona el contacto con los clientes?

▸ Por teléfono y por email.
◂ ¿Te gusta tu trabajo?
▸ Sí. Me gusta el contacto con la gente, los proyectos que realizamos y el contacto con los colegas. Y me gusta trabajar y ganar mi propio dinero, claro.
◂ Bueno, muchas gracias, Paco. Ahora van a escuchar un poco de música ...

11 **1**. Buenos días / Buenas tardes. Quería reservar una mesa para seis personas. – **2**. Para el martes, tres de enero, a las veintiuna horas. – **3**. A nombre de Schmidt. – **4**. ¿Tienen (también) paella? – **5**. (Muchas) Gracias, adiós.

12 **Lösungsvorschläge**
1. Estuve en Andalucía. – **2**. En avión y en coche. – **3**. En noviembre. / En invierno.– **4**. No, viajé con mi marido. – **5**. Visitamos Sevilla, Córdoba y Granada. Y muchos monumentos, como por ejemplo La Giralda en Sevilla, la Alhambra en Granada o la Mezquita en Córdoba. – **6**. Los hoteles nos gustaron mucho. – **7**. Sí, muchísimo. Las tapas por ejemplo nos encantan. – **8**. Sí, nos gustaría viajar otro año allí, en primavera.

13 **1**. podrías – **2**. podría – **3**. gustaría – **4**. interesarían – **5**. gustaría – **6**. podrían

14 Der Laut *ch* [x] wird als **j** geschrieben oder als **g** vor **e** oder **i**.
Silben, in denen ein „ch" gesprochen wird: ja – je – ji – jo – ju – ge – gi

15 Hörtext
Javier trabaja en una agencia. – Julia Jiménez tiene dos hijas. – ¡Esto es genial! – En julio vamos juntos a Gijón. – Gerardo lleva un jersey negro. – La Giralda no está lejos.

Abschlusstest

1 **1**. italiano – **2**. alemán – **3**. mexicano – **4**. francés – **5**. español – **6**. inglés
▸ *Tag 3*

2 **1**. secretaria, secretario – **2**. farmacéutico, farmacéutica – **3**. empleado, empleada – **4**. médico, médica – **5**. profesor, profesora – **6**. vendedor, vendedora
▸ *Tag 4*

3 **1**. arroz, huevos, tortilla española
2. vino de la casa, cerveza, leche
3. botella, bolso, alergia
▸ *Tag 7*

4 **1**. otra – **2**. de – **3**. La cuenta – **4**. primero – **5**. van – **6**. nada más
▸ *Tag 8*

5 **1**. nosotros tenemos *wir haben* – **2**. ellos/ellas viven *sie leben* – **3**. yo abro *ich öffne* – **4**. ellos/ellas están *sie sind/befinden sich* – **5**. tú te llamas *du heißt* – **6**. vosotros habláis *ihr sprecht* – **7**. él/ella/Usted quiere *er/sie will/Sie wollen* – **8**. yo hago *ich mache*
▸ *Tag 4*

6 **1**. d) – **2**. c) – **3**. a) – **4**. b) – **5**. f) – **6**. e)
▸ *Tag 8*

7 **1**. A ... de ... al – **2**. por ... por – **3**. Por ... de ... en – **4**. en – **5**. A ... de – **6**. a ... de
▸ *Tag 9*

8 **1**. Actividades personales: un paseo en el parque – hacer footing – un partido de fútbol – una noche en el cine
2. Actividades profesionales: un viaje de negocios – un curso de informática – una comida de trabajo – un curso de inglés comercial
▸ *Tag 10*

9 **1**. c) – **2**. d) – **3**. a) – **4**. e) – **5**. f) – **6**. h) – **7**. g) – **8**. b)
▸ *Tag 11*

10 **1**. Has – **2**. Has tenido – **3**. sido – **4**. con una amiga – **5**. tenido – **6**. buen
▸ *Tag 12*

11 Hola Ricarda:
1. iré – **2**. Iremos – **3**. cumpliré – **4**. estaremos – **5**. escribiré
▸ *Tag 15*

12 quince (15) – cincuenta y ocho (58) – setenta y cuatro (74) – quinientos tres (503) – setecientos treinta y dos (732) – novecientos noventa y uno (991)
▸ *Tag 20*

13 **1**. De Barcelona. – **2**. El jueves. – **3**. Los lunes (no festivos) – **4**. Aproximadamente una hora. – **5**. Ocho euros. – **6**. Sí, hay audioguías en catalán, español, inglés, francés y alemán. – **7**. Sí, hay un restaurante-cafetería. – **8**. Sí, en invierno el museo cierra a las 19 horas, en verano a las 20.
▸ *Tag 21*

14 **Lösungsvorschlag**

Nombre:	Teresa		*Apellidos*: Buschbaum
Fecha de nacimiento: 25.05.1988		Estado civil: soltera	
Sexo:	Masc. ☐ Fem. ☒	Nacionalidad: alemana	
Profesión:	estudiante de psicología	No del móvil: +49 160 8373525	
Calle:	Schubertstr. 23	*Ciudad*: Augsburg	País: Alemania
Lenguas:	inglés ☒	*francés* ☐	alemán ☒
Español:	principiantes ☐	avanzados ☒	
Curso:	general ☐	intensivo ☒	de conversación ☐
Talleres:	teatro ☐	flamenco ☒	tapas ☐

Firma T. Buschbaum
▸ *Tag 3, Tag 28*

15 F: **1**. Estimado público: – **3**. Atentamente, – **5**. Señoras y señores:
P: **2**. Querido Luis: – **4**. Un abrazo, – **6**. Hola Carla:
▸ *Tag 24, Tag 27*

16 a) **3**. – b) **4**. – c) **1**. – d) (no, porque no tiene coche propio) – e) **5**.
▸ *Tag 23*

17 **1**. Buenos días / Buenas tardes, señoras y señores. – **2**. ¡Bienvenidos a nuestra empresa! – **3**. Tengo el placer de presentarles al señor Rivera de México. – **4**. ¿Tienen alguna pregunta? – **5**. Estamos llegando al final de nuestra reunión. – **6**. Gracias por su atención.
▸ *Tag 27*

18 **1**. c) – **2**. e) – **3**. f) – **4**. a) – **5**. d) – **6**. b)
▸ *Tag 29*

19 **1**. viajé – **2**. gustó – **3**. fue – **4**. Participé – **5**. Fuimos – **6**. discutimos – **7**. tomamos – **8**. Fueron – **9**. Conocí – **10**. encontré
▸ *Tag 24, Tag 29*

20 colegas – estoy – he – alemanes – libre – prácticos – de la – Hacemos – buenísimos – Nuestro – excelente – buen – saludos – me
▸ *Tag 28*

21 **1**. El señor Solana de la empresa «Colorado». – **2**. Con la señora Zapatero de la empresa «Moda y diseño Victoria». – **3**. No, no está. Está en una reunión. – **4**. Sí, deja un mensaje. La reunión en Barcelona será el jueves, 26 de junio, a las 10 de la mañana.

Hörtext

- ▸ Empresa «Moda y diseño Victoria», buenas tardes.
- ◂ Hola, buenas tardes. ¿Podría hablar con la señora Zapatero, por favor?
- ▸ La señora Zapatero no está, lo siento. Está en una reunión.
- ◂ ¿Y a qué hora vuelve?
- ▸ Mm, no lo sé exactamente. Creo que a las seis de la tarde. ¿Quiere usted dejar un mensaje?
- ◂ Sí, por favor. Dígale que ha llamado el señor Solana de la empresa «Colorado» y que nuestra reunión en Barcelona será el jueves, 26 de junio, a las 10 de la mañana.
- ▸ Tomo nota: Señor Solana, empresa «Colorado», próxima reunión: Barcelona, 26 de junio, 10 horas. Bueno, señor Solana, queda anotado.
- ◂ Muy bien, muchas gracias.
- ▸ A usted. Adiós.
- ◂ Hasta luego.

▸ *Tag 25*

Maximale Punktezahl: 151
Bewertung:
muy bien: 141–151
bien: 121–140
regular: bis 120

Bildnachweis

Getty Images: Gonzalo Azumendi – 119; John Burke – 196; Niko Guido – 19 (unten); Maremagnum – 201

iStock: fotostorm – 39; IS_ImageSource – 27

Thinkstock: Olha Afanasieva – 62; Akarelias – 19 (oben); Helder Almeida – 166; Michael Blann – 143; Sergey Borisov – 114; Anton Chalakov – 97; chapelhilltar – 61; Allan Danahar – 17, 125; Dirima – 73; dmbaker – 68; Esebene – 33; Fuse – 107, 126; Goodshoot – 189; Jenny Hanschen – 108; Nikola Hristovski – 28; hurricanehank – 165; Brian Jackson – 18, 171; Jupiterimages – 172, 183; jx1306 – 120; Stefan Laws – 56; LuminaStock – 86; Maridav – 7, 74, 80; Liane Matrisch – 195; Ryan McVay – 21, 149; Monkey Business Images Ltd. – 177; mrdoomits – 40; Vladimir Mucibabic – 79; nito 100 – 85, 190; Christian Offenberg – 131; pabkov – 34; pedrosala – 9; Pedro José Pérez – 67; Jayson Photography – 138; lev radin – 137; Dmitriy Shironosov – 160, 184; Ilka-Erika Szasz-Fabian – 132; Maria Teijeiro – 159; ventdusud – 144; ViktorCap – 22; Vstock LLC – 92; Wavebreakmedia Ltd. – 178; Nick White – 55; Alexander Wilson – 113; Windzepher – 45; Katarzyna Zwolska – 20

Alphabetisches Wörterverzeichnis

A

a [a] von, nach 2
a casa [a 'kasa] nach Hause 2
¿adónde? [a'ðonde] wohin? 17
a la derecha (dcha) [a la ðe'retʃa] rechts 3
a la izquierda (izda) [a la iθ'kĭɛrða] links 3
a rayas [a 'rrajas] gestreift 20
abierto, -a [a'βĭɛrto] geöffnet 12
abrazo *m* [a'βraθo] Umarmung; lieben Gruß (Brief) 24
abrigo *m* [a'βriɣo] Mantel 5
abril *m* [a'βril] April 13
abrir [a'βrir] öffnen 11
abuelo, -a *m/f* [a'βŭelo] Großvater, Großmutter 15
acabar de [aka'βar de] etw. gerade getan haben 12
acceso *m* [aɣ'θeso] Zugang 22
aceite *m* [a'θeĭte] Olivenöl 5
aceituna *f* [aθeĭ'tuna] Olive 25
acompañar [akompa'ɲar] begleiten 24
activo, -a [ak'tiβo] aktiv 21
actual [ak'tŭal] aktuell 28
actuar de [ak'tŭar de] auftreten als 15
además [aðe'mas] außerdem 29
adiós [a'ðĭɔs] tschüs, auf Wiedersehen 2
adjuntar [aðxun'tar] anhängen, hinzufügen 24
adquirir [aðki'rir] erwerben 27
adulto, -a [a'ðulto] erwachsen; Erwachsene(r) 21
aeropuerto *m* [aero'pŭɛrto] Flughafen 2
agencia *f* de viajes [a'xenθĭa de bĭaxes] Reisebüro 23
agencia *f* inmobiliaria [a'xenθĭa inmoβi'lĭarĭa] Immobilienbüro 26
agenda *f* [a'xenda] Terminplan; Kalender 26
agosto *m* [a'ɣɔsto] August 5
agua *f* ['aɣŭa] Wasser 6
agua *f* mineral ['aɣŭa mine'ral] Mineralwasser 6
aguantar [aɣŭan'tar] vertragen, aushalten 19
aguardiente *m* [aɣŭar'ðĭente] Schnaps 25
agujerito *m* [aɣuxe'rito] kleines Loch 16
agujero *m* [aɣu'xero] Loch 16
ah [a] ah; ach 3
ahí [a'i] dort 16
ahora [a'ɔra] jetzt 11
ahora mismo [a'ɔra 'mismo] jetzt gleich 11
aire *m* acondicionado ['aĭre akondiθĭonaðo] Klimaanlage 18
ajá [a'xa] aha 15
ajillo *m* [a'xiʎo] Knoblauch 12
al (a+el) [al] bis, nach 5
al teléfono [al te'lefono] am Apparat 8
alameda *f* [ala'mɛða] Allee 13
albóndiga *f* [al'bɔndiga] Fleischbällchen 12
alegrarse [ale'ɣrarse] sich freuen 20
alemán, alemana [ale'man] deutsch; Deutsche(r) 2
Alemania *f* [ale'manĭa] Deutschland 6
alergia *f* [a'lɛrxia] Allergie 7
alfiler *m* [alfi'lɛr] (Steck-)Nadel 27
algo ['alɣo] etwas 7
algo más ['alɣo mas] noch etwas 7
algodón *m* [alɣo'ðɔn] Baumwolle 20
algún, alguno, -a [al'ɣun] (irgend-)einer 25
Alhambra *f* [a'lambra] maurische Burg in Granada 14
allí [a'ʎi] dort 17
almohada *f* [almo'aða] Kopfkissen 18

almuerzo *m* [al'muɛrθo] Mittagessen 18
aló [a'lo] hallo? (am Telefon) 9
alto, -a ['alto] hoch; groß (Personen) 13
alumno, -a *m/f* [a'lumno] Schüler, -in 3
amable [a'maβle] nett, freundlich 16
ambulancia *f* [ambu'lanθi̯a] Ambulanz 19
americano, -a *m/f* [ameri'kano] amerikanisch; Amerikaner, -in 13
amigo, -a *m/f* [a'miɣo] Freund, -in 10
amor *m* [a'mɔr] Liebe 5
ancho, -a ['antʃo] weit 20
Andalucía *f* [andalu'θia] Andalusien 22
andaluz, -a [anda'luθ] andalusisch; Andalusier, -in 13
andén *m* [an'den] Bahnsteig 16
añejo, -a [a'ɲexo] alt (Wein) 25
aniversario *m* [aniβɛr'sari̯o] Jubiläum 11
año *m* ['aɲo] Jahr 13
Año *m* **Nuevo** ['aɲo 'nu̯ɛvo] Neujahr 22
anoche [a'notʃe] gestern Abend 24
anotar [ano'tar] notieren 25
antes ['antes] früher 29
antiguo, -a [an'tiɣu̯o] alt, antik 15
anuncio *m* [a'nunθi̯o] Anzeige 23
aparcamiento *m* [aparka'mi̯ento] Parkplatz 12
apartamento *m* [aparta'mento] Apartment 26
apellido *m* [ape'ʎiðo] Nachname 3
aperitivo *m* [aperi'tiβo] Aperitif 25
apertura *f* [aper'tura] Eröffnung, Anfang 27
aproximadamente *Adv* [aprɔɣsimaða'mente] circa 25
aproximado, -a [aprɔɣsi'maðo] ungefähr 27
aquí [a'ki] hier 4
archivo *m* [ar'tʃiβo] Archiv; Datei (PC) 24
Argentina *f* [arxen'tina] Argentinien 25
arquitecto, -a *m/f* [arki'tɛkto] Architekt, -in 13
Arquitectura *f* [arkitɛk'tura] Architektur 6
arroba *f* [a'rrɔβa] at, @ 3
arroz *m* [a'rrɔθ] Reis 7
arte *m* ['arte] Kunst 21
artículo *m* [ar'tikulo] Artikel 12
asado, -a [a'saðo] gebraten, gegrillt 8
ascensor *m* [asθen'sɔr] Aufzug 18
así [a'si] so 29
asiento *m* [a'si̯ento] Sitzplatz 16
asistente *m/f* [asis'tente] Assistent, -in 26
aspirina *f* [aspi'rina] Aspirin 19
asunto *m* [a'sunto] Angelegenheit; Betreff 24
atención *f* [aten'θi̯ɔn] Vorsicht, Achtung 21
Atentamente [atenta'mente] Mit freundlichen Grüßen 25
Atocha [a'tɔtʃa] zentraler Bahnhof in Madrid 17
atractivo, -a [atrak'tivo] attraktiv 13
atraer [atra'ɛr] anziehen 29
aún [a'u̯n] noch 29
auriculares *mPl* [au̯riku'lares] Kopfhörer 21
autobús *m* [au̯to'βus] Bus 5
autopista *f* [au̯to'pista] Autobahn 29
avanzado, -a *m/f* [aβan'θaðo] Fortgeschrittene(r) 3
AVE *m* ['aβe] span. Hochgeschwindigkeitszug 15
avenida (Avda) *f* [aβe'niða] Avenida, Allee 5
aventura *f* [aβen'tura] Abenteuer 24
aventurarse [aβentu'rarse] sich trauen, wagen 24
avión *m* [a'βi̯ɔn] Flugzeug 16
ay [ai̯] oh!; au! 10

ayer [a'jɛr] gestern 24
ayuda *f* [a'juða] Hilfe 24
ayudar [aju'ðar] helfen 16
ayuntamiento *m* [ajunta'mĭento] Rathaus 15
azúcar *m* [a'θukar] Zucker 29
azul [a'θul] blau 13

B

bacalao *m* [baka'lao] Stockfisch 12
bailar [baĭ'lar] tanzen 10
balance *m* [ba'lanθe] Bilanz 29
baloncesto *m* [balɔn'θesto] Basketball 10
banco *m* ['baŋko] Bank 5
banda *f* ['banda] Band, Musikgruppe 24
bañera *f* [ba'ɲɛra] Badewanne 18
baño *m* ['baɲo] Bad 18
bar *m* [bar] Café, Lokal 9
barba *f* ['barβa] Bart 13
Barça ['barθa] FC Barcelona 10
barco *m* ['barko] Schiff 16
barra *f* ['barra] Stange (Weißbrot); Tresen 7
barrica *f* [ba'rrika] (Wein-)Fass 25
bastante [bas'tante] ziemlich 9
bautismo *m* [baŭ'tismo] Taufe 11
beamer *m* ['bimer] Beamer 27
bebé *m* [be'βe] Baby 16
beber [be'βɛr] trinken 10
bebida *f* [be'βiða] Getränk 8
Berlín [bɛr'lin] Berlin 22
besito *m* [be'sito] Küsschen 2
beso *m* ['beso] Kuss 12
bicicleta (bici) *f* [biθi'kleta] Fahrrad 10
bien *Adv* [bĭen] gut 2
bienvenido, -a [bĭembe'niðo] willkommen 2
bigote *m* [bi'ɣote] Schnauzbart 13
billete *m* [bi'ʎete] Eintrittskarte 5
bisnieto, -a *m/f* [bis'nĭeto] Urenkel, -in 29
blanco, -a ['blaŋko] weiß 8
blusa *f* ['blusa] Bluse 20
boca *f* ['boka] Mund 19
boda *f* ['boða] Hochzeit 11
bodega *f* [bo'ðeɣa] Weinlokal 5
boletín *m* [bole'tin] Zeugnis 28
bolígrafo *m* [bo'liɣrafo] Kugelschreiber 26
bolsa *f* ['bɔlsa] Tüte 7
bombón *m* [bɔm'bɔn] Praline 26
bonito, -a [bo'nito] hübsch, schön 16
boquerones *mPl* [bɔke'rɔnes] Sardellen 12
botánico, -a [bo'taniko] botanisch 10
botella *f* [bo'teʎa] Flasche 7
brazo *m* ['braθo] Arm 19
broma *f* ['broma] Scherz 15
bucear [buθe'ar] tauchen 10
buenísimo, -a [bŭe'nisimo] sehr gut 12
bueno, -a ['bŭeno] gut 2
bufanda *f* [bu'fanda] Schal 20
búho *m* ['buo] Uhu 14
burro *m* ['burro] Esel 24
buscar [bus'kar] suchen 14

C

caballo *m* [ka'βaʎo] Pferd 10
cabeza *f* [ka'βeθa] Kopf 19
cada ['kaða] jede, -r, -s 19
café *m* [ka'fe] Kaffee, Espresso 4
café *m* **con leche** [ka'fɛ kon 'letʃe] Milchkaffee 4
café *m* **filtrado** [ka'fɛ fil'traðo] Filterkaffee 27
caja *f* ['kaxa] Kasse 20
cajero, -a *m/f* [ka'xero] Kassierer, -in 20
calamares *mPl* [kala'mares] Tintenfisch(ringe) 8

calidad *f* [kali'ða^(ð)] Qualität 20
caliente [ka'li̯ente] warm, heiß 19
calle *f* ['kaʎe] Straße 3
callos *mPl* ['kaʎos] Kutteln 15
calor *m* [ka'lɔr] Wärme, Hitze 9
calzar ['kalθar] tragen (Schuhe) 20
cama *f* ['kama] Bett 18
cámara *f* ['kamara] Kamera 15
camarera *f* [kama'rera] Zimmermädchen 18
camarero, -a *m/f* [kama'rero] Kellner, -in 3
cambiar [kam'bi̯ar] wechseln, sich verändern 29
camisa *f* [ka'misa] Hemd 20
campo *m* ['kampo] Feld; Land 15
caña *f* ['kaɲa] kleines Bier vom Fass 13
cansado, -a [kan'saᵟo] müde 12
cantar [kan'tar] singen 11
cantina *f* [kan'tina] Kantine 6
capacidad *f* [kapa'θidaᵟ] Kapazität, Fähigkeit 30
capital *f* [kapi'tal] Hauptstadt 15
carajillo *m* [kara'xiʎo] Espresso mit Cognac 4
caramelo *m* [kara'melo] Bonbon 26
cargo *m* ['karɣo] Position, Funktion 26
carnet *m* [kar'ne] Ausweis; Mehrfahrkarte 18
carnicería *f* [karniθe'ria] Metzgerei 7
caro, -a ['karo] teuer 20
carrera *f* [ka'rrɛra] Karriere, Laufbahn 23
carta *f* ['karta] Brief 5
cartelera *f* [karte'lera] Kinoprogramm 21
cartulina *f* [kartu'lina] Kärtchen 27
casa *f* ['kasa] Haus 2
casado, -a [ka'saᵟo] verheiratet 4
casco *m* **antiguo** ['kasko an'tigu̯o] Altstadt 15
casi ['kasi] fast 3
castillo *m* [kas'tiʎo] Burg, Schloss 15
catalán, catalana [kata'lan] katalanisch; Katalane, Katalanin 5
catedral *f* [kate'dral] Kathedrale 9
CD *m* [θe'ðe] CD 11
cebolla *f* [θe'βoʎa] Zwiebel 7
cedé *m* [θe'ðe] CD 11
cena *f* ['θena] Abendessen 18
cenar [θe'nar] zu Abend essen 26
central [θen'tral] zentral 28
centro *m* ['θentro] Zentrum 5
cera *f* ['θera] Wachs 21
cerca (de) ['θerka de] nahe (bei) 17
cerrado, -a [θe'rraᵟo] geschlossen 21
cerrar [θe'rrar] schließen 18
certificado *m* [θɛrtifi'kaᵟo] Bestätigung 23
cerveza *f* [θɛr'βeθa] Bier 8
Chamartín [tʃamar'tin] Madrider Bahnhof 17
chao ['tʃao] ciao 9
chaqueta *f* [tʃa'keta] Jacke 20
chica *f* ['tʃika] Mädchen, junge Frau 2
chico *m* ['tʃiko] Junge, junger Mann 12
chino, -a ['tʃino] chinesisch; Chinese, Chinesin 22
cielo *m* ['θi̯elo] Himmel 16
cierre *m* ['θi̯erre] Schluss 27
cine *m* ['θine] Kino 10
cita *f* ['θita] Verabredung 19
ciudad *f* [θi̯u'ða^(ð)] Stadt 9
claro, -a ['klaro] klar 2
clase *f* ['klase] Klasse 8
cliente, -a [kli̯ente] Kunde, Kundin 8
clima *m (!)* ['klima] Klima 29
coche *m* ['kotʃe] Auto 2
cocido *m* [ko'θiðo] Eintopf 15
cocina *f* [ko'θina] Küche 15
cocinero, -a *m/f* [koθi'nero] Koch, Köchin 3

cocodrilo *m* [koko'ðrilo] Krokodil 24
colega *m/f* [ko'leɣa] Kollege, Kollegin 24
colegio *m* [ko'lɛxĭo] weiterführende Schule 30
Colombia [ko'lɔmbĭa] Kolumbien 24
color *m* [ko'lɔr] Farbe 20
coma *f* ['koma] Komma 19
comedia *f* [ko'meðĭa] Komödie 13
comedor *m* [kome'ðɔr] Speisezimmer 18
comentar [komen'tar] kommentieren 27
comentario *m* [komen'tarĭo] Kommentar 27
comer [ko'mɛr] essen 4
comestibles *mPl* [komes'tiβles] Lebensmittel 7
comida *f* [ko'miða] Essen, Mittagessen 14
como ['komo] wie 2
compañero, -a *m/f* [kɔmpa'ɲɛro] Freund, -in; Kollege, Kollegin 12
competencia *f* [kɔmpe'tenθĭa] Kompetenz, Konkurenz 30
comportamiento *m* [kɔmpɔrta'mĭento] Verhalten 25
comprar [kɔm'prar] kaufen 7
compromiso *m* [kɔmpro'miso] Verpflichtung 28
común [ko'mun] gemeinsam 27
comunión *f* [komu'nĭɔn] Kommunion 11
con [kɔn] mit 4
concepto *m* [kɔn'θɛpto] Konzept 27
concierto *m* [kɔn'θĭɛrto] Konzert 24
conclusión *f* [kɔnklu'sĭɔn] Schlussfolgerung 28
concreto, -a [kɔŋ'kreto] konkret 27
conectar [konɛk'tar] verbinden 29
conejo *m* [ko'nɛxo] Kaninchen 30
conferencia *f* [kɔnfe'renθĭa] Konferenz 5
confirmación *f* [kɔmfirma'θĭɔn] Bestätigung 25
confirmar [kɔmfir'mar] bestätigen 28
congreso *m* [kɔŋ'greso] Kongress 15
conjunto *m* [kɔŋ'xunto] Gesamtheit, Ganzes 29
conocer [kono'θɛr] kennen, kennen lernen 9
conocido, -a [kono'θiðo] bekannt 12
conocimientos *mPl* [konoθi'mĭentos] Kenntnisse 23
consejo *m* [kon'sɛxo] Rat 27
constitución *f* [konstitu'θĭɔn] Verfassung 15
consulta *f* [kɔn'sulta] Sprechstunde 19
consultorio *m* [kɔnsul'torĭo] Arztpraxis 19
consumir [kɔnsu'mir] konsumieren 29
contacto *m* [kɔn'takto] Kontakt 28
contar [kɔn'tar] zählen, erzählen 13
contento, -a [kɔn'tɛnto] zufrieden 29
contigo [kɔn'tiɣo] mit dir 24
continuar [kɔntinu'ar] weitermachen 10
contrato *m* [kɔn'trato] Vertrag 23
contribución *f* [kɔntriβu'θĭɔn] Beitrag 27
convertirse (en) [kɔmbɛr'tirse (en)] sich verwandeln (in) 29
copa *f* ['kopa] Weinglas 8
copeo *m* [ko'peo] Kneipenbummel 13
copiar [ko'pĭar] kopieren 24
corbata *f* [kɔr'βata] Krawatte 20
cordial [kɔr'ðĭal] herzlich 24
corredor, -a *m/f* [kɔrre'ðɔr] Läufer, -in 10
corregir [kɔrre'xir] korrigieren 12
correo *m* [kɔ'rrɛo] Post 24
correo *m* **electrónico** [kɔ'rrɛo ɛlɛk'trɔniko] elektronische Post, E-Mail 24
cortado *m* [kɔr'taᶞo] Espresso mit Milch 4
cortar [kɔr'tar] ausschneiden 24
corto, -a ['kɔrto] kurz 13
cosecha *f* [ko'setʃa] Ernte 25
costa *f* ['kɔsta] Küste 21

cóctel *m* ['kɔktɛl] Cocktail 28
cómodo, -a ['komoðo] bequem 30
CP (código postal) *m* [θe pe ('kɔdiɣo pos'tal)] Postleitzahl 26
crédito *m* ['kreðito] Kredit 5
creer que [kre'ɛr ke] glauben, dass 16
crisis *f* ['krisis] Krise 29
croqueta *f* [kro'kɛta] Krokette 12
cruasán *m* [krŭa'saŋ] Croissant 17
cruce *m* ['kruθe] Kreuzung 21
crucero *m* [kru'θero] Kreuzfahrtschiff 29
cruz *f* [kruθ] Kreuz 5
cruzar [kru'θar] überqueren 17
cuadro *m* ['kŭaðro] Bild, Gemälde 21
cuál ['kŭal] welches, was für ein 15
¿cuándo? ['kŭando] wann? 9
¿cuánto, -a? ['kŭanto] wie viel? 7
¿Cuánto cuesta? ['kŭanto 'kŭesta] Wie viel kostet das? 14
Cuba ['kuβa] Kuba 14
cuchara *f* [ku'tʃara] Löffel 8
cucharita *f* [kutʃa'rita] kleiner Löffel 8
cuchillo *m* [ku'tʃiʎo] Messer 8
cuello *m* ['kŭeʎo] Hals 19
cuenta *f* ['kŭenta] Rechnung 8
cuerpo *m* **central** ['kŭɛrpo θen'tral] Hauptteil 28
cultura *f* [kul'tura] Kultur 20
cultural [kultu'ral] kulturell 21
cumpleaños *mPl* [kumple'aɲos] Geburtstag 11
cumplir [kum'plir] Jahre alt werden 15
curioso, -a [ku'rĭoso] neugierig; kurios 13
currículo *m* [ku'rrikulo] Lebenslauf 23
currículum vitae *m* [ku'rrikulum 'vitae] Lebenslauf 30
curso *m* ['kurso] Kurs 3

D

dar [dar] geben 19
de [de] von, aus 2
de antemano [de ante'mano] im Voraus 25
deber [de'βɛr] sollen 28
decidir [deθi'ðir] entscheiden 24
decir [de'θir] sagen 21
dedo *m* ['deðo] Finger 19
dedo *m* **del pie** ['deðo del pĭe] Zehe 19
definido, -a [defi'niðo] befristet 23
degustación *f* [deɣusta'θĭɔn] Weinprobe, Kostprobe 25
degustar [deɣus'tar] verkosten 26
dejar [de'xar] lassen 9
del (de+el) [dɛl] vom, von 5
delante [de'lante] vor (*örtlich*) 9
delgadito, -a [dɛlɣa'dito] sehr schlank 13
delgado, -a [dɛl'ɣaᶞo] schlank 13
delicia *f* [de'liθĭa] Köstlichkeit 26
democratizarse [demokrati'θarse] demokratisch werden 29
denominación *f* [denomina'θĭɔn] Ursprungsbezeichnung 25
dentista *m/f* [den'tista] Zahnarzt, -ärztin 19
departamento *m* [departa'mento] Abteilung 26
dependiente, -a *m/f* [depen'dĭente] Verkäufer, -in 20
deporte *m* [de'pɔrte] Sport 10
deportista *m/f* [depɔr'tista] Sportler, -in 10
desarrollar [desarro'ʎar] entwickeln 27
desarrollo *m* [desa'rrɔʎo] Entwicklung 28
desayuno *m* [desa'juno] Frühstück 18
descubrir [desku'βrir] entdecken 20
descuento *m* [des'kŭento] Ermäßigung 21
desde ['desde] seit 19

E

empresa *f* [em'presa] Firma 9
Empresariales *mPl* [empresa'rĭales] BWL (Betriebswirtschaft) 3
en [en] in, an, auf 2
encantado, -a [eŋkan'ta$^{\eth}$o] angenehm, sehr erfreut 4
encantar [eŋkan'tar] sehr gefallen 9
encargado, -a [eŋkar'ɣa$^{\eth}$o] beauftragt 27
encontrar [eŋkɔn'trar] finden 12
encontrarse [eŋkɔn'trarse] sich treffen 9
encuentro *m* [eŋ'kŭentro] Begegnung, Treffen 9
enero *m* [e'nero] Januar 13
enfermero, -a *m/f* [emfɛr'mero] Pfleger, Krankenschwester 3
enfermo, -a [em'fɛrmo] krank 19
enfrente (de) [em'frente (de)] gegenüber (von) 16
ensalada *f* [ensa'laða] Salat 8
enseguida [ense'ɣida] sofort 8
entonces [en'tonθes] dann, also 3
entrada *f* [en'traða] Eintrittskarte; Eingang 5
entrar [en'trar] hineingehen 9
entre ['entre] zwischen 16
entrega *f* [en'trega] Übergabe 28
entremeses *mPl* [entre'meses] Vorspeisen 8
entrenador, -a *m/f* [entrena'dor] Trainer, -in 30
entrevista *f* [entre'βista] Interview 12
entrevistado, -a *m/f* [entreβis'taðo] interviewte Person 30
enviar [em'bĭar] schicken 24
época *f* ['ɛpɔka] Jahreszeit; Epoche 27
esa ['esa] diese, die da 19
escena *f* [es'θena] Szene 10
escribir [eskri'βir] schreiben 12
escribir a máquina [eskri'βir a 'makina] auf der Schreibmaschine schreiben 30
escuela *f* [es'kŭela] Schule 3
ese ['ese] dieser, der da 19
esnórquel *m* [es'norkel] Schnorchel 10
eso ['eso] das 12
espalda *f* [es'palda] Rücken 19
España *f* [es'paɲa] Spanien 10
español, -a [espa'ɲol] spanisch; Spanier, -in 2
especialidad *f* [espeθĭali'ða$^{(\eth)}$] Spezialität 26
esperar (a) [espe'rar (a)] warten (auf), hoffen 10
esquiar [es'kĭar] Ski fahren 10
establecer [estaβle'θɛr] einrichten, etablieren 27
estación *f* [esta'θĭɔn] Bahnhof; Station 16
Estados *mPl* **Unidos** [es'tados u'niðos] USA 5
estancia *f* [es'tanθĭa] Aufenthalt 25
estar [es'tar] sein, sich befinden 2
estar de acuerdo [es'tar de a'kŭerdo] einverstanden sein 9
estar en paro [es'tar em 'paro] arbeitslos sein 23
estar resfriado, -a [es'tar rres'frĭa$^{\eth}$o] erkältet sein 19
estar sentado, -a [es'tar sen'ta$^{\eth}$o] sitzen 21
este ['este] dieser 10
estimado, -a [esti'maðo] geschätzt 27
Estimados señores *mPl* [esti'maðos se'ɲores] Sehr geehrte Damen und Herren 18
esto ['esto] das 11
estómago *m* [es'tomaɣo] Magen 19
estrecho, -a [es'tretʃo] eng 20
estudiante *m/f* [estu'ðĭante] Student, -in 3
estudiar [estu'ðĭar] studieren; lernen 3
estudios *mPl* [es'tuðĭos] Studium 26

etapa *f* [e'tapa] Etappe; Stadium 25
euro *m* ['ɛuro] Euro 7
europeo, -a [eŭro'peo] europäisch 5
examen *m* [ɛɣ'samen] Prüfung 29
excelente [esθe'lente] hervorragend 8
excepto [es'θɛpto] ausgenommen 7
exclusivo, -a [esklu'siβo] exklusiv 25
excursión *f* [eskur'sĭɔn] Ausflug 15
éxito *m* ['ɛɣsito] Erfolg 5
experiencia *f* [espe'rĭenθĭa] Erfahrung 23
experto, -a [es'pɛrto] Experte 26
Expo *f (!)* ['espo] Expo; Weltausstellung 5
exposición *f* [esposi'θĭɔn] Ausstellung 15
extranjero, -a [estraŋ'xero] fremd; Fremder, Fremde 23

F

fácil ['faθil] leicht, einfach 17
falda *f* ['falda] Rock 20
familia *f* [fa'milĭa] Familie 6
famoso, -a [fa'moso] berühmt 9
farmacéutico, -a *m/f* [farma'θɛŭtiko] Apotheker, -in 4
farmacia *f* [far'maθĭa] Apotheke 4
fascinante [fasθi'nante] faszinierend 21
favorito, -a [favo'rito] Lieblings-... 5
fax *m* [faɣs] Fax 18
febrero *m* [fe'βrero] Februar 13
fecha *f* ['fetʃa] Datum 30
¡Felicidades! [feliθi'ðaðes] Glückwunsch! 3
felicitar [feliθi'tar] beglückwünschen 11
feliz [fe'liθ] glücklich 11
¡Feliz cumpleaños! [fe'liθ kumple'aɲos] Alles Gute zum Geburtstag! 11
feria *f* ['ferĭa] Messe 26
ficha *f* ['fitʃa] Zettel, Formular 26
fiebre *f* ['fĭeβre] Fieber 19
fiesta *f* ['fĭesta] Fest 11
fin *m* [fin] Ende 11
fin *m* **de semana** [fin de se'mana] Wochenende 11
final *m* [fi'nal] Ende 17
finca *f* ['fiŋka] Landhaus 30
fino *m* ['fino] trockener Sherry 25
flamenco *m* [fla'menko] andalusischer Gesang und Tanz 9
flan *m* [flan] Pudding 8
folleto *m* [fo'ʎeto] Prospekt 21
fondos *mPl* ['fondos] Geldmittel, Kapital 27
footing *m* ['futin] Jogging 10
formación *f* [fɔrma'θĭɔn] Ausbildung 23
formato *m* [fɔr'mato] Format 24
formulario *m* [fɔrmu'larĭo] Formular 28
foto *f (!)* ['fɔtɔ] Foto 15
fotografía *f* [fɔtɔgra'fia] Fotografie 15
francés, francesa [fran'θes] französisch; Franzose, Französin 3
Fráncfort ['frankfort] Frankfurt 2
Francia ['franθĭa] Frankreich 22
fresa ['fresa] Erdbeere 7
fresco, -a ['fresko] frisch 29
frío, -a ['frio] kalt; gekühlt 8
frito, -a ['frito] gebacken, frittiert 8
frontera *f* [fron'tera] Grenze 5
fruta *f* ['fruta] Obst; Frucht 7
frutería *f* [frute'ria] Obstgeschäft 7
fuente *f* ['fŭente] Brunnen, Quelle 10
fútbol *m* ['futβɔl] Fußball 10

G

gafas *fPl* ['gafas] Brille 13
galería *f* [gale'ria] Galerie 21
Galicia *f* [ga'liθĭa] Galicien, Region im Nordwesten Spaniens 29

gallego, -a [ga'ʎeɣo] galicisch; Galicier, -in 5
gambas *fPl* ['gambas] Garnelen 12
ganar [ga'nar] verdienen 23
garaje *m* [ga'raxe] Garage 18
garganta *f* [gar'ɣanta] Schlund, Gurgel 19
gas *m* [gas] Kohlensäure 8
gastronomía *f* [gastrono'mia] Gastronomie 21
gazpacho *m* [gaθ'patʃo] kalte Gemüsesuppe 8
generoso, -a [xene'roso] großzügig 28
genial [xe'nĭal] toll, super, genial 3
gente *fSg* ['xente] Leute 9
geográfico, -a [xeo'ɣrafiko] geografisch 25
gerente *m/f* [xe'rente] Geschäftsführer, -in 23
gimnasio *m* [xim'nasĭo] Fitnesstudio 10
Giralda *f* [xi'ralda] Glockenturm der Kathedrale von Sevilla 3
girar [xi'rar] abbiegen 17
giratorio *m* [xira'torĭo] Kreisverkehr 21
gordo, -a ['gɔrðo] dick 13
gorra *f* ['gɔrra] Mütze 20
gota *f* ['gota] Tropfen 19
gozar [go'θar] genießen 26
gracias ['graθĭas] danke 2
grado *m* **de dificultad** ['graðo ðe ðifikul'ta(ð)] Schwierigkeitsgrad 27
gramo *m* ['gramo] Gramm 7
Gran Vía *f* [gram 'bia] Prachtstraße in Madrid 14
grande ['grande] groß 5
gratuito, -a [gra'tŭito] gratis, frei 21
grave ['graβe] schlimm 17
grifo *m* ['grifo] Wasserhahn 18
gripe *f* ['gripe] Grippe 19
gris [gris] grau 13
grupo *m* ['grupo] Gruppe 21
guapo, -a ['gŭapo] hübsch, schön 13
guerrilla *f* [ge'rriʎa] Guerrilla 14
guía *m/f* ['gia] Fremdenführer, -in 15
guía *f* **de ocios** ['gia ðe 'ɔθĭɔs] Veranstaltungskalender 21
guitarra *f* [gi'tarra] Gitarre 14
gustar [gus'tar] gefallen; schmecken 7

H

haber [a'βɛr] haben (Hilfsverb) 7
habitación *f* [aβita'θĭɔn] Zimmer 18
habitación *f* **doble** [aβita'θĭɔn 'doβle] Doppelzimmer 18
habitación *f* **individual** [aβita'θĭɔn indiβi'ðŭal] Einzelzimmer 18
hablar [a'βlar] sprechen 2
hace ['aθe] vor (*zeitlich*) 24
hacer [a'θer] machen 3
hacer trasbordo [a'θer tras'βordo] umsteigen 17
Hamburgo [am'burɣo] Hamburg 6
hamburguesa *f* [ambur'gesa] Hamburger 22
hasta ['asta] bis 9
¡hasta luego! ['asta 'lŭeɣo] bis dann! 9
hay [aĭ] es gibt 4
hermano, -a *m/f* [er'mano] Bruder, Schwester 2
hermanos *mPl* [er'manos] Geschwister 4
herramienta *f* [erra'mĭenta] Werkzeug 24
hijo, -a *m/f* ['ixo] Sohn, Tochter 2
hipermercado *m* [ipermer'kado] Shopping Mall 7
histórico, -a [is'toriko] historisch 9
hola ['ɔla] hallo 2
hombro *m* ['ɔmbro] Schulter 19
hora *f* ['ora] Stunde 2
horario *m* [o'rarĭo] Öffnungszeiten 21

horas *f Pl* **extra** ['ɔras 'ɛɣstra] Überstunden 23
horror *m* [ɔ'rrɔr] Horror 10
hospital *m* [ɔspi'tal] Krankenhaus 5
hostal *m* [ɔs'tal] Hostal, kleines Hotel 17
hotel *m* [o'tɛl] Hotel 5
hoy [ɔĭ] heute 7
huerta *f* ['ŭɛrta] Gemüsegarten 29
huevo *m* ['ŭeβo] Ei 7

I

ibérico, -a [i'βeriko] iberisch 25
ida *f* ['iða] Hinfahrt; einfache Fahrt 15
idea *f* [i'ðea] Idee 9
ideal [i'ðe'al] ideal 25
identidad *f* [iðenti'ða(ð)] Identität 18
idioma *m (!)* [i'ðĭoma] Sprache 3
importante [impɔr'tante] wichtig 12
incluido, -a [inklu'iðo] inklusive 18
incluir [iŋklu'ir] einschließen 25
industrial [indus'trĭal] Industrieller 29
infierno *m* [im'fĭɛrno] Hölle 18
información *f* [imfɔrma'θĭɔn] Information 25
informar(se) [imfɔr'mar(se)] (sich) informieren 15
informática *f* [imfɔr'matika] Informatik 30
informático, -a *m/f* [imfɔr'matiko] Informatiker, -in 30
informativo, -a [imfɔrma'tiβo] informativ 28
infusión *f* [imfu'sĭɔn] Kräutertee 19
ingeniero, -a *m/f* [iŋxe'nĭero] Ingenieur, -in 3
Inglaterra [iŋgla'tɛrra] England 22
inglés, inglesa [iŋ'gles] englisch; Engländer, -in 12
iniciativa *f* [iniθĭa'tiβa] Initiative 28
inscribirse [inskri'βirse] sich anmelden 28
inscripción *f* [inskriβ'θĭɔn] Einschreibung 28
insertar [insɛr'tar] einfügen 24
intentar [inten'tar] versuchen 27
interesante [intere'sante] interessant 10
interesar [intere'sar] interessieren 28
internacional [intɛrnaθĭo'nal] international 5
internet *(ohne Art)* [intɛr'net] Internet 5
intérprete *m/f* [in'tɛrprete] Übersetzer, -in, Dolmetscher, -in 26
introducción *f* [introðuɣ'θĭɔn] Einführung, Einleitung 28
introducir [introðu'θir] einführen 30
invierno *m* [im'bĭɛrno] Winter 18
invitación *f* [imbita'θĭɔn] Einladung 11
invitar [imbi'tar] einladen 3
ir [ir] gehen, fahren 4
irse ['irse] weggehen 15
isla *f* ['isla] Insel 14
Italia [i'talĭa] Italien 15
italiano, -a [ita'lĭano] italienisch; Italiener, -in 3

J

jamón *m* [xa'mon] Schinken 8
jamón *m* **serrano** [xa'mon se'rrano] luftgetrockneter Schinken 8
jardín *m* [xar'ðin] Garten 10
jefe, -a *m/f* ['xefe] Chef, -in 12
jersey *m* [xɛr'se(ĭ)] Pullover 20
jornada *f* **laboral** [xɔr'naða laβo'ral] Arbeitstag 23
jornada *f* **partida** [xɔr'naða par'tiða] Arbeitstag mit langer Mittagspause 23
joven ['xoβen] jung; Jugendliche(r) 29
jubilado, -a *m/f* [xuβi'laðo] Rentner, -in 21
jueves *m* ['xŭeβes] Donnerstag 11

jugar [xu'ɣar] spielen (Spiel, Sport) 10
julio *m* ['xulĭo] Juli 13
junio *m* ['xunĭo] Juni 13
juntos ['xuntos] zusammen 6

K

kilo *m* ['kilo] Kilo 7
kilómetro *m* [ki'lometro] Kilometer 18

L

la [la] die 2
lado *m* ['laðo] Seite 17
lana *f* ['lana] Wolle 20
lanzarse [lan'θarse] sich stürzen auf/in 24
largo, -a ['larɣo] lang 15
lata *f* ['lata] Dose 7
lavabo *m* [la'βaβo] Waschbecken 18
leche *f* ['letʃe] Milch 4
leer [le'ɛr] lesen 21
lejos (de) ['lɛxos (de)] weit (entfernt von) 2
lengua *f* ['leŋgŭa] Sprache 6
lengua *f* **materna** ['leŋgŭa ma'tɛrna] Muttersprache 30
lento, -a ['lento] langsam 16
libre ['liβre] frei 16
libro *m* ['liβro] Buch 11
limonada *f* [limo'naða] Limonade 22
línea *f* ['linea] Linie 17
lino *m* ['lino] Leinen 20
lista *f* ['lista] Liste 7
listo, -a ['listo] bereit, fertig 11
litro *m* ['litro] Liter 7
llamar [ʎa'mar] (an)rufen 19
llamarse [ʎa'marse] heißen 3
llave *f* ['ʎaβe] Schlüssel 18
llegar [ʎe'ɣar] ankommen 12
llevar [ʎe'βar] (mit-)nehmen; tragen 2
lo siento [lo 'sĭento] es tut mir leid 16
localidad *f* [lokali'ðað] Wohnort 26
logotipo *m* [loɣo'tipo] Logo 26
luego ['lŭeɣo] dann 9
luna *f* ['luna] Mond 17
lunes *m* ['lunes] Montag 3

M

madre *f* ['maðre] Mutter 2
madrileño, -a [maðri'leɲo] aus Madrid, Madrilene, Madrilenin 15
madroño *m* [ma'ðroɲo] Erdbeerbaum 18
mal *Adv* [mal] schlecht 12
maleta *f* [ma'leta] Koffer 2
malo, -a ['malo] schlecht 18
mamá *f* [ma'ma] Mama 10
mañana *f* [ma'ɲana] morgen 12
manchego, -a [man'tʃeɣo] aus der Mancha (Landschaft in Zentralspanien) 25
manejo *m* [ma'nɛxo] Umgang 30
mano *f (!)* ['mano] Hand 19
mantel *m* [man'tɛl] Tischtuch 5
mantequilla *f* [mante'kiʎa] Butter 17
manual *m* [ma'nŭal] Handbuch 25
manzanilla *f* [manθa'niʎa] Kamillentee 19
mapa *m (!)* ['mapa] Karte, Landkarte 5
mar *m* [mar] Meer 5
Mar *m* **Mediterráneo** [mar meðite'rraneo] Mittelmeer 14
maravilla *f* [mara'βiʎa] Wunder 10
marca *f* ['marka] Marke 5
marcha *f* ['martʃa] Nachtleben 29
¡marchando! [mar'tʃando] kommt sofort! 4
mareos *fPl* [ma'rɛos] Schwindel(gefühle) 19
marido *m* [ma'riðo] Ehemann 29
márketing *m* ['marketin] Marketing 26

marrón [ma'rrɔn] braun 13
martes *m* ['martes] Dienstag 11
marzo *m* ['marθo] März 13
más [mas] mehr 2
matemáticas *fPl* [mate'matikas] Mathematik 29
material *m* **de repuesto** [mate'ri̯al de re'pŭɛsto] Flickzeug 27
mayo *m* ['majo] Mai 13
mayor [ma'jɔr] größer, älter 4
mayores *mPl* [ma'jɔres] Erwachsene, Volljährige 21
mazapán *m* [maθa'pan] Marzipan 26
me [me] mir, mich 3
mecánico, -a *m/f* [me'kaniko] Mechaniker, -in 3
mediano, -a [me'ði̯ano] mittel 30
mediante [me'ði̯ante] mittels 29
Medicina *f* [medi'θina] Medizin (Studienfach) 5
médico, -a *m/f* ['meðiko] Arzt, Ärztin 3
medio, -a ['meði̯o] halb 3
mediodía *m* [meði̯o'ðia] Mittag 6
mediterráneo, -a [meðite'rraneo] Mittelmeer-... 5
mejor [me'xor] besser; lieber 4
mejorarse [mexo'rarse] besser werden 19
melocotón *m* [meloko'tɔn] Pfirsich 7
melón *m* [me'lɔn] Honigmelone 7
memoria *f* [me'mori̯a] Gedächtnis 4
menores *mPl* [me'nores] Minderjährige 21
menos ['menos] weniger; minus 9
mensaje *m* [men'saxe] Nachricht 24
menú *m* [me'nu] Menü; Speisekarte 25
mercadillo *m* [mɛrka'ðiʎo] Flohmarkt, Wochenmarkt 21
mercado *m* [mɛr'ka^{ð}o] Markt 5
mermelada *f* [mɛrme'laða] Marmelade 17
mes *m* [mes] Monat 23
mesa *f* ['mesa] Tisch 25
metro *m* ['metro] U-Bahn 16
mexicano, -a [meɣsi'kano] mexikanisch; Mexikaner, -in 3
México ['meɣsiko] Mexiko 24
mi [mi] mein, meine 2
mientras ['mi̯entras] während 12
miércoles *m* ['mi̯ɛrkoles] Mittwoch 11
mil [mil] tausend 20
millón *m* [mi'ʎɔn] Million 5
minimercado *m* [minimer'kaðo] kleiner Supermarkt 7
mínimo ['minimo] mindestens 8
minuto *m* [mi'nuto] Minute 2
mirador *m* [mira'ðɔr] Aussichtspunkt 15
mirar [mi'rar] schauen 4
mitad *f* [mi'ta$^{(ð)}$] Hälfte 27
mixto, -a ['miɣsto] gemischt 8
mochila *f* [mo'tʃila] Rucksack 2
moda *f* ['moða] Mode 5
modalidad *f* [moðali'ða^{ð}] hier: Fortbewegung 27
modelo *m* [mo'ðelo] Modell 20
moderador, -a *m/f* [moðera'ðɔr] Moderator, -in 27
moderno, -a [mo'ðɛrno] modern 16
momento *m* [mo'mento] Moment 3
monasterio *m* [monas'teri̯o] Kloster 15
montar a caballo *m* [mɔn'tar a ka'baʎo] reiten 10
monte *m* ['mɔnte] Berg 29
monumento *m* [monu'mento] Denkmal 9
moreno, -a [mo'reno] dunkelhaarig 13
motivo *m* [mo'tiβo] Motiv; Grund 24
moto *f (!)* ['moto] Motorrad 16
móvil *m* ['moβil] Handy 3
muchísimo, -a [mu'tʃisimo] sehr viel 12
mucho, -a ['mutʃo] viel 4

mucho gusto ['mutʃo 'ɣusto] angenehm, sehr erfreut 4
muela *f* ['mŭela] Backenzahn 19
mujer *f* [mu'xɛr] Frau 13
mundo *m* ['mundo] Welt 9
municipio *m* [muni'θipĭo] Gemeinde 27
museo *m* [mu'seo] Museum 9
museo *m* **de cera** [mu'seo ðe 'θera] Wachsfigurenkabinett 21
música *m* ['musika] Musik 30
musical *m* [musi'kal] Musical 15
muy [mui] sehr 2

N

nacimiento *m* [naθi'mĭento] Geburt 30
nacional [naθĭo'nal] national 13
nacionalidad *f* [naθĭonali'ðaᵈ] Nationalität 21
nada ['naða] nichts 7
nadar [na'ðar] schwimmen 10
nalgas *fPl* ['nalɣas] Hintern 19
naranja *f* [na'raŋxa] Orange 17
nariz *f* [na'riθ] Nase 19
nata *f* ['nata] Sahne 8
naturaleza *f* [natura'leθa] Natur 28
necesario [neθe'sarĭo] nötig 18
necesitar [neθesi'tar] brauchen 7
negocio *m* [ne'ɣoθĭo] Geschäft 26
negro, -a ['neɣro] schwarz 13
ni ... ni [ni … ni] weder ... noch ... 13
nieto, -a *m/f* ['nĭeto] Enkel, -in 16
niño, -a *m/f* ['niɲo] Kind; Junge, Mädchen 21
nivel *m* [ni'vel] Niveau 30
no [no] nein; nicht 2
noche *f* ['notʃe] Nacht 6
nocturno, -a [nɔk'turno] nächtlich; Nacht-... 21
nombre *m* ['nombre] Name 11
normalmente *Adv* [normal'mente] normalerweise 12
norte *m* ['nɔrte] Norden 17
nos [nɔs] uns 3
nosotros, -as *m/f* [no'sotros] wir 2
notar [no'tar] notieren 18
noviembre *m* [no'βĭembre] November 13
novio, -a *m/f* ['noβĭo] fester Freund, feste Freundin 4
nuestro, -a ['nŭestro] unser, unsere 11
nuevo, -a ['nŭeβo] neu 4
número *m* ['numero] Nummer 3
nunca ['nunka] nie 24

O

o [o] oder 3
objetivo *m* [ɔβxe'tiβo] Ziel 27
octubre *m* [ɔk'tuβre] Oktober 13
ocupado, -a [ɔku'paðo] besetzt 30
oeste *m* [o'este] Westen 17
oferta *f* **de empleo** [o'fɛrta ðe em'pleo] Stellenanzeige 23
oficina *f* [ofi'θina] Büro 5
ofrecer [ofre'θɛr] anbieten 24
ojo *m* ['ɔxo] Auge 13
oliva *f* [o'liβa] Olive 5
opinión *f* [opi'nĭɔn] Meinung 27
optimista *m/f* [ɔpti'mista] Optimist 29
orden *m* **del día** ['ɔrðen del 'dĭa] Tagesordnung 27
ordenador *m* [ɔrðena'ðɔr] Computer 26
organizar [ɔrɣani'θar] organisieren 25
orígen *m* [o'rixen] Ursprung 25
original [orixi'nal] original 13
os [os] euch 3
oscuro, -a [ɔs'kuro] dunkel 20
oso *m* ['oso] Bär 18
otro, -a ['otro] andere, -r, -s 4

P

plaza *f* ['plaθa] Platz 9
plaza *f* **de toros** ['plaθa ðe 'toros] Stierkampfarena 15
pleno, -a ['pleno] voll; mitten in 18
poco, -a ['poko] wenig 2
poder [po'ðɛr] können 8
policía *f* [poli'θia] Polizei 5
ponencia *f* [po'nenθĭa] Vortrag 26
ponente *m/f* [po'nente] Vortragender, -in 26
poner [po'nɛr] setzen, stellen, legen 7
ponerse en contacto (con) [po'nɛrse en kon'takto (kon)] sich in Verbindung setzen (mit) 28
poquísimo, -a [po'kisimo] sehr wenig 12
por favor [por fa'βor] bitte 2
¿por qué? [pɔr'ke] warum? 2
por supuesto [por su'pŭesto] selbstverständlich 18
porque ['pɔrke] weil 12
portátil [pɔr'tatil] tragbar 27
portero, -a *m/f* [pɔr'tero] Portier, Pförtnerin 3
postal *f* [pɔs'tal] Postkarte 5
postre *m* ['pɔstre] Nachspeise 8
practicar esnórquel [prakti'kar es'norkel] schnorcheln 10
practicar surf [prakti'kar surf] surfen 10
practicar vela [prakti'kar 'bela] segeln 10
prácticas *fPl* ['praktikas] Praktikum 23
práctico, -a ['praktiko] praktisch 16
Prado *m* ['praðo] berühmte Madrider Gemäldegalerie 15
precio *m* ['preθĭo] Preis 18
pregunta *f* [pre'ɣunta] Frage 27
preguntar [preɣun'tar] fragen 25
preparar [prepa'rar] vorbereiten 12
presentación *f* [presenta'θĭɔn] Präsentation 24
presentar [presen'tar] vorstellen 4
presupuesto *m* [presu'pŭesto] Budget 26
primero, -a [pri'mero] erste(r) 3
primo, -a *m/f* ['primo] Cousin, Cousine 2
prismáticos *mPl* [pris'matikos] Fernglas 27
privado, -a [pri'βaðo] privat 18
privilegiado, -a [priβile'xĭaðo] privilegiert 29
probador *m* [proβa'ðɔr] Unkleide (kabine) 20
probar [pro'βar] probieren 15
probarse [pro'βarse] anprobieren 20
problema *m (!)* [pro'βlema] Problem 15
producto *m* [pro'ðukto] Produkt 24
profesional [profesĭɔ'nal] professionell 26
profesión *f* [profe'sĭɔn] Beruf 3
profesor, -a *m/f* [profe'sɔr] Lehrer, -in 3
programa *m (!)* [pro'ɣrama] Programm 9
progreso *m* [pro'ɣreso] Fortschritt 27
promocionar [promoθĭo'nar] fördern 27
pronto ['prɔnto] bald 9
propina *f* [pro'pina] Trinkgeld 8
proyecto *m* ['projɛkto] Projekt 27
proyector *m* [projɛk'tɔr] Projektor 27
próximo, -a ['prɔɣsimo] nächste, -r 9
público *m* ['puβliko] Publikum 23
pueblo *m* ['pŭeβlo] Dorf 29
puente *m* ['pŭente] Brücke 15
puerta *f* ['pŭɛrta] Tür 11
pues ['pŭes] also 4
puesto *m* ['pŭesto] (Arbeits-)Stelle 23
punto *m* ['punto] Punkt 3

Q

¡Que aproveche! [ke apro'vetʃe] Guten Appetit! 17
¡Qué barbaridad! [ke βarbari'ðaD] Wie schrecklich! 27

¡Que os divirtáis! [ke os diver'tais] Viel Spaß! (*ihr*) 10
¡Que se mejore! [ke se me'xore] Gute Besserung! (*Sie*) 19
¡Que te diviertas! [ke te di'vĭertas] Viel Spaß! (*du*) 15
¿qué más? [ke mas] noch etwas? 7
¿qué tal? [ke tal] wie geht's? 2
quedar [ke'ðar] passen; stehen 20
quedarse [ke'ðarse] bleiben 19
querer [ke'rɛr] mögen, lieben 3
querido, -a [ke'riðo] lieber, liebe (Anrede im Brief) 12
queso *m* ['keso] Käse 25
¿quién?, ¿quiénes? [kĭen, 'kĭenes] wer? (*Sg/Pl*) 11
quiosco *m* ['kĭɔsko] Kiosk 5

R

ración *f* [rra'θĭɔn] Portion 12
rápido, -a ['rrapiðo] schnell 16
recepcionista *m* [rreθepθĭɔ'nista] Hotelportier 18
recepción *f* [rreθep'θĭɔn] Rezeption 28
receta *f* [rre'θeta] Rezept 19
recibir [rrɛθi'βir] erhalten, empfangen 25
reclamación *f* [rrɛklama'θĭɔn] Reklamation 26
reclamar [rrɛkla'mar] reklamieren 30
recoger [rrɛkɔ'xɛr] abholen 16
recomendar [rrɛkɔmen'dar] empfehlen 27
recto *Adv* ['rrɛkto] geradeaus 17
redondo, -a [rre'ðɔndo] rund 28
refrán *m* [rre'fran] Sprichwort 24
refresco *m* [rre'fresko] Erfrischungsgetränk 9
regalar [rrɛɣa'lar] schenken 12
regalo *m* [rre'ɣalo] Geschenk 11
regional [rrɛxĭo'nal] regional 22
reina *f* ['rre'na] Königin 15
relación *f* [rrɛla'θĭɔn] Beziehung 26
relajarse [rrɛla'xarse] sich entspannen 12
rellenar [rrɛʎe'nar] ausfüllen 28
repetir [rrɛpe'tir] wiederholen 2
reportaje *m* [rrɛpɔr'taxe] Reportage 12
representante *m/f* [rrɛpresen'tante] Vertreter, -in 26
reserva *f* [rre'sɛrβa] Reservierung 22
reservado, -a [rrɛsɛr'βaðo] reserviert 13
reservar [rrɛsɛr'βar] reservieren 13
residencia *f* [rresi'ðenθĭa] Wohnsitz 29
responsable [rrespɔn'saβle] verantwortlich 28
restaurante *m* [rrestaŭ'rante] Restaurant 5
resultado *m* [rrɛsul'ta^{ð}o] Ergebnis 27
resumir [rrɛsu'mir] zusammenfassen 27
Retiro *m* [rre'tiro] großer Park in Madrid 15
retroproyector *m* [rrɛtroprojɛk'tɔr] Overheadprojektor 27
reunión *f* [rrɛŭ'nĭɔn] Versammlung 26
revista *f* [rre'βista] Zeitschrift 29
rey *m* [rrɛi] König 22
rico, -a ['rriko] reich; lecker 8
rodilla *f* [rrɔ'ðiʎa] Knie 19
rojo, -a ['rrɔxo] rot 5
ronda *f* ['rrɔnda] Runde 13
rosado *m* ['rrosaðo] Rosé(-Wein) 25
rotulador *m* [rrɔtula'ðɔr] Filzstift 27
rubio, -a ['rruβĭo] blond 13
ruta *f* ['rruta] Route 27

S

sábado *m* ['saβaðo] Samstag 11
saber [sa'βɛr] wissen 3
salir [sa'lir] abfahren, weggehen 16

salud *f* [sa'luð] Gesundheit 19
saludo *m* [sa'luðo] Gruß 24
sandía *f* [san'dia] Wassermelone 7
sangría *f* [saŋ'gria] Rotwein-Getränk mit Obst 8
sardina *f* [sar'ðina] Sardine 8
se [se] sich 3
seco, -a ['seko] trocken 25
secretario, -a [sekre'tarĭo] Sekretär, -in 3
sed *f* [se(ð)] Durst 8
seda *f* ['seða] Seide 20
seguir [se'ɣir] folgen, weitergehen, -fahren 17
segundo, -a [se'ɣundo] zweite(r) 3
seguramente *Adv* [seɣura'mente] sicher 15
semáforo *m* [se'maforo] Ampel 21
semana *f* [se'mana] Woche 11
seminario *m* [semi'narĭo] Seminar 26
semiseco [semi'seko] halbtrocken 25
senderismo *m* [sende'rismo] Wandern 10
señor [se'ɲor] Herr 6
señora [se'ɲora] Frau 6
señores *mPl* [se'ɲores] Herrschaften 18
señorita *f* [seɲo'rita] Fräulein 16
sentarse [sen'tarse] sich setzen 19
sentido *m* [sen'tiðo] Sinn 21
sentir(se) [sen'tir(se)] (sich) fühlen 19
separado, -a [sepa'raðo] getrennt 4
septiembre *m* [sep'tĭembre] September 13
ser [sɛr] sein 2
serio, -a ['ser'o] ernst 28
servicio *m* [sɛr'βiθĭo] Service 26
servilleta *f* [sɛrβi'ʎeta] Serviette 8
sí [si] ja 2
siempre ['sĭempre] immer 16
sierra *f* ['sĭerra] Gebirge 27
siesta *f* ['sĭesta] Mittagsruhe 23
siglo *m* ['siɣlo] Jahrhundert 25
simpático, -a [sim'patiko] sympathisch 11
sin [sin] ohne 5
sitio *m* ['sitĭo] Platz, Ort 29
situación *f* [sitŭa'θĭɔn] Situation 25
situado, -a [si'tŭaðo] gelegen 25
sms *m* ['ese 'eme 'ese] SMS 12
sobre ['soβre] über 27
Sociedad *f* Anónima [soθĭe'ðað a'nɔnima] AG (Aktiengesellschaft) 26
software *m* ['sofŭer] Software 30
sol *m* [sɔl] Sonne 5
soler + *Inf* [so'lɛr] etw. pflegen zu tun; etw. gewöhnlich tun 29
solo *Adv* ['solo] nur 2
solo, -a ['solo] allein 4
soltero, -a [sɔl'tero] ledig; Single 4
sombrero *m* [sɔm'brero] Hut 20
sopa *f* ['sopa] Suppe 21
sostenible [sɔste'niβle] nachhaltig 28
su [su] sein, ihr, Ihr, seine, ihre, Ihre 4
subtítulo *m* [suβ'titulo] Untertitel 13
sueldo *m* ['sŭɛldo] Gehalt 23
suerte *f* ['sŭɛrte] Glück 24
supermercado *m* [supɛrmɛr'kaðo] Supermarkt 7
suponer [supo'nɛr] annehmen 15
sur *m* [sur] Süden 17

T

talla *f* ['taʎa] (Kleider-)Größe 20
taller *m* [ta'ʎɛr] Werkstatt 28
también [tam'bĭen] auch 7
tampoco [tam'poko] auch nicht 10
tan [tan] so (viel) 10
tanto, -a ['tanto] so viel, so sehr 30
tapa *f* ['tapa] Häppchen, Tapa 12
tarde *f* ['tarðe] Nachmittag 3

tarifa *f* [ta'rifa] Tarif 21
tarjeta *f* [tar'xeta] Karte 3
tarjeta *f* **de visita** [tar'xeta ðe βi'sita] Visitenkarte 3
taxi *m* ['taɣsi] Taxi 6
taxista *m/f* [taɣ'sista] Taxifahrer, -in 3
taza *f* ['taθa] Tasse 8
te [te] dich, dir 3
té *m* [te] Tee 27
teatro *m* [te'atro] Theater 14
teleconferencia *f* [telekɔmfe'renθĭa] Videokonferenz 28
teléfono *m* [te'lefono] Telefon 3
televisión *f* [teleβi'sĭɔn] Fernsehen 10
televisor *m* [teleβi'sɔr] Fernseher 18
tema *m (!)* ['tema] Thema 28
temperatura *f* [tempera'tura] Temperatur 19
tendencia *f* [ten'denθĭa] Tendenz 28
tenedor *m* [tene'ðɔr] Gabel 8
tener [te'nɛr] haben 4
tenis *m* ['tenis] Tennis 10
tercero, -a [tɛr'θero] dritte(r) 18
terminar [tɛrmi'nar] beenden 25
terraza *f* [te'rraθa] Terrasse 9
tesoro *m* [te'soro] Schatz 12
tía *f* ['tia] Tante 2
texto *m* ['testo] Text 12
tiempo *m* ['tĭempo] Zeit; Wetter 2
tienda *f* ['tĭenda] Geschäft, Laden 9
tío *m* ['tio] Onkel 2
tíos *mPl* ['tios] Onkel und Tante 4
típico, -a ['tipiko] typisch 17
tipo *m* ['tipo] Typ 29
título *m* ['titulo] Titel; Abschluss 26
toalla *f* [to'aʎa] Handtuch 18
todavía [toða'βia] noch 13
todo, -a ['toðo] alles 7
todos ['toðos] alle 6
tomar [to'mar] nehmen; trinken 3
tomate *m* [to'mate] Tomate 7
toro *m* ['toro] Stier 15
torre *f* ['tɔrrɛ] Turm 14
tortilla *f* **española** [tɔr'tiʎa espa'ɲola] Kartoffelomelett 12
tos *f* [tɔs] Husten 19
tostada *f* [tɔs'taða] Toast 17
trabajador, -a [traβaxa'ðor] Arbeiter 13
trabajar [traβa'xar] arbeiten 12
trabajo *m* [tra'βaxo] Arbeit 12
traer [tra'ɛr] (her-)bringen 8
tráfico *m* ['trafiko] Verkehr 29
traje *m* ['traxe] Anzug 20
tranquilo, -a [traŋ'kilo] ruhig 16
transporte *m* [trans'pɔrte] Transport 16
tranvía *m (!)* [tram'bia] Straßenbahn 16
tratamiento *m* **de textos** [trata'mĭento ðe 'testos] Textverarbeitung 30
tren *m* [tren] Zug 15
trotamundos *mSg* [trota'mundos] Globetrotter, Weltenbummler 23
tu [tu] dein, deine 2
tú [tu] du 2
turismo *m* [tu'rismo] Tourismus 5
turista *m/f* [tu'rista] Tourist, -in 29
turístico, -a [tu'ristiko] touristisch 9
turrón *m* [tu'rrɔn] Mandelnougat 26

U

un [un] ein 3
una ['una] eine 3
único, -a ['uniko] einzig 9
universidad *f* [uniβɛrsi'ða(ð)] Universität 6
uno ['uno] eines, eins 3
unos, unas ['unos, 'unas] einige 7
urgencias *fPl* [ur'xenθĭas] Notaufnahme 19
urgente [ur'xente] dringend 26

usted, ustedes [us'te(ð), us'teðes] Sie (*Sg/Pl*) 2

V

vacaciones *fPl* [baka'θĭones] Ferien, Urlaub 26

¿vale? ['bale] okay? 2

valle *m* ['baʎe] Tal 27

variado, -a [ba'rĭaðo] gemischt 8

variedad *f* [bar'eĭða(ð)] Vielfalt 29

vario, -a ['barĭo] verschieden 12

vasco, -a ['basko] baskisch; Baske, Baskin 5

vaso *m* ['baso] (Wasser-)Glas 8

váter *m* ['batɛr] WC 18

velocidad *f* [beloθi'ða(ð)] Geschwindigkeit 16

vendedor, -a *m/f* [bende'ðor] Verkäufer, -in 7

venir [be'nir] (her)kommen 10

venta *f* ['benta] Verkauf 26

ver [bɛr] sehen 7

verano *m* [be'rano] Sommer 23

verdad *f* [bɛr'ða(ð)] Wahrheit 2

verde ['bɛrðe] grün 10

verdura *f* [bɛr'ðura] Gemüse 7

versión *f* [bɛr'sĭɔn] Version 13

vestido *m* [bes'tiðo] Kleid 20

vez *f* [beθ] Mal 4

viajar [bĭa'xar] reisen 16

viaje *m* ['bĭaxe] Reise 2

vida *f* ['biða] Leben 21

viejo, -a ['bĭɛxo] alt 10

vientre *m* ['bĭentre] Bauch 19

viernes *m* ['bĭɛrnes] Freitag 9

viña *f* ['biɲa] Weinberg, Weinfeld 25

vinito *m* [bi'nito] Weinchen 24

vino *m* ['bino] Wein 8

vino *m* **tinto** ['bino 'tinto] Rotwein 14

visita *f* **guiada** [bi'sita 'gĭaða] Führung 14

visitante *m/f* [bisi'tante] Besucher, -in 5

visitar [bisi'tar] besuchen 10

vista *f* ['bista] Aussicht 15

vitaminas *fPl* [bita'minas] Vitamine 19

viudo, -a *m/f* ['bĭuðo] Witwer, Witwe 4

vivir [bi'βir] leben, wohnen 4

voleibol *m* [boleĭ'βɔl] Volleyball 10

vosotros, -as *m/f* [bo'sotros] ihr 2

vuelo *m* ['bŭelo] Flug 2

vuelta *f* ['bŭelta] Rückkehr 10

vuestro, -a ['bŭestro] unser/e 11

vulcanología *f* [bulkanolo'xia] Vulkanologie 28

W

workshop *m* ['ŭerkʃop] Workshop 27

Y

y [i] und 2

ya [ja] schon 3

yo [jo] ich 2

Z

zapatería *f* [θapate'ria] Schuhgeschäft 20

zapato *m* [θa'pato] Schuh 20

zona *f* **peatonal** ['θona peato'nal] Fußgängerzone 21

zoológico *m* [θoo'lɔxiko] Zoo 21

zumo *m* ['θumo] Saft 14

zumo *m* **natural** ['θumo natu'ral] frisch gepresster Saft 17